U0092857

敝帚自珍

陳正茂教授論文自選集

・陳正茂 著

自序 ▶▶▶

　　人到中年，特別喜歡憶往，這種念舊、懷舊之情，或許是開始
步入老境的徵兆。近年來常喜歡把一個人關在書房裡，聽老歌、喝
咖啡、遠眺窗外山，隨覽舊時書；興之所至，甚至看看昔日相片，
翻箱倒篋欣賞起以前青澀歲月捎給老婆的情書，或是在午夜孤燈下
疾寫的日記，當然還有自己悠遊史海二十餘載的舊文殘篇。撿拾這
些已略帶久遠的論文，才猛然醒悟，時光飛逝如電，昔時青青子衿
的豪情不再，如今只剩下滄桑中年，「過河卒子」般的無奈心境，歲
月真是不饒人呀！

　　昔梁任公在《清議報》發行百冊祝辭說：「雖然葑菲不棄，敝帚
自珍，嘵舌瘏口，亦已三年。」這些近二十年來，陸陸續續撰寫的
論文，實為自己過往浸潤近、現代史，一路孜矻研究的印記。雖非
藏諸名山之作，然對己而言，不無敝帚自珍之價值。是以，承登山
兄不棄，屢次鼓勵弟多寫多出書，今將此論文集結成冊，除再次感
謝登山兄的厚意外，也為自己浮生虛度五十，聊作一個紀念。

陳正茂序於士林

98 年 6 月

目次 ▶▶▶

壹、馮桂芬之生平及其變法思想初探

一、前言

　　晚清的變法運動，約而言之，大致可分為四期：鴉片戰爭後的海防運動、英法聯軍後之洋務運動、甲午戰爭後之維新思想、以及八國聯軍後之改革與立憲。[1]每一次對外戰爭失利，所換來的慘痛經驗，就是錐心刺骨的省思與新的變法方案，目的就是希望如何使中國能適應於現代世界。而這些動機的發展取向，誠如金耀基所言，宜從「自上而向下落」、「由下而向上逼」、「自內發出」與「自外逼入」四個方向同時分析。[2]比照整個晚清的局勢，它的發展和推動的誘因，似乎是如此。

　　當然，促進中國的現代化，這條路子是坎坷的，歷程是艱辛的。大凡一種思想，有贊成者，必有反對者。這種現象在晚清更是明顯。全漢昇在〈清末反對西化的言論〉一文中，有很清楚的分析。[3]吾人以為無須去苛責這些守舊衛道份子，因為這是任何一個傳統社會，要步入現代化社會前必有的「陣痛期」。換言之，這些贊成與反對的思想潮流，是自然發展動向的寫照。賀昌群曾說：「一個時代，一時文化思想之盛衰，隱隱乎如百川匯海，時或波濤澎湃，時或淵綜淳汪，皆有不得不然之勢。所謂『承百代之流，

---

[1]　李守孔，〈晚清知識份子與救國運動〉，《史學論集》（三）。
[2]　金耀基，《中國現代化與知識份子》（臺北：時報版），頁21。
[3]　全漢昇，〈清末反對西化的言論〉，《嶺南學報》第 5 卷第 3、4 期合刊，頁 122-166。

而會乎當今之變』者也。」[4]對晚清思潮的動向，這無疑是個很好
的詮釋。

　　論晚清知識份子的變法思想，其最大的困惑與問題在何處呢？
王爾敏曾歸納出幾項：「其一，即中西新舊之觀念，不但不易相容，
而且駁雜萬端。其二，西方制度習慣，在適應上有不少困難，至少
亦有程度上之差別。其三，西方制度同樣是隨時變化，頗苦於追逐
模仿。其四，西方制度未必是盡善盡美。」[5]細思王氏的看法，實際
上就是晚清變法和反變法所爭論不休的課題。但是儘管如此，現代
化這條路勢必非走下去不可，在「中國現代化的發展中，我們看到
『認同』的逐步減弱，與『變革』的逐步擴大。」[6]

　　這「認同」就是對傳統認同的逐漸疏離，而「變革」乃是因應
現代化要求的漸次增強。這種明顯的變化，在晚清的知識份子中，
以馮桂芬最具代表性。因為他是一個以「經宗漢儒，亦不廢宋」[7]的
傳統儒生，而思「更張法制」[8]並「隱然有撥亂澄清之志」的人。[9]
其所代表的是儒家經世思想在現代化過程中的意義，同時也象徵
傳統知識份子在過去與現代衝突中所具的悲劇精神。[10]由於馮氏具
備了這些特色，所以研究他實頗具歷史意義，本文之作，動機即是
如此。

　　近人研究馮氏者並不多，早期有黃淬伯的〈七十年前之維新人物
馮景亭〉、周輔成的〈馮桂芬的思想〉；與日本百瀨弘之〈馮桂芬及其
著述〉。較晚的有呂實強的〈馮桂芬的政治思想〉、林立樹的〈一百年

4　　賀昌群，《魏晉清談思想初論》（臺北：九思版），頁 54。
5　　王爾敏，〈晚清政治思潮之動向〉，《中央研究院近代史研究所集刊》第 3 期。
6　　同註 2，頁 25。
7　　《清代樸學大師列傳》，頁 564。
8　　《近代名人小傳》（臺北：文海版），頁 28。
9　　徐世昌，〈校邠學案〉，《清儒學案》卷 173（臺北：世界版）。
10　　吳雲，《兩罍軒尺牘》卷 2（臺北：文海版），頁 90-122。

前的維新人物馮桂芬）；以及陳孟忠的臺大碩士論文〈馮桂芬維新思想之研究〉等。至於一般性的政治思想史，評論較多的有蕭公權的《中國政治思想史》、日人小野川秀美的《清末政治思想研究》，和呂實強為商務印書館所編的《中國歷代思想家》（42）等三書。而拙文主要是以「變法」的視角，來觀察闡述馮桂芬之思想，希望由此一角度的探討，能對馮桂芬的思想，有另一層次的瞭解。

二、馮桂芬之生平簡介

馮桂芬，字林一，號景亭，或作景庭，又號鄧蔚山人，[11]江蘇吳縣人（蘇州）。生於嘉慶 14 年（1809），卒於同治 13 年（1874），享年 66 歲。據馮氏自述，其先世在元朝時由湖南遷來蘇州，元末於兵燹中失其譜系，故其始末不可考。十世祖馮寬富，為明中葉人，籍屬常熟營兵，納貲捐百戶，家於任所，是以一說馮氏為常熟人。[12]寬富次子為馮惠始，因出嗣，家於蘇州，富於貲，恭儉正直，頗為鄉里所重。是後數百年間，久為素封，未或衰微，八傳而至桂芬之父——馮智懋（字明揚，號春圃：1770～1850），經營商業，家道頗殷。[13]其後於道光 6 年及 9 年，因連遭火災，損失慘重，然仍有田產十頃，可謂小康之家。

桂芬幼時，亦依習俗就師學制藝時文，道光 8 年，年 20，進秀才，頗得江蘇學政辛從益之知遇。[14]23 歲娶黃氏，翌年（道光 12 年），江南鄉試中舉人，其才識極為江蘇巡撫林則徐所讚賞。[15]是後

---

[11] 《清代七百名人傳》第四編，學術、藝事、馮桂芬（臺北：文海版），頁 1732。

[12] 馮桂芬，《顯志堂稿》卷 8。

[13] 百賴弘，〈馮桂芬及其著述〉，《中和月刊》3 卷 3 期。

[14] 馮桂芬，〈邵步青醫學三書序〉，《顯志堂稿》卷 3。

[15] 馮桂芬，〈林少穆督部師小像題辭〉，《顯志堂稿》卷 12。

屢次會試不中，直到道光 21 年會試，才以一甲第 2 名（即榜眼）中進士，入翰林院任編修，時年為 32 歲。[16] 以當時一般參加考試的士子而言，桂芬科場還算順利，但其後宦場卻不甚得意。

　　先是桂芬在中進士以前，其文章聲名早已聞及鄉閭，深得當時撫蘇之林則徐所賞識，乃力邀其入撫署，校《北直水利書》，而其本身也參與實際政治工作，和當時的督撫名儒相交甚洽。據《吳縣志》記載：「林文忠撫蘇，目桂芬國士，文忠輯西北水利說，桂芬與編校，歷參陶文毅，裕靖節幕府，邃經世學。」[17] 嗣復先後入兩江總督陶澍、江蘇布政使裕謙幕府，對陶、裕二公整頓江蘇水利，改革淮北鹽法及海運之實施，貢獻至大。

　　桂芬聲望卓著，誠如李鴻章所言：「自未仕時，已名重大江南北」。[18] 惟桂芬自中鄉試後，游幕數年，參與行政實務，這一段經驗對桂芬的經世實用之學，有很大的助益。其後為準備會試，於道光 17、8 年間，入蘇州「正誼書院」攻讀，師事進士出身，曾任翰林院侍講之朱珔。[19] 道光 20 年，入京會試，以一甲第 2 名進士及第，授職翰林院編修，考官有同鄉先輩潘世恩。[20] 嗣後五年間，據〈疇人傳〉所載：「嘗充順天鄉試同考官、廣西鄉試正考官、教習庶吉士」等差事。[21]

　　參與考試及編纂實錄，這些差事，均是名尊而無實，閑散之官也，對於一個充滿經國濟世的馮桂芬，無疑是有志難伸。道光 25 年，丁母憂，次年扶櫬回蘇州，服喪於家。迨道光 28 年，守孝期滿，因

---

[16] 王壽南主編，《中國歷代思想家》（42）（臺北：商務版），頁 4885。

[17] 《吳縣志》卷 66，〈列傳四〉，頁 1202。

[18] 李鴻章，〈墓志銘〉，《顯志堂稿》，頁 28。

[19] 馮桂芬，〈洪銘之時文序〉，《顯志堂稿》卷 2。

[20] 《宣宗實錄》卷 333-334。

[21] 諸可寶等編，《疇人傳》3 編卷 5，〈馮桂芬〉（臺北：世界版），頁 806。

父年事已高，不欲遠行，乃應兩江總督李星沅之聘，主講於江寧「惜陰書院」，直至年底。[22]次年，在其父力促下，返回北京，仍供職翰林院。在京期間，雖一直位居閒曹，但卻有時間和機會閱讀了翰林院國史館所收藏的豐富文獻典籍，並與陳慶鏞、姚瑩、趙振祥、曹懋堅、張穆等當時宏學碩儒講求經世之學，良師益友，對桂芬日後立身處世，思想發展，有著相當大的影響。[23]

　　道光 30 年，宣宗駕崩，文宗即位，詔舉賢才，大學士潘世恩上疏推薦林則徐、姚瑩、邵懿辰和桂芬四人。文宗即予召見，正擬有所用，又以父逝而服喪歸里。家居期間，曾應兩江總督陸建瀛之聘，赴揚州主持〈鹽法志〉的編纂。[24]咸豐 3 年，桂芬鄉居後，適值太平軍進窺蘇州，向榮統官軍擔任防禦。時桂芬本應晉京供職，但因官軍副帥蘇撫許乃釗之請，乃留蘇州，幫忙辦理團練。《清史》列傳云：「咸豐三年，粵匪陷金陵，奉旨與程廷桂、韓崇、胡清綬，同辦團練，勸捐事，巡撫許乃釗，駐金陵，羽檄日數至，商略裁復，皆桂芬主之。」[25]

　　此時桂芬鑒於鄉兵弱而無力，乃與鄉紳馬釗、劉存厚、程庭遠等商議，週轉資金，雇傭兵千餘名，自成一隊，號為撫勇。在劉存厚的指揮下，並得許乃釗，及其後任吉爾杭阿之援助下，戰績卓著，尤其在進擊上海附近各州縣的小刀會諸役中，表現更佳。[26]此外，桂芬更積極的參與均賦工作，此乃因蘇州長久以來，賦稅不均所致。蘇州大地主極多，官商勾結的關係，官府對此等大地主所課之田賦，反較小自耕農為低，以致田賦收入，因之減少。此問題由來已久，

---

[22] 馮桂芬，〈惜陰書院戊申課芸序〉、〈青山館制序〉，《顯志堂稿》卷 2。
[23] 《清史列傳》〈文苑傳四──馮桂芬〉卷 73（臺北：中華版），頁 943。
[24] 同上註，及同註 16，頁 4886。
[25] 同註 23。
[26] 馮桂芬，〈馬中書傳〉、〈劉觀察傳〉，《顯志堂稿》卷 6。

桂芬早對此不公平的課賦，極感不滿。因此，桂芬乃聯合友人陳時，向蘇州巡撫許乃釗、知府喬松年請命，實行大小戶均賦。蘇撫許乃釗本已答應，後因大戶聯合極力反對，行之未久，便告中斷，職是之故，桂芬對許之所為，甚不諒解。[27]

　　由於上述各項功績，江蘇巡撫吉爾杭阿，於咸豐 6 年保奏，賜桂芬五品銜，升任詹事府右春坊右中允，正準備北上赴京就職，復因受流言中傷而暫止，經辯白後，於咸豐 8 年，方得入京就職。但一年後，又因得罪權貴，引疾而歸。適值其同年進士，且為研究算學之至友徐有壬，升江蘇巡撫駐蘇州，於是桂芬又以大小戶均賦進說，但徐氏知其行之不易，未應允，桂芬失望之餘，從此不談政治，絕意仕途，閉門不與外事，而時已 50 矣！[28]

　　翌年春間，桂芬隱棲蘇州城郊十里外之鄧蔚山麓，移藏書萬卷，貸屋一幢，準備長期隱居，逍遙林間，耽於讀書三昧，從事著述。不幸的是，未幾向榮的江南大營覆沒，太平軍橫掃江、浙兩省，江南除了上海、鎮江外，全部淪陷。不得已，桂芬棄家逃難，輾轉播遷，於是年 11 月間，舉家卜居上海，自是以後數年，桂芬一直居留滬上，直至同治 2 年 10 月，官軍克復蘇州後，始再返回故里。在滬三年中，桂芬基於知識份子的使命感，又做了不少事。咸豐 11 年 7 月，太平軍李秀成率部進逼上海，彼時上海防衛薄弱，官兵勢不能支，不得不求於外力。於是桂芬乃糾集潘曾章、顧文彬、吳雲等蘇州鄉紳，成立會防局，極力倡言放棄鄙視外人之成見，而謀共同協力抗敵，其後更拉攏外國兵力和李鴻章所率的部隊合作，桂芬從中交涉，居功至偉。

---

27 馮桂芬，〈與許撫部書〉，《顯志堂稿》卷 5；〈陳君若木傳〉，《顯志堂稿》卷 6。
28 馮桂芬，〈復許滇生師書〉，《顯志堂稿》卷 5；〈卓公神道碑〉，《顯志堂稿》卷 7。

　　於此同時，桂芬又聯合蘇州鄉紳，向安慶曾國藩乞師，此舉影響更大，而曾氏之所以答應，桂芬所撰之公啟，也起了不少作用。難怪數年後，曾和桂芬在金陵見面，曾回溯此事對桂芬言：「東南大局，盡在君一紙書。」[29]頗服其才識，欲聘為幕府，桂芬辭謝。桂芬寓居上海期間，不僅為時局奔走，同時更主講於上海「敬業書院」，為「敬業書院」山長。[30]期間，李鴻章出師上海，兼撫江蘇，一再邀約入幕，桂芬因知李氏有改革江蘇田賦之才略和魄力，為實現其過去改革之志，乃應邀入幕。[31]在李氏幕府的這些年間，就其經世致用的抱負而言，是桂芬最有成就的一段時期。

　　同治 2 年，桂芬建議而為李氏採行之事業有二：一為江蘇減租；一為上海同文館之設立。同文館者，乃教授外國語文之學校，蓋桂芬前組會防局之際，每與外人交涉，深感通曉外國語言人材之重要，故向李建策，奏准後始實現。上海同文館的成立，對促進中國近代化，有著極大的貢獻與影響。由於桂芬卓越的表現，同治 3、4 年間，安徽巡撫喬松年和李鴻章均分別先後奏陳推舉，[32]但桂芬已決計不再就宦，乃辭去李鴻章幕府，回返故鄉，盡瘁鄉梓。除策劃修濬河道，修葺祠宇，復興善堂外，對蘇州府學、吳縣學、「蘇州貢院」、「正誼書院」等之重建，效力良多。此外，還長期講學「正誼書院」及任「紫陽書院」山長，作育英才，厥功至偉。[33]

　　同治 8 年，蘇州重修府志，桂芬被推為總纂。同治 9 年，李鴻章再行奏請，朝廷又予以晉加三品銜。[34]12 年，有人向朝廷建議恢

---

[29] 同註 11。
[30] 《同治上海縣志》卷 9，〈學校，正誼書院條〉；《民國上海縣志》卷 11，〈人物游寓〉。
[31] 馮桂芬，〈江蘇減賦記〉，《顯志堂稿》卷 5。
[32] 《李文忠公全書》，〈奏稿〉，9，〈附保馮桂芬片〉。
[33] 《同治蘇州府志》、《民國吳縣志》，〈學校，善堂條〉。
[34] 《李文忠公全書》，〈奏稿〉，16，〈馮桂芬請加三品銜〉。

復黃河故道，並修整運河，以備全面恢復漕糧河運。桂芬聞訊，特致函李鴻章，詳陳其弊，鴻章據以入奏，力持反對，議遂被擱置。[35] 同治 13 年 4 月 13 日，桂芬卒於故里，年 66 歲。其一生著作甚多，於文字、算學、經世之學，無不精通。重要著作有《校邠廬抗議》2卷和《顯志堂稿》12 卷，其中尤以《校邠廬抗議》一書，曾被王韜譽為「近來談西務者，當以此為左券」，[36]由此可見其重要性於一般了。

三、馮桂芬變法思想之時代背景

「歷代備邊，多在西北；其強弱形勢，主客之形，皆適相埒；且猶有中外界限。今則東南海疆萬餘里，各國通商傳教，來往自如，麕集京師及各省腹地；陽託和好之名，陰懷吞噬之計；一國生事，諸國構煽；實為數千年來未有之變局。輪船電報之速，瞬息千里；軍器機事之精，工力百倍；礮彈所到無所不摧；水陸關隘不足限制；又為千年來未有之強敵。……」[37]這是同治 13 年，李鴻章對中國的國際地位所作的觀察。

誠然，鴻章的觀察是有感而發的，原因是自「鴉片戰爭以來，中國面臨了內外雙重的危急。發於內的是乾嘉以降吏治敗壞與道咸以來的太平軍、捻匪、回民連年的叛亂；來自國外的有硬把中國拖在背上而口呼『白種人負擔』的西洋傳教士及找尋市場推售貨品的外國商人。他們在本國政府堅利船砲的保護下，迫害中國的信仰，掠奪中國的財富。此一情勢到十九世紀的六十年代，發展到了極點。」[38]說

---

[35] 《李文忠公全書》，〈朋僚函稿〉，〈復馮景庭官允〉。
[36] 王韜，《瀛壖雜誌》卷 4（臺北：文海版），頁 21-22。
[37] 《李文忠公全集》，〈奏稿〉（同治 13 年）。
[38] 李恩涵等著，《近代中國——知識分子與自強運動》（臺北：食貨版），頁 90。

的更具體些，這種情況便是當時列強侵略中國的模式，鴉片戰爭後，少數識見遠大的知識份子，已注意到此是「千年未有之變局」。

英法諸國更遠非昔日蠻夷可比，主持查禁鴉片的林則徐便說：「彼之大砲遠及十里內外，若我砲不及彼，彼砲先已及我，是器不良也。彼之放砲如內地之放排槍，連聲不斷；我放一砲後，須輾轉移時再放一砲，是技不熟也。求其良且熟焉，亦無他深巧耳！不此之務，即遠調百萬貔貅，恐祇供臨敵之一哄。況逆船之朝南暮北，惟水師始能尾追，岸兵能頃刻移動否？蓋內地將弁兵丁，雖不乏久歷戎行之人，而皆覿面接仗，似此之相距十里八里彼此不見面而接仗者，未之前聞。徐嘗謂剿匪八字要言：器良技熟膽壯心齊是已。第一要大砲得用，今此一物置之不講，真令岳韓束手，奈何！奈何！」。[39]

林則徐從其禁煙的實際經驗中，知道外人船堅砲利之可怕，但是言者諄諄，聽者藐藐，朝野仍舊在一種天朝意識的氣氛中自我陶醉，粉飾太平。視林則徐之言為荒誕不經的危言，道光及一般朝臣不僅不虛心檢討此次失敗的癥結何在？反而認為只是則徐措施的不當。而則徐的密友魏源，以其所聞及則徐賜與之材料，高瞻遠矚的撰寫成《海國圖誌》一書。其自序曾言該書之動機：「是書何以作？曰：『為以夷攻夷而作，為以夷款夷而作，為師夷之長技以制夷而作』。」他認為：「知夷事必知夷情，知夷情必知夷形」。[40]魏源的看法，無疑的又比林則徐更深一層，他主張不僅要學習西洋物質文明，更要從國民心理方面做文化的根本改革。但不管則徐也好，魏源也罷，他們的精誠遠見，都在傳統守舊保守的勢力下，化為烏有，中國的現代化又延誤了二十年。

---

39 佚名，《潰癰流毒》卷4，〈林少穆制府譴戍伊犁行次蘭州致姚春木、王冬壽書〉。
40 魏源，《海國圖誌》，〈自序〉。

　　郭廷以在〈近代西洋文化之輸入及其認識〉一文中，提到那時一般中國人的心態，「經過第一次的失敗（鴉片戰爭），一般人的心理甚少改變，尚不服輸，反加重憎恨。十五年間（1842～1856）毫無進步，接著又有第二次戰爭，即英法聯軍。這次的打擊太大了，廣州被佔了四年，大沽、天津兩度不守，勁旅如僧格林沁全軍覆沒，北京淪陷，皇室精華所在的圓明園變為瓦礫，皇帝逃亡到塞外熱河，滿清的政權眼看不保，所謂『根本重地，事機間不容髮』。創痛至深，危機至急，再不能不認輸了」。[41]

　　無可諱言，這次的戰敗，給中國朝野及知識份子莫大的刺激，一般朝中大臣如恭親王奕訢、文祥、及在外疆臣曾、李、左諸人，才開始覺悟到非自強無以強盛，非行洋務無以自強。「而朝野普遍激起的這股奮發之氣，自強思想，至此而滙成思想主流，形成一種運動。提倡西學，注重洋務，開始對西洋作廣泛的認識與研究；從格致之學，到工業建設，認定為西洋致富強的本源，從而接收與仿效」。[42]

　　雖說朝野已有所反應，可是這些覺悟之士，畢竟仍屬少數，守舊的勢力仍是很大。如當時守舊士大夫的代表人物大學士倭仁，便曾極力反對，他曾上疏皇帝道：「竊聞立國之道，尚禮儀，不尚權謀；根本之道，在人心，不在技藝。今求之一藝之末，而又奉夷人為師，無論夷人詭譎，未必得其精巧；既使教者誠教，學者誠學，所成就者不過術數之士，古往今來未聞有恃術數而能起衰振弱者也」。[43]

　　倭仁這種昧於時勢，不識大體的短視，在那時卻是被認為「至理名言」，不僅士大夫如是，廣大的中國人均如此。對自強運動的

[41] 郭廷以，〈近代西洋文化之輸入及其認識〉，《中國現代化的歷程》（臺北：時報版），頁 159。
[42] 王爾敏，〈清季維新人物的託古改制論〉，見其著，《晚清政治思想史論》（臺北：華世版），頁 31。
[43] 《同治朝籌辦夷務始末》卷 48。

各項建設，不是反對，便是掣肘，種種迷信怪論，如說電桿是「平地生疗」、築鐵路會「破壞風水」、置電線將「影響地脈」，這種現象，對實行自強運動，無疑是一大阻力。莫怪乎！李鴻章十分感慨的說：「鴻章竊以為天下事窮則變，變則通。中土士大夫沈浸於章句小楷之積習，武夫悍卒，又多粗蠢而不加細心，以致所用非所學，所學非所用」。[44]「士大夫囿於章句之學，而昧於數千年來一大變局，狃於目前苟安，而遂忘於前二三十年之何以創鉅而痛深……」。[45]

　　鴻章此言真是一針見血之論，但是除了士大夫的守舊和民眾的迷信外，清朝政治制度的不足以因應時勢，才是最大的關鍵。當時的中國社會，政制還是完全停滯在中古時代，腐敗、落伍、專制。這一點，領導自強運動的諸公沒有看出；而同時代，前進的知識份子馮桂芬卻看出了。遺憾的是，桂芬所看出的那個古老、保守、愚昧的中國社會，卻是他亟思改變而又力不從心的時代背景。

四、馮桂芬變法思想之起源

　　晚清變法思想，就其內容而言，可謂一「新思想」，而這一股新思想，其動力源自何處？要以言之，是來自傳統儒學的經世思想。咸同時期的知識份子，如魏源、馮桂芬、王韜，均自出傳統的儒家思想。有不少外人批評自強運動之所以失敗，是儒家思想無法適應現代的政治體制上。如 Mary C. Wright 女士在其大著《同治中興》一書中便說：「同治中興的失敗，顯示一項難得的澄清，即是甚至在最有利的環境中，仍然沒有途徑，可以將有效的現代國家，接植於

---

[44] 《同治朝籌辦夷務始末》卷 25。
[45] 《李文忠公全集》卷 19，〈奏稿〉。

一個儒家社會之上」。[46]此種看法，我以為有失偏頗。吾人即以馮桂芬為例，來看這個問題及其思想，便可略知端倪。談起馮氏思想的淵源，可歸納三點言之：

（一）傳統儒家的經世思想

王爾敏在〈經世思想之義界問題〉一文中提到：「儒家自孔子始首重行為實踐，是故不尚空言。……後世漢儒以傳經為正宗，宋儒以窮理為本業。均已與孔子相去懸遠。欲還其舊觀，惟經世最具實踐意義，而『通經致用』一語，即為儒家經世重要原則」。[47]換言之，「經世」辭旨，乃是「經國濟世」之意，亦即儒家所謂「學優則仕」的入世之學。梁任公曾說：「莊生曰：『春秋經世，先王之志。凡學焉而不足為經世之用者，皆謂之俗學可也。』居今日而言經世，與唐宋以來之言經世者又稍異。必深通六經制作之精意，證以周秦諸子及西人公理公法之書以為之經，以求治天下之理」。[48]

觀任公這段話，在和桂芬的思想對照，我們不禁覺得十分吻合。「經世乃儒生入世為政宗旨，志在治天下於太平，登萬民於席衽。必定力求革除弊政，創籌良策。但凡經世思想家，雖守六經典制，而必識世變之乘。各當不同時會，不同難題，思考適應治術，進求改革」。[49]桂芬的《校邠廬抗議》一書，便是上述這段話最好的註腳。桂芬對儒家所言的「因革損益」，曾有如下的見解：「然則為治者將曠然大變，一切復古乎？曰：不可。古今異時亦異勢，論語稱損益；

---

[46] Mary C. Wright，"The Last Stand of Chinese Conservatism－The Tu'ng－Chih Restoration"（臺北：虹橋版）。

[47] 王爾敏，〈經世思想之義界問題〉，《中央研究院近代史研究所集刊》第 13 期，頁 36。

[48] 梁啟超，《飲冰室文集》卷 2（臺北：中華版），頁 28。

[49] 同註 47，頁 36。

禮稱不相沿襲，又戒生今反古。古法有易復有難復，有復之而善，有復之而不善。復之不善者不必論，復之善而難復，即不得以其難而不復，況復之善而又易復，更無解於不復。去其不當復者，用其當復者，所有望於先聖之若合符節矣」。[50]

　　就因為馮桂芬能體會到儒家「因革損益」之精神，所以能提出他的經世思想，他以為經世思想不是抱殘守缺，食古不化，而是要因時損益，循勢應變的。他又說：「夫學問者，經濟所從出也。太史公論治曰：『法後王，為其近已而俗變相類，議卑而易行也』。」[51]因此我們可以說，桂芬思想的最主要根源，是來自於儒家的經世思想，而儒家的經世思想是不斷求新求變的。[52]惜晚近中外學者諸多不察，而誤以為儒家思想阻礙了現代化的腳步；每思及此，茲可痛矣！[53]

（二）實際的政治經驗

　　咸同時期的變法家，其變法思想，除了一部分源自於傳統儒學「窮則變，變則通，通則久」的觀念外，絕大部分都來自於個人的實際政治經驗中。「如王韜在上海親歷西方文化之奧秘，又留居在墨海書院達十三年之久。然後，於同治二年避居香港，使其眼界更為之開闊，其日記有云：英人變一荒涼之漁村為現代之都市，此後復應教士理雅格之邀，於同治六年自港赴英。留歐三年，益信西方文明之精美，不僅科技勝中國，禮教亦不輸華夏」。[54]

---

[50]　馮桂芬，《校邠廬抗議》〈序〉。
[51]　〈采西學議〉，《校邠廬抗議》，頁 69。
[52]　如《論語》〈為政篇〉，「子張問：『十世可知也？』子曰：『殷因於夏禮，所損益可知也。周因於殷禮，所損益可知也。其或繼周者，雖百世可知也』」。
[53]　王爾敏，〈晚清政治思想及其演化的原質〉，見其著，《晚清政治思想史論》（臺北：華世版），頁 21。
[54]　汪榮祖，〈晚清變法思想之淵源與發展〉，《師大歷史學報》第 7 期。

王韜是由個人的經驗而獲致；鄭觀應則因其職業關係而得知，[55] 郭嵩燾與薛福成則以其外交經歷而通曉。無論以何種關係，這種變法思想的來源，均與其個人或實際經驗有關。馮桂芬也不例外，他亦是從親身經歷中，得悉西方之文化。早在上海組織「中外會防局」時，桂芬即與西人接觸，由親身目擊，探知西方文化之優越；在與西人合力守城抵禦太平軍時，桂芬對西人之武器與軍事指揮，更是印象尤深。[56]在鴻章幕府期間，更常與外人交涉往來，關於桂芬實際從事政治事蹟，本文於桂芬生平中已有介紹，故不贅述。總而言之，桂芬變法思想的來源，和其從事實際政治工作所獲致的經驗有莫大的關係，這是不爭之事實。

（三）繙譯書籍與地理環境

譯書為晚清變法家之重要依據，明末耶穌會教士所譯之西書，雖然為數不多，素質不齊，然提供晚清變法家，實為不可或缺之資料。桂芬曾遍讀中譯之西書，並感嘆未譯之書太多，引以為憾。《校邠廬抗議》〈采西學議〉中，桂芬曾言：「此百國中經譯之書，惟明末意大里亞，及今英吉利兩國，書凡數十種，其述耶穌教者，卒猥鄙無足道。此外如算學、重學、光學、化學等。皆得格物至理與地書，備列百國山川，阨塞風土，物產多中人所不及。……聞英華書院、墨海書院藏書甚多，又俄夷，道光二十七年，所進書千餘種，存方略館，宜發院，擇其有理者譯之」。[57]

由此可知，桂芬不僅不以閱覽夷書為恥，反而以為需要大量的繙譯西書，以求知己知彼，方能克敵制勝。因此若說桂芬思想的來

---

[55] 王永康，〈鄭觀應其人及其思想〉，《史學月刊》第 1 期，頁 34。

[56] 馮桂芬，《顯志堂稿》卷 4，頁 20-21。卷 10，頁 16。

[57] 同註 51，頁 148-150。

源，有局部得之於繙譯西書並不為過。郭廷以說：「馮桂芬為林則徐的門生，通西算，因英法聯軍之禍（按：恐誤，係太平軍），自北方避居上海，既感觸時事，復受教士影響，著『校邠廬抗議』，參以雜家，佐以和臆，甚至屬以夷說。」[58]桂芬自序中的「屬以夷說」、郭氏所言的「受教士影響」，更足以證明桂芬變法思想，受繙譯西書之影響，殆可無疑。

此外，桂芬生長的地理環境，和桂芬變法思想亦甚有關聯。汪榮祖曾言：「晚清變法家確與濱海地域有關，因濱海地域不僅是西人滙聚之處，亦是本土文化較盛之地。換言之，變法家之故鄉，多係中文薈萃，西學激盪之都。」[59]汪氏之言，不無道理，蓋自鴉片戰爭及英法聯軍之後，不僅五口通商，沿海各城市均紛紛闢為商埠，而這些商埠、港口便成了西方文化侵華的前哨站，不但得風氣最先，且是倡西法最早之地。

綜觀清末諸變法家，其生長居住之地，泰半均在沿海各省之地，前如王韜的「常州」、薛福成之「無錫」；後如康有為的「南海」、梁任公的「新會」、孫中山的「香山」，無一不是在通商大埠，上海、廣州附近，桂芬的「蘇州」亦如是。筆者無意強調此種地理環境和變法思想有必然的關係，但由於「地利」的因素，使這些敏銳的知識份子得到變法思想的靈感，亦是可能的。

五、馮桂芬變法思想之概觀

無疑的，道光 22 年的中英鴉片戰爭及「南京條約」的簽訂，逼使中國有識之士，為之大夢初醒。「發覺傳統的中國本位內傾的心性

---

[58] 同註 50。
[59] 同註 54，頁 11。

文化，缺少了物質文明。這種以德性為主體的文化，在西方產業革命後所造的科學武器猛衝前來之後，不足以適應自立自強的要求。非圖迎頭趕上去不可。」[60]因此自林則徐、魏源以降，朝野知識份子戮力以求的，一言以蔽之，即為「富強」二字。

　　換言之，「國強民富」為當時奮鬥的唯一目標，但是富強之道甚多，舉凡經濟的改革、政治的革新、外交的努力、軍事的整頓，均是達到富強的必經之路。當時在野知識份子中，能對上述諸問題，提出最精闢見解者，以桂芬最具代表。其大著《校邠廬抗議》一書，更是將其獨到見解分析的淋漓盡致，茲舉數點淺介於下：

（一）政治思想：託古改制以求維新——民主、民意思想

　　王爾敏曾言：「故而託古立說，成為晚清變法言論的廣泛形式。所謂變政，本屬舊制；所謂維新，正為復古。是直接表達的隱面，卻可收到直接言論的效果」。[61]此言不差，尤其是咸同年間，一般傳統的知識份子既不願悖離傳統，又必須接受外來文化，因此產生了附會的矛盾心理。其次又為了要減少守舊份子的反對，所以這些變法家唯一的權宜之計，就是以古論今。在提倡維新之際，扣上了古聖先賢的帽子，這種「掛羊頭賣狗肉」的方法，固有斟酌的餘地，然推其本，吾人不得不佩服其苦心。

　　馮桂芬亦如是，觀其《校邠廬抗議》序言便可知，馮氏說：「三代聖人之法，後人多疑為疏闊，疑為繁重，相率芟夷屏棄，如弁髦敝屣，而就其所謂近攻小利者，世更代改，積今二千餘年，而蕩焉泯焉矣。」[62]是以誠如呂實強所說：「馮氏之論改政制易法度，有一個

---

[60] 黃公偉，《中國近代學術思想變遷史》（臺北：幼獅版），頁5。

[61] 王爾敏，《晚清政治思想史論》，同註42，頁32。

[62] 同註50，頁1。

中心觀念為其基礎。概略而言，就是復古；然則卻不是泥古與食古不化，而在復古的形式之中，已經含育了維新的精神。其宗旨在於改革弊政，雖與前人並無不同，其手段與步驟，則能推陳出新，有所發明創造……馮氏所言之古，為中國傳統理想中的三代……馮氏採取三代法制作為變革途徑，主要是以之作為當代政制流弊的對照」。[63]

三代的政法制度，是否為有，我們不得知，但經過儒家學者相繼推崇，久已形成一個理想中優美的政治社會境界。桂芬是一個傳統儒者，他的嚮往與提倡恢復古制，其目的是在要求創新，此乃不待言而知也。然有何者為其理想而託古維新者：

（1）民主政治：桂芬的民主觀念，雖與近代西方民主政治不盡吻合，但有若干見解是具有民主政治特性的。如官吏之選舉、罷免，由眾公決，有現代民主選舉罷免的雛型。在《校邠廬抗議》首篇〈公黜陟〉中便談到：「堯典曰：師錫。師者眾也。禮曰：爵人於朝，與眾共之。孔子曰：舉直錯諸枉則民服。民者亦眾詞也。孟子曰：國人皆曰賢，然後察之，見賢焉，然後用之。三代上固有善取眾論之法，經傳文簡，不可考，而孟子之言，獨彰明較者，則其事可會意也。新唐書趙憬傳，憬曰：宜柔士譽，以譽多先用，即此意。道在以明會推之法，廣而用之，又以今保舉之法，反而用之。會推必重臣之貴，今廣之於庶僚；保舉為長吏之權，今移之於下位。」[64]

以上是桂芬以古為例，列舉三代孔孟之言以論述選官用吏之標準，其標準應以賢為主，且由下至上保舉之。接著桂芬又擬出具體的辦法，他以為：「責成官京，自中書以上皆歲舉六部九卿一人，翰詹科道一人。外省知府以上一人。吏部籍之，以得舉多少為先後，

[63] 呂實強，〈馮桂芬的政治思想〉，《近代中國思想人物論——晚清思想》（臺北：時報版），頁 244-245。
[64] 馮桂芬，〈公黜陟議〉，《校邠廬抗議》，頁 1-2。

遇應升缺列上，其無舉者不得列。又令歲舉部院司官一人，吏部交各堂官，有請升缺，用其舉多者，若用舉少者，則必言其故，候欽定。外官則令在籍在京在外各紳及諸生各鄉正副董耆老，歲舉同知以下巡檢以上一人，上之郡，郡覈其得舉最多者上之大吏，大吏博采輿論折衷之，許刪不許增，造冊奏聞，有缺以次保升。」[65]

由上可知，桂芬有關民主政治的構想，主要原則，為任官之權，由眾而不由獨，由下而不由上，使各級官吏的任免，悉由公眾的選舉來決定。平情言之，桂芬之構想，若以近代西方的民主政治衡量，誠屬不足，但若以當時言之，桂芬為其前驅，當之無愧矣！除了主張官吏任免由公選以外，桂芬又進一步重視民意的重要性，此在當時亦是極有建設性的論調。

（2）民意政治：吾人知道，民意是近代民主政治中，人民監督政府最重要的一環，甚至可以說，民主政治的根本就是民意政治。在中國古代，雖屢有重視民意之言，如「天視自我民視，天聽自我民聽」。[66]孟子的「民貴君輕」理論，但往往只有言論，沒有實際的做法。桂芬則不然，他也是從復古的角度，提出一項很有意義的保障言論的方法，這就是他的〈復陳詩議〉。他建議恢復上古陳詩觀風的制度，用以鼓勵並保障批評時政，他說：

「知後世之言詩，止以為吟咏性情之用。聖人何以與易書禮樂春秋並列為經，謂可被管弦薦寢廟而變風變雅，又何謂者。嘗體味群經，而始知詩者民風升降之龜鑑，政治張弛之本原也。」[67]桂芬為取信於人，沿用了不少古例，以證古者採詩諷諫之言責。他說：「左傳：師曠引夏詩曰：遒人以木鐸徇於路，官師相規，工執藝事以諫。

---

[65] 同上註，頁2。
[66] 《尚書》〈泰誓篇〉。
[67] 馮桂芬，〈復陳詩議〉，同註64，頁45-46。

禮曰：命太史陳詩以規民風，鄭康成曰：陳諸國之詩，將以知其缺。夫聖人蓋懼上下之情，而以詩通之。」[68]

　　桂芬以為陳詩的好處，最重要的一點，在於言者無罪，聞者足戒，此即所謂的保障言論自由，維繫批評風氣的最好制度。接著，他提出了保障輿論的方法：「夫文人結習，感時觸事，莫或使之，猶將矢口成吟。今有賞以動其奮興，無罰以絕其顧忌，不顯主名，使無叢怨之慮，不諱姓名，使無告密之嫌，導之使言，如是有不明目張膽直言無諱乎？」[69]

　　觀上文，或許吾人會譏其不直截了當談言論自由，卻要轉而求之於諷諫，似乎有點迂腐，然以桂芬所處之時代，能有如此前進的見解，已屬難能可貴。我們可以由趙烈文對他的批評看出，其見解超越時代之處。趙氏說：「此論紕繆，斷不可行。按古之采風，以知民之風俗耳，不聞有使之干政也。一開此端，所好頌揚，所惡排擠，盜憎主人，民惡其上，語言文字之獄，將不可止，大亂之道也。」[70]

　　趙氏居曾侯幕府多年，亦屬開明之士，而對桂芬此言尚不能接受，可見桂芬此種主張在當時激烈於一般。可惜以此之言論，竟不能行之於當時，以鴻章之智慧能力，亦不能採納他這些民主改革的卓見，茲可痛矣！[71]

（二）經濟思想：重西北倡農功——發展種稻絲茶

　　桂芬是個講求實事求是的人，他一生最重要的思想便是經世致用，因此他對國計民生等重大問題，十分留心，也提出了很多寶貴

---

[68] 同上註。
[69] 同上註，頁 47。
[70] 趙烈文，《能靜居日記》（臺北：學生版），頁 1123-1124。
[71] 周弘然，〈清季洋務改革時期的民主思想〉，《中國民主思想運動史》（臺北：帕米爾書局印行），頁 81。

精闢的意見。農業自古以來便是我國立國的根本，但從古至清，農業的分佈大部分均為重東南而略西北。桂芬以為，西北之所以開發不佳，一般人咸以為土質劣、氣候差，不適合農耕，其實不然，此乃水利不修之故也。

所以他主張要興修水利以利農功，而增加土地單位面積的生產，更不可如以往忽略西北而專注東南。他認為：「西北地脈深厚，勝於東南塗泥之土，而所種止粱麥，所用止高壤。其低平宜稻之地，雨至水匯，一片汪洋，不宜粱麥。夫宜稻而種粱麥，已折十人之食為一人之食，況並不能種粱麥乎？然則地之棄也多矣，吾民之夭閼也亦多矣。庶而求富，莫若推廣稻田。」[72]

他強調「一畝之稻可以活一人，十畝之粱若麥亦僅可活一人」。[73]他估計直省田凡七百四十餘萬頃，種稻之田不過一半，其餘一半，豈盡不適宜種稻，其實不然，主要係因水利不修。因此他大聲疾呼，亟須興修水利，推廣稻作，以利民生。除了民食以外，桂芬復從國家經濟的觀點，強調絲茶之重要。他指出：

「中國積歲兵荒，絲市減十之六七，而夷船所購數倍往時，故蠶桑之利，近年更普。……然由今日論之，則茶桑又並為富國之大原也。上海一口，貿易歲四五千萬，而絲茶為大宗。彼以鴉片洋貨相抵猶不足，以銀補之。設使彼有鴉片，我無絲茶，中國早不支矣。」[74]此外，桂芬鑒於絲茶之重要及出口數量之多，故於吳越等地外，如西北等省，也應該獎勵栽桑飼蠶。他說：

「西北諸省千百里，彌望平楚，莫不宜桑。一切棄之，其可惜有甚倍於田者，……勸種之法，宜官為倡導，令徧檢部曹中嘉湖人，

---

[72] 馮桂芬，〈興水利議〉，《校邠廬抗議》，頁25。
[73] 同上註。
[74] 馮桂芬，〈籌國用議〉，同註72，頁40。

挈家至域外，發帑買地種桑，募其鄉善飼蠶者為之師，雇本地人受其法，五年之後，招土著承買，歸其帑，永為世業。民間有能仿行者，呈明給照，永不許王公府八旗爭奪，並永不加賦，使其安業。十年之後，桑蔭滿邦畿矣。近京不甚寒之省，皆仿此。」[75]

這是桂芬對倡導蠶絲之利所擬的具體辦法，除了絲外，茶葉也為桂芬所注意。他說：「至茶，於山石起巇不能生他木之處，若擴大種茶，其利不可勝計」。[76]從上述之例，我們可以看出，桂芬真正是已經做到了「地盡其利」的目的。何以桂芬如此的重視開發資源呢？馮淬伯說的好，那是「自互市以還，外貨侵銷，吸引國有白銀，源源外流。先生憂之，主議開發資源，藉以相抗」。[77]

桂芬自己也說：「自五口通商，而天下之局大變。從此以銀為幣之勢已定。……然則居今日而言裕國，宜何從？曰仍無踰於農桑之常說，而佐以樹茶開礦而已」。[78]由上可知，我們不得不佩服桂芬的遠見，他不僅是中國最早注意到西北重要性之一人，也是最早提倡興水利勸農功的先知先覺。最了不起的是，他更進一步主張要採用西人機器，拓殖荒地，增加生產。在〈籌國用議〉中，他說：「東南諸省，兵燹之後，……人少田荒，……是宜以西人耕具濟之，或用焉，或用火輪機，一人可耕百畝。」[79]

又說：「聞皖北三河運漕一帶，有百里無人煙者。江南宜興一帶，有十里無人煙者，他郡縣有差。田一年不耕便荒，況二三年乎。……先大夫當乾隆中葉時，夫價每日不過錢數十文，國初祇三十五文，

[75] 馮桂芬，〈勸樹桑議〉，同上註，頁 29。
[76] 同註 74。
[77] 馮淬伯，〈七十年前之維新人物——馮景亭（桂芬）〉，轉引自吳相湘等編，《中國近代史論叢》第一輯，第七冊（臺北：正中版），頁 87。
[78] 同註 74，頁 40。
[79] 同上註。

故其時開墾較易。厥後漸增，至今幾十倍矣。……前閱西人書，有火輪機開墾法，用力少而成功多，務求而得之。更佐以龍尾車等器，而後荒田無不墾，熟田無不耕。居今而論補救，殆非此不可矣」。[80]

很遺憾的是，誠如曾國藩在閱畢《校邠廬抗議》後所說的：「粗讀十數篇，雖多難見之施行，然自是名儒之論」。[81]以曾氏之賢，都覺得難以實行，其他的保守士大夫之觀點就不難想像了。

（三）外交思想：重原則求實際——明夷務得人才

桂芬身當鴉片戰爭與英法聯軍之際，他深知中國之所以失敗，除了軍事上的失敗外，外交措施之不當，也是引起戰爭和失敗的主因之一。所以今後要求自強，除了船堅砲利以外，外交的加強亦不容緩。桂芬的外交思想，要而言之，有兩個主要觀點：一是重實際講求原則；二是積極培養外交人才以應變。然而在講這兩點之前，首先要做到的一項先決工作就是「知彼」的工夫。換言之，即是「鑒諸國」與「師夷狄」。[82]

桂芬深深覺得，他所處的時代是「千年未有之變局」。士大夫要有世界眼光，不可再妄自狂大，閉門造車，使自己在知識上受到禁錮侷限，在觀念上陷於陋蔽保守，而應該要有勇於接受新知的體認。他強調：「孔子作春秋，有取於百二十國寶書。伊古儒者，未有不博古而兼通今，綜上下縱橫以為學者也」。[83]這種「知己知彼」隨時向外探求的心理，必然會產生一個結果，那便是從新的世界情勢中，來瞭解比較中西不同之點及優劣之處，從而擇其優以補我不足，知其劣以為我借鑒，此即桂芬所提的「鑒諸國」和「師夷狄」的做

---

[80] 馮桂芬，〈墾荒議〉，同註72，頁93。
[81] 《曾文正公日記》（同治元年9月條）。
[82] 呂實強語，同註63。
[83] 馮桂芬，〈采西學議〉，同註72，頁67。

法。他說：「夫學問者，經濟所從出也。太史公論治曰：法後王，為其近已而俗變相類，議卑而易行也。愚以為在今日又宜曰：『鑒諸國』。諸國同時並域，獨能自致富強，豈非相類而易行之尤大彰明較著者。如以中國之倫常名教為原本，輔以諸國富強之術，不更善之善者哉。」[84]

上述引言，可知桂芬所謂的「鑒諸國」，主要就是在求了解西洋各國，也就是「夷務」。他認為夷務十分重要，關係著國家大政，尤其是馭夷之道。他反對魏源的「以夷攻夷」、「以夷款夷」之說，但對魏源的「師夷長技」之論，則大表贊同。他說：「魏氏源論馭夷，其曰：以夷攻夷，以夷款夷，無論語言文字之不通，往來聘問之不習，忽欲以疏間親，萬不可行。是欲以戰國視諸夷，蓋其生平學術，喜自居於縱橫家者流，故有此蔽。愚則以為，不能自強，徒呈譎詭，適足取敗而已。獨師夷長技以制夷一語得之。」[85]

桂芬的看法，顯然頗不同意魏源這種消極無力的主張，他認為馭夷之道要先求瞭解彼時之世界大勢，然後再加強外交以肆應之。他說：「今國家仍以夷務為第一要政，而剿賊次之。何也？賊可滅，夷不可滅也。一夷滅，百夷不俱滅也，一夷滅，代以一夷，仍不滅也。一夷為一夷所滅，而一夷彌強，不如不滅也。盛衰倚伏之說，可就一夷而言，不可就百夷言，此夷衰，彼夷盛，夷務仍自若，然則馭夷之道可不講乎？」[86]

桂芬的馭夷主張，的確是理智客觀且分析入微，他講求馭夷之術，不在逞能，而在以外交肆應之。他說：「今海外諸夷，一春秋時之列國也。不特形勢同，即風氣亦相近焉。勢力相高，而言必稱

---

[84] 同上註，頁 69。

[85] 馮桂芬，〈製洋器議〉，同註 72，頁 71-72。

[86] 馮桂芬，〈善馭夷議〉，同註 72，頁 74-75。

理；譎詐相尚，而口必道信。兩軍交戰，不廢通使，一旦渝平，居然與國。亦復大侵小，強凌弱，而必有其藉口之端。不聞有不論理不論信如戰國時事者。然則居今日而言經濟，應對之才，又曷可少哉！」[87]

既然重視外交肆應，自然不能不涉及外交原則，桂芬的外交原則與郭嵩燾一樣，都是主張要以誠信為主。桂芬提出了「理」與「信」二者，以維繫和平的基礎。他說：「今既議和，宜一於和，坦然以至誠待之。猜嫌疑忌之跡，一無所用。耳屬於垣，鐘聞於外，無益事機，適啟瑕釁。子貢曰：無報人之志，而令人疑之，拙也。有報人之意，而使人知之，殆也。事未發而先聞，危也。三者舉事之大患，以今日行之，直所謂無報人之志，而令人疑之者也。然則將一切曲從乎？曰非也。愚正以為曲從其外，猜嫌疑忌其中之非計也。夷人動輒稱理，吾即以其人之法還治其人之身。理可從，從之；理不可從，據理以折之。諸夷不知三綱，而尚知一信，非真能信也，一不信而百國群起而攻之，箝制之使不得不信也。」[88]

至於外交人才，桂芬主張設立一專門機構來培養外交人才，取讀書明理之士充之，以取前代所習用之市井駔儈之通事舌人。他說：「夫通習西語西文，例所不禁，亦勢所不可少。與其使市井無賴獨能之，不若使讀書明禮之人共能之。前見總理衙門文，新設同文館，招八旗學生，聘西人教習諸國語言文字，與漢教習相輔而行。此舉最為善法，行之既久，能之者必多，必有端人正士奇尤異敏之資出於其中。然後得西人之要領而馭之，綏靖邊陲之原本，實在於是。」[89]

87　馮桂芬，〈重專對議〉，同註72，頁66。
88　同註86，頁75。
89　馮桂芬，〈上海設立同文館議〉，同註72，頁100。

桂芬主張設館授西語西文之舉，獨具慧眼，所以立即引起地方官吏的重視。李鴻章於同治 2 年在上海創設了「廣方言館」，就是桂芬議論的初步實現，可見其外交思想是有過人之處。

（四）軍事思想：師夷技圖自強──製洋器減兵額

「法苟不善，雖古吾先斥之；法苟善，雖蠻貊吾師之」。[90]這是桂芬作為接受西方知識，以至復古的座右銘。這真是一種積極的、進步的態度，同時也表現了傳統儒家的理性與智慧。然而欲師夷技，必先知吾短於何處，必先知夷技長於何方；進而才能分辨其何者為我所要，何者須不恥師之。桂芬指出：「夫所謂不如，實不如也。忌嫉之無益，文飾之不能，勉強之無庸。向時中國積習，長技俱無所施，道在實知其不如之所在。彼何以小而強，我何以大而弱，必求所以如之，仍亦存乎人而已矣。以今論之，約有數端：人無棄材不如夷，地無遺利不如夷，君民不隔不如夷，名實必符不如夷。四者道在反求，惟皇上振刷紀綱，一轉移間耳，此無待於夷者也。」[91]

由此可見桂芬真能知恥知病，他指出的這些不如，並非僅是魏源等所謂的「船堅砲利」而已。他率直的指出：「如算學、重學、視學、光學、化學等，皆得格物致理，輿地書備列百國山川阨塞風土物產，多中人所不及。」[92]因此，他所望於夷狄者，不僅僅是工藝，而是科學，這是他眼光敏銳卓越之處。因為他早已看出科技為富強之本，但這些西方科技的營求，需要大量的繙譯西書。對此問題，桂芬有他獨特的辦法，他以為：「宜於廣東上海設一翻譯公所，選近郡十五歲以下穎悟文童，倍其廩餼，住院肄業。聘西

---

[90] 馮桂芬，〈收貧民議〉，同註 72，頁 44。
[91] 同註 85，頁 71。
[92] 同註 83，頁 68。

人課以諸國語言文字，又聘內地名師課以經史等學，兼習算學。」[93]
而對此項翻譯人才，朝野非但不可歧視，反而應該「賞與舉人，一
體會試，出夷製之上者，賞給進士一體」。[94]桂芬認為只要朝野真
能除弊革新，虛心求教，以「中國多秀民，必有出於夷而轉勝於夷
者」；「始則師而法之，繼則比而齊之，終則駕而上之。自強之道，
實在乎是。」[95]

　　由上之言，顯見桂芬對如何自強中興，仍是抱持樂觀展望與自
信的。器精之後，繼之則求於兵強，桂芬對軍隊兵員的看法，仍同
他對繁官冗吏的看法一樣，主張要大量裁減兵額，而力行精兵主義。
他以為兵在精不在多，中國兵多而無用，遇有盜賊即作鳥獸散，全
屬烏合之眾。他以為兵貴求速，老弱畏縮之兵固應淘汰，閒散重複
之兵更要合併，他以西洋列強為例說：「夫英法兩國，兵三十萬，已
橫行七八萬里，俄羅斯地窄而長，需兵宜多，亦無過六十萬，然則
中國兵三四十萬不為少矣。」[96]

　　從以上的政治、經濟、外交、軍事四方面言桂芬的思想，當然
尚不足以含其全貌。但約略我們可以看出，桂芬思想的一個基本脈
絡，便是「求富圖強」、「富國強兵」的觀念。一本《校邠廬抗議》
就是桂芬為改造古老中國，使其能適應現代世界所建構的藍圖，只
可惜此書不能行之於咸同之際，直至戊戌維新時，始見重於當世。
光緒24年，德宗推行新政，因協辦大學士孫家鼐的奏請，命刊刷桂
芬的《校邠廬抗議》，通發各衙門研議參考。[97]桂芬之真知灼見始為
世人所重，然已稍嫌晚矣！

---

[93] 同上註。
[94] 同註85，頁72-73。
[95] 同註83，頁69。同註85，頁72-73。
[96] 馮桂芬，〈減兵額議〉，同註72，頁65。
[97] 《德宗實錄》卷420，頁17。

六、結論──馮桂芬思想的影響及貢獻

「晚清是一個極為特殊而重要的時代，而其所以特殊與重要，乃因為：第一，這是一個戰亂的時代……第二，這是一個變動的時代，……第三，這是一個過渡的時代。」[98]就因為這是一個特殊的時代，所以處在此天翻地覆之際的知識份子，秉於儒家經世致用思想，從實用功利的觀點，紛紛提出了他們救亡圖存的主張，開其先鋒者，首推魏源，踵繼而光大者，馮桂芬當為第一。考馮桂芬思想對後世的影響及貢獻者有二：

（一）開維新之肇始

「戊戌維新乃清末變法運動最驚人之一幕。然而當時維新言論已有彌漫天下之勢，非康梁一派所能網羅包括，就時間論，前於戊戌者有馮桂芬，後於戊戌者有嚴復。」[99]蕭公權所言不虛，觀康梁於戊戌維新時所施行的一切，有那一樣能逃得出馮氏在《校邠廬抗議》中所言的一切。如「淘汰冗官」、「提倡農工」、「改進科舉」、「停止武試」、「鼓勵輿論」等，那一項不是桂芬早已提及。因此在戊戌維新之際，《校邠廬抗議》變成皇帝及康梁變法之範本。所以說，桂芬為開啟維新之肇始，誠不為過矣！[100]

（二）為現代化之先河

關於「現代化」一詞，政治學者 Paul A. Cohen 曾下定義為：「現代化最好被瞭解為一種朝向現代狀態學習的歷程，而這種現代的

---

[98] 孫廣德，《晚清傳統與西化的爭論》（臺北：商務版），頁 1-2。

[99] 蕭公權，〈戊戌前後之維新思想〉，見其著，《中國政治思想史》卷下（臺北：中國文化大學印行），頁 800。

[100] 葉昌熾，《緣督廬日記》載：「六月，昨有旨，允孫燮臣師之請，求校邠廬抗議……」。

狀態卻永遠不能完全達到。實在沒有一種最後的現代狀態，而只有一種在許多現代與傳統力量中求適應的持續歷程。」[101]觀桂芬的思想，我們可以很清楚的看出，他的主張和見解就是在求中國的現代化。

雖然他的辦法不見得能完全達到現代化的目的，但畢竟他的工作已啟發了中國現代化的腳步。金耀基在談到「現代」的內涵時，曾作了五個取向，其一就是「工業化」；其三就是「普遍參與」，這兩項，桂芬無疑已做了開風氣的工作。[102]甚至吾人亦可說，當年中山先生〈上李鴻章書〉中所提到的「人能盡其才、地能盡其利、物能盡其用、貨能暢其流」。[103]多少也是源出於桂芬之思想及影響，因此桂芬為中國現代化開先河的工作，是有其一定的歷史分量。

歷史是人創造的，雖然人是時代的產物，但每一個人由於各自秉賦的不同，也決定了他在歷史上扮演的角色和地位。桂芬的理想抱負不能行之於當世，卻影響於後代，從歷史上看，他所代表的洋務運動和變法思想都遭到失敗，但是我們卻不可因此而抹煞其在歷史上的地位與貢獻。然而在觀察其變法思想之餘，我們也發現其許多進步卓越見解中，實有其矛盾含混之處，這可能是桂芬自身不能超越時代侷限的地方，略引兩點敘述於下：

（1）矛盾之處：在《校邠廬抗議》一書中嘗言：變法「要以不畔於三代聖人之法」，但卻又曰：「法苟不善，雖古吾先斥之」。若依後句，桂芬以為法苟不善，就是出自三代聖人也要排斥不用，若依前句，卻要墨守三代聖人之法，如此豈非矛盾？（2）含混之處：桂芬曰：「以中國倫常名教為原本，輔以諸國富強之術」，中西學術之

---

[101] Paul A.Cohen op Lit P147（臺北：唐山出版社）。

[102] 金耀基，《從傳統到現代》（臺北：時報版），頁 150。

[103] 《國父全集》第五集（臺北：中央文物供應社），頁 1。

取捨，究依如何之標準。豈可先界定取捨的範圍，苟西洋倫常名教優於中國，取不取乎？凡此無一定之標準，漫無定際，實不免有含混之病。

總而言之，一個人的思想，在某些方面也許是激烈前進的，可是在另一方面，可能卻是保守、守舊的。觀上述矛盾、含混二點，似乎是如此。但是瑕不掩瑜，無論如何，桂芬仍不失為晚清最傑出的思想家，尤以其獨到見解的高超，具體可行的方案，實為中國現代化的路途，立下一個相當好的指標。

本文發表於《光武學報》第 15 期（民國 79 年 5 月）。

貳、廣州軍政府與國會之研究
（1917～1920）

一、前言

宣統 3 年的辛亥革命，清室覆滅，民國肇建。民國成立後，國人原期望在民治的基礎下，進入民主共和，使中國脫離數千年專制之餘毒。然民國初建，軍閥政客，違法亂紀，先有袁氏竊國，後有「督軍團」之蹂躪國會，使原已脆弱的民國，始終處於風雨飄搖中。民國 6 年，張勳迫總統黎元洪解散國會，民國法統再度中斷。[1]中山先生憤軍閥之敗國亂政，義憤填膺，首揭護法大纛，於是年 9 月開府廣州，成立軍政府，開啟了長期的護法運動。

護法運動，一般而言，可分三期：民國 6 年 9 月，中山先生在廣州成立軍政府，至 7 年 5 月軍政府改組，此為第 1 期。民國 9 年冬，粵軍回粵，到 10 年 5 月，中山先生就任非常大總統職；及至 11 年 6 月的陳炯明叛變，中山先生再度離粵赴滬，此為第 2 期。民國 12 年滇桂軍驅逐叛軍，中山先生回粵組大本營，同年 10 月曹錕賄選，中山先生以國會自失立場，從此結束護法工作，將革命工作重新做起，此為第 3 時期。[2]

就中山先生護法運動的過程來看，可說是一波三折，困難重重。本文即嘗試就第 1 階段的軍政府時期，與國會的關係，做一個全面

---

[1] 張慧盦，《復辟詳志》（臺北：文海版，近代中國史料叢刊 90 輯），頁 42。
[2] 蔣永敬，〈從護法到北伐〉，《政大歷史學報》第 2 期，頁 2。

性的探討，時間為民國 6 年到民國 9 年。文中所探討的內容範圍，除前言外，分別簡述如下：（一）國會的演變及派系鬥爭，主要說明其傳承和影響。（二）國會與廣州軍政府的成立，旨在說明國會議員南下與軍政府的成立。（三）國會與廣州軍政府的改組，重點在「西南聯合會」的成立，及政學會和桂系勾結收買議員，以遂其排斥中山先生，達成改組之目的。（四）國會與軍政府關係的惡化，主要探討軍政府改組後，岑、陸諸人不理會國會意見，陰謀和北方妥協。國會見岑、陸之出賣護法，亟思有所制裁，因而和岑、陸及政學會關係破裂的情況。（五）結論，國會與軍政府關係之探討，檢討護法何以失敗？究其因，除軍政府本身的實力外，國會內部派系的鬥爭、議員素質之低落和彼此對護法的共識不夠所致。

二、國會的演變及派系鬥爭

（一）從民 5 國會到民 6 國會的演變脈絡

民國 5 年 8 月 1 日，國會重開於北京，參眾兩院議員出席者 5 百餘人，19 日黎元洪至國會補行宣誓手續，重任段祺瑞為國務總理，各國務員也先後順利通過。10 月 30 日，兩院依法補選馮國璋為副總統，一時人心望治，不意黨派叢生，政潮起伏。[3] 此由政學會當時成立後，所發表的一篇〈宣言書〉中，可看出其時的政治情勢。「民國再奠，共和復蘇，邦人士鑒於元二政事惡潮，力避黨名，寢成風氣。顧國會重開，瞬屆四月，政府改組，將即半載，而內政之廢弛如故，外交的緊迫如故、財政之紊亂如故、軍事之糾紛如故。公黨未樹、私團日滋，望治彌殷，責效愈遠。」[4]

---

[3]　張繼，〈回憶錄〉，《張溥泉先生全集》（臺北：中央黨史會），頁 241。

[4]　李雲漢，〈政學會與護法運動〉，《中華民國初期歷史研討會（1912～1927）》，

　　國會復會後，各黨派議員又再度集中於國會內活動，但受當時
「不黨主義」的影響，國會內當時的情形，實際上是有「派」而無
「黨」。彼時的黨派形勢大致如下：首先是提倡「不黨主義」的進步
黨人，其內部分組成兩個集團；一為「憲法討論會」（以湯化龍、劉
崇佑等為首領）；另一為「憲法研究會」（以梁啟超、林長民為主要
人物）。後來因覺得「討論」與「研究」並無不同，何以一黨要分成
二派，果真此即為不黨主義嗎？如此區分有何意義？兼以舊國民黨
人的復合，且有凌駕一切之勢。因此，兩派又重新整合，不「討論」
而專「研究」了，於是，從前之進步黨變為研究系，此乃研究系一
名之由來。[5]

　　至於在舊國民黨方面，也因為副總統的選舉及議員的改選等問
題，彼此間的相互整合乃成必然趨勢。[6]揆諸當時舊國民黨人在國會
的派系有憲法商榷會：自進步黨整合為研究系後，實力不容小覰，
國民黨為在國會中能與之抗衡，黨員亦勢必結合不可，於是張繼乃
以舊國民黨領袖資格身分，出面號召，糾集昔日同志，組成一團體，
初僅以「張寓」之名出現，後亦掛牌為「憲法商榷會」，使得昔時舊
國民黨之急進、溫和兩派，得以復合為一，惜在精神之契合上，已
不若往昔。[7]

　　憲法商榷會的組成份子頗為複雜，內中約分為三派：（1）客廬
派：此派係舊國民黨的穩健派，以前此派為宋教仁所領導，張繼即
為此派之中堅份子，此後加入者有谷鍾秀派，最後吳景濂一派也加
入。重要成員有張繼系之王正廷、彭允彝、趙世鈺、呂復等；谷鍾
秀系之張耀曾、李肇甫、殷汝驪、李述膺、韓玉辰、徐傅霖、文群、

　　頁 318。
[5]　李劍農，《最近三十年中國政治史》（臺北：學生書局印行），頁 390-391。
[6]　姚誠，〈孫中山與護法運動（1917～1923）〉，政大三研所碩士論文，頁 17。
[7]　李劍農，《中國近百年政治史》（下）（臺北：商務版），頁 482。

歐陽振聲、楊永泰等黨員二百六、七十人。（2）丙辰俱樂部：此乃國民黨之急進派，領袖為田桐、居正、林森、馬君武、白逾恆、褚輔成等，黨員約五、六十人。（3）韜園派：係舊進步黨中之孫洪伊、丁世嶧一派，當帝制運動之際，彼派唱反對論，赴上海與國民黨系相結合者也，其領袖孫洪伊以功任內務總長，丁世嶧亦任總統府秘書長，重要黨員有溫世霖、王乃昌、蕭晉榮、彭介石、葉夏聲、年琳、郭同、汪彭年、龔煥辰等，人數約五、六十人。

上述三派，結合成憲法商榷會，然其團結，基本上並不鞏固，何故？此乃肇因於谷鍾秀、張耀曾等於黎段交惡中，對孫洪伊採取反對態度，大肆抨擊，致使韜園派銜恨之；兼以丙辰俱樂部對於谷、張之舉亦頗反感，致其結果形成三派復分裂為四系。谷、張等人脫離「客廬」而組織「政學會」一派；商榷會易名為「益友系」一派；「丙辰俱樂部」復與「韜園」合組成「民友系」；其後王正廷、褚輔成等又由「益友系」分出，另起爐灶成「政餘俱樂部」。至此，憲法商榷會已成分崩離析之勢，未幾終致風流雲散矣！[8]

民國6年6月12日，國會再度被解散後，大部分的國民黨籍國會議員，及少數研究系國會議員，紛紛南下。8月15日，談話會決定，根據約法在廣州自行集會，25日議決非常國會大綱，31日制定〈軍政府組織大綱〉。9月1日，國會非常會議，選舉中山先生為大元帥，唐繼堯、陸榮廷為元帥。彼時在廣州國會之政黨，綜言之，大抵為三大政團；至於後來之研究系，因僅係數十人，故對大局影響不大，現簡略介紹此三大政團之梗概。

（1）政學會：乃國民黨系之穩健派，谷鍾秀、張耀曾、章士釗為其領袖，後以岑春煊為黨魁。此外，彭允彝、楊永泰、李述膺、

8　孤軍社編，《中國政黨小史》（臺北：文海版，近代中國史料叢刊91輯），頁46-49。

歐陽振聲、李肇甫等，皆係主要黨員，此派於南方為主和派，與
國民黨之急進派積不相容。（2）益友系：以唐紹儀、褚輔成、王正
廷為領袖，在廣州國會中為多數黨。此派尚包括「政餘俱樂部」份
子，另外像伍朝樞、劉成禺、王有蘭、呂復、曾彥、龔政等皆主要
黨員。（3）民友系：乃國民黨急進派，為中山先生直系之「丙辰俱
樂部」與孫洪伊一派之舊「韜園」系所合組而成的，在廣州國會中
為最強硬派，故有主戰派之稱。領袖人物除中山先生與孫洪伊外，
尚有「丙辰俱樂部」之林森、溫世霖、馬君武、居正、田桐、葉夏
聲；及「韜園」系之王乃昌、吳宗慈、蕭晉榮、丁象謙、王湘等主
要份子。[9]

（二）派系的傾軋

楊幼炯在《中國政黨史》一書中，曾分析當時在廣州的國會議
員之背景，政學會可稱為極右派、民友系則以中華革命黨為主幹，
可算為極左派、益友系則立於兩系之間。三派人數無一派佔絕對多
數，惟中間派佔有兩院正副議長 4 席中之 3 席（即吳景濂為眾議院
議長、褚輔成為眾議院副議長、王正廷為參議院副議長），頗有舉足
輕重之勢。[10]而派系間的傾軋，則因各派對問題看法的共識不夠；
及所依附對象不同所致。

先是政學會的主要人物李根源、章士釗於討袁時，曾在兩廣督
司令部、軍務院任過職，與陸榮廷、岑春煊、唐繼堯有舊，所以能
利用滇桂系軍閥來影響護法政府。[11]政學會在當時廣州非常國會中
又分為兩派，一派以李根源為首，約七十人；一派以楊永泰為首，

9　同上註，頁 62-63。
10　楊幼炯，《中國政黨史》（臺北：商務版），頁 100。
11　李根源，《雪生年錄》（臺北：文海版，近代中國史料叢刊第 2 輯），頁 70。

約三十人左右。[12]政治立場因過去與進步黨人（研究系）接近，所以態度比較傾向同情段祺瑞，後來因段氏利用暴徒蹂躪國會，才一時氣憤南下。但至粵後，卻與桂系勾結，且主張和北方妥協，與民友系是處於勢不兩立的地位。[13]

至於益友系，號稱為舊國民黨系中之溫和派，其機關部原為「褚寓」，主張採取進步的、唯民的傾向，態度溫和，為政學會與民友系之中間調和者。它是非常國會中唯一之多數黨，此外也與唐紹儀頗為接近，桂系對之亦多表同情，海軍尤與之相倚為命，滇唐黔劉皆與其暗通款曲，且不滿於政學會。[14]民友社系則為國民黨的急進派，在非常國會中最為強硬，故有主戰派之稱。其中所含份子又有大孫派（及孫中山派是也）及小孫派（即所謂孫洪伊派是也）之分。該系大抵皆以支持中山先生為主，和政學會及桂系均勢同水火，無法合作。此外，還有一小系，即「新新俱樂部」，為增補兩院議員之集團，純為自身地位之結合，議席近二百人，在政治主張上，雖隨個人歷史地位而分趨於各系，但大多數則表同情於益友系。[15]

這些林林總總派系中，以政學會最擅長翻雲覆雨，造成中山先生護法大業之中挫及西南政局之改變，政學會均難辭其咎的。政學會在非常國會中人數雖然不多，但因其領袖岑春煊與兩廣巡閱使陸榮廷在清季有部屬關係，並透過谷鍾秀與北方直系勾結，佔盡地利人和，故能影響益友系，達成排擠中山先生之陰謀。[16]《民國政黨史》作者謝彬，曾撰〈政黨解剖論〉專文，對政學會作了如下的總

---

[12] 翁靜秋，《楊永泰先生言論集》（臺北：文海版，近代中國史料叢刊 98 輯），頁 3-4。

[13] 李守孔評論，李雲漢，〈政學會與護法運動〉，《中華民國初期歷史研討會（1912～1927）》，頁 333。

[14] 同註 10，頁 102。

[15] 謝彬，《民國政黨史》（臺北：文星書店影印），頁 80-85。

[16] 李守孔，〈民六政潮與南北分裂〉，《史學彙刊》第 7 期，頁 94。

評:「政學會分子，多為支配慾最發達之新氏官僚。其爭奪政權之政略，類皆師法從前之研究系，習於縱橫排闔之術，而未逮其深沉老辣，當民國七八九年，南方軍政府，幾成該系之獨佔舞臺，其時論壇，恆以南方安福系目之。」[17]

綜上所述，我們可以知道，作為軍政府成立的三大支柱之一的國會，因內部派系的鬥爭，並未能完全支持護法大業。始而助中山先生成立軍政府，繼而政學會又聯合桂系倒孫，終則又和改組後的陸、岑軍政府不睦，最後不僅國會弄得四分五裂，護法事業也因之中挫失敗。

三、國會與廣州軍政府的成立

（一）中山先生與海軍抵粵

民國 6 年夏，北京政府因府院衝突而演變為參加歐戰之爭，總統黎元洪，國務總理段祺瑞，反對贊成各不相讓，國會舊國民黨議員「憲法商榷會」派，欲利用機會實行倒閣，段氏則憑藉督軍團要脅解散國會，卒演成張勳復辟之醜劇。[18]先是解散國會前，黎段之間不合已人盡皆知，後因段急欲國會通過〈對德參戰案〉，唯恐國會不通過，竟師袁故技，唆使「公民團」千餘人，包圍國會，毆辱議員，強令國會將〈參戰案〉通過。

議員大譁，遂停開會議，以為抵制。內閣閣員也紛紛引咎辭職，段氏因陷於孤立，乃利用督軍團聯銜呈請解散國會。元洪告以民國約法，總統無解散之權，至此黎段衝突益呈劍拔弩張之勢。[19]5 月 23 日，

---

[17] 同註 15，附錄 3，頁 177-190。
[18] 同註 16，頁 63。
[19] 沈雲龍，〈北洋之虎——段祺瑞〉，《傳記文學》第 28 卷第 6 期，頁 66。

黎氏卒下令免段氏，而委伍廷芳代理國務總理。[20]段氏以要求不遂，乃授意督軍團銜電反對中央。民國 6 年 5 月 29 日，倪嗣沖率先通電脫離中央。[21]其後，奉督張作霖、浙督楊善德、豫督趙倜、直督曹錕、魯督張懷芝、閩督李厚基、陝督陳樹藩、晉督閻錫山、黑督畢桂芳等亦紛紛響應，全國頓成不安之象；兼以年長之吉林督軍孟恩遠領銜，強詞奪理，呈請總統黎元洪下令解散國會，更使元洪手足無措[22]。

　　其時獨安徽督軍張勳聞風不動，故持鎮靜，初以「十三省區聯合會」名義，要求黎元洪退職，繼乃表示願任調停之責，暗中則欲實現其復辟之陰謀。黎氏不察，誤認為張勳地位超然，乃用李盛鐸、王士珍建議，於 6 月 1 日令其來京，藉以緩衝。[23]6 月 7 日，張勳率兵五千北上，8 日抵天津，遣所部陸續進京，並致電黎氏，提出五條件：（1）解散國會。（2）段祺瑞復職。（3）去群小。（4）督軍參與制定憲法。（5）大赦帝制黨。[24]黎氏迫不得已，允其所請。但總統下令，例須由國務總理副署，而新任國務總理李經羲未到職，兼代國務總理伍廷芳又以解散國會，事屬違憲，拒絕副署。相持數日，至 6 月 12 日，黎氏卒以情勢惡劣，乃命步軍統領江朝宗代理國務總理，副署發佈解散國會之命令。[25]

　　中山先生對軍閥這種目無法紀，違法叛國的行為，決心不再姑息，乃命胡漢民於 14 日南下廣州，會晤粵督陳炳焜及省長朱慶瀾，並向各界說明護法之必要。[26]當時廣東省長朱慶瀾曾向鄒魯表示無

20　鍾正君，〈伍廷芳先生〉，《廣東文獻》5 卷 3 期，頁 35。

21　〈倪嗣沖叛變宣告脫離中央通電〉，《革命文獻》第 7 輯，頁 33-34。

22　〈中國大事記〉，《東方雜誌》14 卷 7 號，頁 198。

23　孫曜，《中華民國史料》（臺北：文海版，近代中國史料叢刊第 2 輯），頁 347。

24　邵元沖，《總理護法實錄》《革命文獻》第 7 輯，頁 10。

25　李守孔，〈國父護法與廣州軍政府成立〉，引自張玉法主編，《中國現代史論集》第 7 輯（臺北：聯經版），頁 178-179。

26　吳宗慈，〈護法計程〉，《革命文獻》49 輯，頁 416。

條件支持護法，而督軍陳炳焜則表示廣東財政不足，如要用兵，非開賭禁不可。[27]朱氏為各界敦促，乃擬以粵軍及駐粵軍為骨幹，合組滇粵討逆聯軍，先行進討。由朱氏自己任聯軍總司令，李烈鈞為總參謀長，繆荃為參謀長。[28]但因桂系及粵督陳炳焜之反對而作罷。

胡漢民為取得粵省幕後支持者，兩廣巡閱使陸榮廷之支持，乃於 17 日與其兄胡清瑞共赴南寧，邀請陸氏來粵共商大計。陸氏託言足疾，不良於行，拒絕胡之邀請。[29]其後由於各界討賊勢張，要求廣東督軍迅速出師北伐。[30]桂系為維持其在粵之權益，不得不有所表示，粵督陳炳焜、桂督譚浩明遂於 6 月 20 日聯名通電各省，表示兩廣已因「國會未恢復」、「法律失效用」而暫時自主，「不受非法內閣干涉」。[31]這裡所謂的「自主」，乃是一種半獨立的狀態，只脫離內閣而不脫離總統。[32]

由此可知，桂系的態度，是表面上擁護約法，而實際上是求兩廣地盤的不受威脅，以遂其割據之實及掠奪之心，然後再伺機與北方言和。觀乎桂系的作為，在在保留和談的退路，並利用自主時機，把持兩廣財政，開放煙賭之禁，藉機積斂私人財富。[33]基本上，當時粵省對護法的主張可分成兩派：一派是實質上的支持，如朱慶瀾等；另一派為桂系軍人，表面贊成，暗中卻別有所圖。

中山先生在 6 月中已得到海軍的支持，原擬在江浙一帶覓尋根據地不果。7 月 1 日復辟亂起時，中山先生於 7 月 3 日在滬召開會

[27] 鄒魯，《回顧錄》第 1 冊（臺北：三民版），頁 116。
[28] 李烈鈞，《李烈鈞將軍自傳》（臺北：文海版，近代中國史料叢刊 67 輯），頁 58。
[29] 蔣永敬，〈胡漢民先生年譜稿〉，引自吳相湘主編，《中國現代史叢刊》第 3 冊（臺北：正中版），頁 165。
[30] 郭廷以，《中華民國史事日誌》第 1 冊（臺北：中研院近史所），頁 309。
[31] 〈陳炳焜、譚浩明聲明廣東、廣西兩省自主通電〉，《革命文獻》第 7 輯，頁 41。
[32] 《中華新報》（上海）（民國 6 年 7 月 3 日）。
[33] 李培生，〈桂系據粵之由來及其經過〉，《革命文獻》第 51 輯，頁 18-20。

議，決定設置臨時政府。[34]伍廷芳亦於 7 日抵滬，並攜有外交部印文，宣佈於上海交涉署行使外交總長職權，對北方張勳復辟改變國體不予承認。中山先生邀唐紹儀、孫洪伊、程璧光、薩鎮冰、章炳麟等會商，決定將民國移設上海，請黎元洪南下，繼續行使總統職權，督促全國討逆。並致電西南各省曰：「時勢迫亟，民國不可一日無主，唯西南六省，為民國乾淨土，應請火速協商，建設臨時政府，公推臨時總統，以圖恢復。」[35]

嗣後因上海為外國勢力集中之地，諸多不便，恰值駐粵滇軍第 3 師師長張開儒，率先來電贊成護法，並致電歡迎來粵共商大計，陳炯明由粵返滬後又獻計以粵為根據地。[36]海軍方面也表示，如餉糧有著，而西南各省能表示歡迎者，亦可將海軍移駐廣州，以兩粵為基地。[37]於是中山先生遂決定以廣州為護法根據地，並致電國會議員，盼期毅然南下，自由集會，以存正氣、以振國紀。[38]

7 月 10 日，中山先生率領章炳麟、朱執信、陳炯明乘坐應瑞、海琛兩艦南下，13 日抵粵省汕頭，中山先生暫留於此，派隨行的章、朱、陳等先行赴粵，探聽粵督陳炳焜及省長朱慶瀾，對於在廣州召集國會、設立臨時政府及建立海軍基地的真正態度。[39]於此同時，中山先生在汕頭發表了一篇對北方政局混濁的看法，他認為中國今日的亂源乃在假共和者披著共和外衣欺騙國民之故，國人若要救

---

[34] 章炳麟，《太炎先生自定年譜》（臺北：文海版，近代中國史料叢刊 68 輯），頁 40。

[35] 〈致西南六省各界盼速商建臨時政府電〉，《國父全集》（3）（臺北：中央黨史會）（以下簡稱《國全》），頁 458。

[36] 李睡仙，〈陳炯明叛國史〉，引自吳相湘主編，《中國現代史叢刊》第 2 冊（臺北：正中版），頁 432。

[37] 同註 24，頁 12。

[38] 〈致兩院議員盼毅然南下護法電〉，《國全》（3），頁 457。

[39] 葉夏聲，《國父民初革命紀略》（臺北：孫總理侍衛同志社印行），頁 117-118。

國，必先認清何人是真正主張共和者，何人為偽共和者，分別此兩者後，救國之前提才能達到。其謂：「今日國民責任是在擁護共和，有一分責任，即盡一分子力量，要除盡假共和，才有真正共和出現。才有幸福可享，國家才得永遠太平。」[40]

在汕頭停留三日後，遂乘艦南行，17日抵虎門，旋改乘江固艦抵黃埔，駐黃埔公園。國會議員、省議員及督軍陳炳焜、朱慶瀾省長均在黃埔歡迎。[41]當晚，中山先生在黃埔公園歡宴上強調：「共和國家之總樞，全在國會，國會所在之地，即為國家政府所在之地」。中山先生並進一步說明，中國建立共和至今已有六年，但民國卻未曾享過共和之幸福，這並非共和體制本身的罪過，而實在因為執共和國政之人，以假共和之面孔，行真專制之手段所造成。如果今日要為國民爭回真共和，貫徹救國救民之旨，除了擁護國會外，更應爭取強大海陸軍的支持，以共同戮力於護法主張的實現。[42]

海軍總長程璧光在滬，接獲中山先生電稱西南歡迎海軍南下，又接粵省長朱慶瀾來電歡迎，遂於21日響應中山先生護法號召，發表宣言，以三事自矢：（1）擁護約法。（2）恢復國會。（3）懲辦禍首。[43]又謂：「自約法失效國會解散之日起，一切命令無所根據，當然無效，發此命令之政府當然否認。」[44]隨即率第1艦隊來粵，第1艦隊司令林葆懌，民黨人士唐紹儀、汪兆銘同行。[45]艦隊於8月4日抵達黃埔，中山先生及粵省軍、政、商各界及粵省議會、國會議員等，均到黃埔

[40] 〈除盡假共和才有真共和〉，《國全》（2），頁374。
[41] 羅家倫主編，《國父年譜》（下）（臺北：中央黨史會）（以下簡稱《年譜》），頁681。
[42] 〈爭回真共和以貫徹救國救民之宗旨〉，《國全》（2），頁376-377。
[43] 莫汝非，《程璧光殉國記》（臺北：文海版，近代中國史料叢刊57輯），頁45。
[44] 〈海軍總長程璧光及林葆懌擁護約法否認非法政府宣言〉，《革命文獻》第7輯，頁82。
[45] 同註24，頁622。

外五里處歡迎。6 日，粵省各界在廣州城內長堤之東園開歡迎大會，盛況空前。[46]海軍自此遂駐於廣州，此乃護法軍正式之開幕。[47]

（二）西南護法國會的召開與軍政府的成立

民國 6 年 6 月 13 日，國會被非法解散後，國會議員紛紛南下，圖謀恢復。復辟亂平後，馮國璋、段祺瑞掌握政權，但並無恢復國會之意，不僅未召集舊國會，反而另行組織新國會，此舉更引起南下議員的激烈反對。中山先生於 7 月 19 日在廣州省議會之歡迎會中，主張由粵電請國會議員南下來粵開會，以決定大計。省長朱慶瀾首先表示支持與歡迎，陳炳焜則持以懷疑的態度，後經中山先生以利害析之，陳始無言。[48]

中山先生於是日發表致國會議員電，略曰：「國會諸君，已被叛督稱兵解散，即與偽共和勢不兩立。今清主即已失敗，正國會自奪之時。文嘗觀時勢，江河流域已為荊棘之區，惟西南諸省，擁護共和，歡迎國會。諸君宜集會於粵、滇、湘各省，擇其適當之地，以開會議，而行民國統治之權。如人數不足，開緊急會議亦可，責任所在萬勿放棄。」[49]

8 月 6 日，北京政府不依合法手續，在國務院下設立「戰時國際委員會」，研討宣戰後應辦事宜，至 14 日乃發佈對德奧宣戰命令。[50]於是國會議員紛紛南下，至 8 月中旬已有 150 餘位議員到達廣州，廣州公署並指定廣東迴龍社前之煙酒公賣局原址作為國會議員招待所。[51]中山先生於 8 月 18 日在黃埔公園招待全體議員，會中決定貫

46　同註 26，頁 416。
47　同註 7，頁 506。
48　李守孔，《國民革命史》（臺北：中央文物供應社），頁 301。
49　〈致國會議員望擇地開會電〉，《國全》（3），頁 460-461。
50　《政府公報》第 567 號。
51　同註 24，頁 14。

徹護法主張，組織護法政府。咸以「北京政府既已毀廢約法，且向
護法各省用兵，內為護法各省之團結，外為行獨立自主之外交，勢
非另行組織政府不可，人數雖不足法定，惟值非常事變，可先開非
常會議，組織政府以資應付。」[52]

　　8 月 19 日，國會議員百餘人在迴龍社第一招待所召開第 1 次談
話會，討論恢復國會及組織政府二事。當經表決議用「國會非常會
議」名稱，借廣東省議會為國會之議場，並推呂志伊、王有蘭等 7
人為〈軍政府組織大綱〉起草委員，同日通電全國，定 25 日在廣州
開非常會議，以謀統一，以圖應變。[53]24 日午後，中山先生復邀國
會議員王正廷、呂復、馬驤、周震鱗、趙世鈺、吳宗慈等於黃埔，
指示組織政府事宜。[54]

　　25 日，國會非常會議假粵省議會舉行開幕式，到會議員：奉天
為吳景濂等、直隸為張繼等、黑龍江為秦廣禮等、西藏為傅諧等、
浙江為趙舒等、江西為吳宗慈等、安徽為陳策等、四川為盧仲琳等、
雲南為呂志伊等、湖北為田桐等、陝西為焦易堂等、江蘇為茅祖權
等、河南為劉奇瑤等、湖南為彭允彝等、福建為詹調元等、廣東為
鄒魯等、廣西為覃超等。[55]到會議員八十餘人，來賓數千人，重要
者有中山先生、程璧光、林葆懌、朱慶瀾等，均在會中致詞，而陳
炳焜則僅派代表參加，以為敷衍之計。[56]

　　會議由原任眾議院議長吳景濂主持，27 日國會非常會議開始討
論〈國會非常會議組織大綱〉，至 29 日全案通過。[57]9 月 1 日，國會

---

[52] 同註 25，頁 189-190。
[53] 岑學呂，《三水梁燕孫先生年譜》（上）（臺北：文星書店影印），頁 385。
[54] 吳宗慈，〈護法計程〉，頁 3。
[55] 邵元沖，〈總理護法實錄〉，頁 14。
[56] 同註 54，頁 3。
[57] 同註 23，頁 412-413。

非常會議舉行大元帥選舉會，出席議員九十一人，投票結果，中山先生得 84 票，當選為大元帥。當日下午即舉行大元帥授印典禮，[58]由眾議院議長吳景濂誦讀致大元帥頌詞，其詞略曰：

「前臨時大總統孫文先生，手造民國，內外瞻仰，允當斯任，即日齎致證書，登壇接受，悃忱未盡，復申是言，所願我大元帥總輯師干，殲除群醜，使民國危而復安，約法廢而復續，不勝鄭重期望之至。」[59]中山先生受印後，致答詞略曰：「文以不德，忝為共和先導……任職以後，唯當竭股肱之力，攘除奸凶，恢復約法，以竟元年未盡之責，雪數歲無功之恥，責任在躬，不敢有貳，諸所舉措，亦唯國會諸君實匡救之。」[60]

依〈軍政府組織大綱〉第 2 條規定，大元帥之下，置元帥三人，以輔助大元帥執行職務。9 月 2 日，國會非常會議選舉元帥，投票結果，唐繼堯得 83 票、陸榮廷得 76 票，均當選為元帥。另一人選原擬舉程璧光，但程氏派人至國會宣佈不願出任元帥之職，因此只得暫緩之。[61]9 月 10 日，中山先生率陸海軍武官至國會非常會議議場，舉行宣誓就職典禮，國會非常會議致大元帥就職之詞曰：

「往者元首叢脞，政出非法，亂者乘之，國會不敢自放其責，而有軍政府組織大綱之決議，惟鑒於約法未復，國權無主，則授大元帥臨時統治之權，自視職始，其竭盡智，相我法紀，以返邦人於真正共和之域，國會非常會議願與大元帥共勉之誠。」[62]中山先生乃就職，其誓詞曰：「文謹受職，誓竭真誠，執行國會非常會議所授與之任務，勉副國會代表國民之期望，並告我邦人，謹言。」[63]

---

[58] 《革命文獻》49 輯，頁 420。
[59] 鄒魯，《中國國民黨史稿》第 3 編（臺北：商務版），頁 1015-1016。
[60] 《國全》(4)，宣言，頁 22。
[61] 同註 58，頁 420。
[62] 王景濂、唐乃霈，《中華民國法統遞嬗史》，頁 130。
[63] 《軍政府公報》第 1 號，頁 21。

　　同日國會非常會議通過伍廷芳、唐紹儀、孫洪伊、張開儒、程璧光、胡漢民分任外交、財政、內務、陸軍、海軍、交通各部總長。章炳麟為秘書長、許崇智為參軍長、李烈鈞為參謀總長、林葆懌為海軍總司令、方聲濤為衛戍總司令、李耀漢為籌餉總辦、陳炯明為第 1 軍總司令。[64]9 月 18 日，公佈〈大元帥府組織條例〉，至是軍政府成立，中國形成南北兩政府對峙的局面。

四、國會與廣州軍政府的改組

（一）西南聯合會的產生

　　中山先生領導的軍政府能在廣州成立，是得力於三方面的支持，一為軍事上海軍的支持；二為政治上國會之支持；三為地方勢力朱慶瀾省長及地方人士支持。[65]但是政治上利害關係的變化，使得支持軍政府的三方力量，均一一遭受打擊而改變原來的立場。此外，民黨中亦分裂出接近滇桂系的政客，使得革命陣營內部呈現不穩的局勢。他們見軍政府不能得到滇桂系的支持，以為護法前途最大的障礙乃在於中山先生和桂系之間的衝突，而中山先生並無實力可恃，足以保障他們的權力。為了保障現有利益，勢必取得滇桂系的奧援，在此背景下，於是有了「西南護法聯合會」的產生。

　　「西南護法聯合會」的發起，最早乃是由李烈鈞等擬定草案，徵求各省意旨，然商榷多時，因以範圍過廣而無結果。[66]民國 6 年 11 月 4 日，程璧光、唐紹儀、伍廷芳等人復發出邀請束，邀各界集

---

[64] 〈大元帥特任人員職務姓名錄〉，《革命文獻》49 輯，頁 174-175。

[65] 陳欽國，〈廣州護法軍政府之研究（1917-1921）〉，臺大史研所碩士論文，頁 50。

[66] 同註 43，頁 77。

議海珠。[67]討論各省對北方所應持的和戰態度及西南聯合會事，程璧光表示：「西南各省倡言護法……殊缺乏一致精神，今日之事其急待進行者，在切實統一機關之建設而已。」[68]

　　就中山先生而言，他也了解軍政府在西南各護法省中所處之困境，為求西南團結，他並不反對組織聯合會，其於 11 月 11 日致在滇之章炳麟電文中云：「粵對陳（炳焜）感情太惡，其中情形複雜，雙方皆有通北之嫌，甚至玉堂（程璧光）之態度，亦頗難測，日間決裂之勢，益形岌岌。」[69]此外並致電陸、唐等人，徵詢其對西南聯合會議之意見。[70]但此時陸榮廷卻來電反對，謂大局已有轉機，西南會議似可從緩。[71]

　　蓋此時陸氏正從事湘戰，軍事進行順利，期望在軍事上取得優勢地位後，才有更高發言權，故不願於此時另生枝節。後來因段氏對川湘用兵失敗辭職，[72]直隸督軍曹錕、鄂督王占元、蘇督李純、贛督陳光遠等直系四督通電主和。[73]於是在上海的岑春煊與蘇督李純暗通信使，[74]欲聯合北方，要求停戰議和。而陸氏為了要和北方達成停戰協議，更不願有個軍政府在其頭上掣肘他，因此在民國 7年 1 月 15 日，於廣州召開的護法聯合成立大會中，表示了贊成與支持的態度。[75]

---

[67] 同上註。

[68] 同上註，頁 76。

[69] 〈致章炳麟等告兩廣近情電〉，《國全》（3），頁 483。

[70] 〈致唐繼堯、陸榮廷等徵詢對西南聯合會議意見電〉，《國全》（3），頁 483。

[71] 《中華新報》（民國 6 年 12 月 2 日）。

[72] 吳廷燮，《合肥執政年譜初稿》（臺北：文海版，近代中國史料叢刊 66 輯），頁 70-71。

[73] 同註 7，頁 508-510。

[74] 岑春煊，《樂齋漫筆》（臺北：文海版，近代中國史料叢刊 66 輯），頁 22。

[75] 郭廷以，《中華民國史事日誌》第 1 冊，頁 349。

　　然經過制定〈中華民國護法各省聯合條例〉後[76]，中山先生發現所謂「護法各省聯合會議」，實成為西南軍人所操縱把持的機構，一方面與軍政府對抗；一方面與北方進行議和，實有違護法本旨。[77]故中山先生堅決反對之，章炳麟更斥其為「干預憲法，則是倪嗣沖第二也，預派議和代表，則是李完用第二也。」[78]由於國會非常會議既產生了軍政府，勢必將不能再有一對峙的機關存在，而聯合會議未經國會非常會議通過，如今自行成立，恐將貽北方口實，且此時北方政府又開始改變對西南態度，重新對南方宣戰。[79]而龍濟光亦在粵省南方登陸向北進軍，南北戰爭再度進入熱戰階段，故聯合會卒被暫時擱置下來。

　　聯合會既被擱置，國會中部分議員開始慢慢有改組軍政府之議，欲將大元帥制改為合議制，以兼容各方意見。推動此事最力者，為政學會份子，彼時岑春煊雖在滬，但在非常國會中仍有相當影響力，政學會國會議員楊永泰、郭椿森、湯漪等採取威脅利誘方法，聯合吳景濂、褚輔成等，倡議改組軍政府之議。[80]2月2日，程璧光、唐紹儀、伍廷芳、莫榮新等邀請中山先生開會於海珠，討論改組軍政府辦法，擬改元帥名稱為政務總裁，設總裁若干名，聯合會之職權限於軍事範圍，隸屬於合議政府之下，護法性質為之一變，中山先生甚為不悅，在其致陳炯明電文中可看出端倪：

　　「小伍來商之於文（按：指軍政府改組事），文直以違法拒絕之，彼後再請唐來調和，唐出改組條例，文順筆改其聯合二字為軍政府，唐始有難色，乃持歸示伍甚滿足，次日欲國會通過……稱為經

---

[76] 同註43，頁79-81。
[77] 同註4，頁14。
[78] 同註43，頁82。
[79] 費敬仲，《段祺瑞》（臺北：文海版，近代中國史料叢刊90輯），頁69-71。
[80] 同註39，頁125。

文修改者以惑眾……後各議員來問文，文以實答之，故國會擱之為懸案。」[81]2 月 26 日，章炳麟自重慶通電駁斥岑春煊之議和主張。[82]其後湘軍總司令程潛覆電反對，繼而湘粵桂聯軍總司令譚浩明亦自長沙來電反對。[83]這些顯然是受了陸榮廷態度的影響，後因程璧光的被刺殞命，改組一事遂再度擱置。[84]

程氏遇刺後，伍、唐諸人對於聯合會議及軍政府之間的問題，仍積極尋求解決。但此時湘桂戰爭已起了新的變化，陸榮廷對北軍的作戰已逐漸趨於劣勢，北軍在民國 7 年 3 月中已取得長沙，西南護法軍節節失利，逐漸退出湘省。[85]陸氏眼見軍事上已無法振衰起弊，對北方失去了謀和的本錢，遂謀改弦易轍，與非常國會中之政學會議員勾結，欲奪取軍政府作為桂系號召西南的政治機構，於是西南聯合會的組織工作，遂被拋棄，桂系合力推動改組軍政府，排除民黨勢力。[86]

（二）軍政府的改組──總裁制的形式

中山先生的軍政府，是由國會產生的，府會的命運原本該為一體，但由於軍政府成立後，其本身所衍生的問題，不只是約法的蹂躪與擁護，而是思想的對立問題。[87]所以中山先生的文治思想和陸、唐等人的軍閥思想始終不能相容，也因此軍政府和非常國會始終處於風雨飄搖之中。非常國會議員面臨此境，早有大廈將傾的感覺，

81　〈致陳炯明關改組軍政府電〉，《國全》（3），頁 557。

82　同註 23，頁 424。

83　同註 43，頁 88。

84　同上註，頁 90。

85　文公直，《最近三十年中國軍事史》（臺北：文海版，近代中國史料叢刊 64
　　輯），頁 89-90。

86　同註 65，頁 54。

87　蔣永敬，《中國歷代思想家》（50）（臺北：商務版），頁 115。

其中尤以政學會份子，為顧及自己的政治利益，不願平白做軍政府的殉葬品，因而早已未雨綢繆，利誘益友社諸人，另謀出路。[88]本來軍政府改組運動中，最主要關鍵係繫於國會態度，倘當時國會不與桂系妥協，陸、唐等軍閥便無法經由「合法」的手段，來排斥中山先生的護法主張。

　　但護法期間南下的國會議員，雖泰半為民黨人士，然以其承襲北方國會的派系，仍存在著益友系、政學會、民友系的分野，其中以益友系的勢力最大。政學會則傾向於陸、唐等西南實力派，而民友系則多屬中山先生領導下的中華革命黨黨員，三派中尤以政學會人士，為此次軍政府改組活動的核心。政學會是國會於民國5年8月恢復後出現的一個政團，其正式成立日期為5年11月19日。[89]它的組成份子大多是舊國民黨黨員，均曾於民國元年參加過國民黨，故嘗自謂為國民黨系的穩健派，暗示與國民黨系的激進派──民國3年以後的中華革命黨及5年以後的民友系立於相對地位。[90]

　　他們對於促成雲南護國軍的起義討袁貢獻不小，也因此與西南各實力派軍人有合作共事的經驗，當時的組織「歐事研究會」乃為政學會的前身。[91]政學會的領袖李根源，早想擁戴岑春煊為首領，且岑、李、陸、唐皆是肇慶軍務院舊屬，廣東並駐有前此李烈鈞所統率的滇軍，所以政學會具有與滇桂軍閥結合的歷史基礎。[92]此外，陸、唐等人聯馮制段的策略，也與政學會另一健將谷鍾秀不謀而合，故滇桂兩系與政學會在精神上實相互依攜。[93]為了在國會取得多數

88 黃旭初，〈懷鄉記──陸榮廷與護法運動〉（二）《春秋雜誌》11卷4期，頁38。
89 同註4，頁313。
90 同上註，頁314。
91 蔣永敬，〈歐事研究會的由來與活動〉，《傳記文學》第34卷第5期，頁64-72。
92 同註7，頁519。
93 陳曼玲，〈陳炯明與粵軍〉，政大史研所碩士論文，頁112。

勢力，政學會人士便積極爭取中間派的益友系，使傾向於中山先生的民友系議員成為少數，以便大力推動改組軍政府事宜。[94]

民國 7 年 4 月 10 日，國會非常會議開會，出席者六十餘人，首先由國會議員羅家衡等向非常會議提出軍政府改組案。[95]當時出席議員因受桂系運動的結果，贊成者竟達四十餘人，居正、鄒魯、馬君武、焦易堂、丁象謙等民友系議員反對改組，屢欲起立發言，眾皆阻撓之。遂由議長指定二十人付諸審查，同日黨人田桐在滬上書中山先生，報告在滬議員，反對軍政府改組。[96]然改組已成定局，要想改變已回天乏術，中山先生對改組之事，十分痛心。11 日召集全體議員至軍政府談話，他說：

「軍政府視國會如父君，國會之決議，軍政府無不服從，顧如昨天所提議之改組軍政府，為軍政府本身之存亡問題，而國會事先絕未徵求軍政府意見，逕行提議而付審查，揆之事理寧得為乎？且以法而論，約法規定為元首制，今乃欲行多額制。又軍政府組織大綱明明規定：本大綱於約法效力完全恢復，國會完全行使職權時廢止，無修改之明文，今日何以自解……故今日余個人對於改組一事，根本反對，即改組後欲以余為總裁者，亦決不就之，惟有潔身引退也。」[97]

後經國會百般勸說，中山先生亦不為所動，蓋中山先生護法之因，就是北方政府違法背信所致，今若不顧法律，而屈就現實，如此置護法目的於何處？其所爭者不是個人名位之爭，而是原則問題，如果國會認為聯陸氏有利，既使其親赴廣西南寧晤陸氏，或甚至以大元帥讓之均無不可，國會代表聆聽之後，都深受感動而無辭

---

94 同註 7，頁 519-520。
95 邵元沖，〈總理護法實錄〉，《革命文獻》第 7 輯，頁 632。
96 《革命文獻》49 輯，頁 143。
97 邵元沖，〈總理護法實錄〉，同註 95，頁 23。

以對。[98]然中山先生的堅決態度與革命黨人的激烈反對，皆未能挽回事態的發展，西南實力派如劉顯世、程潛、譚浩明、李烈鈞、李根源、譚延闓、莫榮新、林葆懌等因與國會多數議員聯成一線，均贊成改組。[99]未幾，唐繼堯忽密電西南各省，大意是說：

「護法各省亟應組織統一機關，現在辦法宜遙戴黎馮為大副總統，或認馮為代理大總統，在南方組織軍務院或國務院，以行使職權。推岑春煊為國務總理，置六部，伍廷芳長外交、孫洪伊長內政、陸榮廷長陸軍、林葆懌長海軍、唐紹儀長財政、張耀曾或王寵惠長司法，政府地點宜暫在廣州，俟局勢稍形發展，則遷往南京或武漢，孫先生則宜遊歷各國，辦理外交。」[100]

由此可見，滇桂軍閥不僅要排擠中山先生，且欲去之而後快。滇桂軍閥和國會既已有默契，改組軍政府乃至緊鑼密鼓階段。5月4日，國會非常會議開會，出席議員八十餘人，首由湯漪提〈修正軍政府組織法案〉，三日間一氣呵成，反對的雖舌敝唇焦，吳景濂議長都悍然不顧。[101]最後終以 23 票反對，27 票棄權，79 票贊成，原案通過。[102]可笑的是，桂系竟師袁、段故伎，投票之日，竟先調大隊憲兵闖入議場，聲言保護，實監視議員，真不知置國會尊嚴於何處。中山先生在改組案通過當天，便派居正持辭大元帥之咨文送交國會，並發佈辭職通電，沈痛的指出：

「顧吾國之大患，莫大於武人之爭雄，南北如一丘之貉，雖號稱護法之省，亦莫肯俯首於法律及民意之下，故軍政府雖成立，而被舉之人多不就職，即對於非常會議，亦莫肯明示其尊重之意，內

---

[98] 傅啟學，《國父孫中山先生傳》（臺北：中央文物供應社），頁 420。
[99] 同註 8，頁 179。
[100] 同註 97，頁 23-24。
[101] 吳相湘，《孫逸仙先生傳》（下）（臺北：遠東版），頁 1307。
[102] 同註 8，頁 179。

既不能謀各省之統一，外何得友邦之承認，文於斯瘏口曉音，以冀各省之覺悟，蓋已力竭聲嘶，而莫由取信，知我者謂我心憂，不知者謂我何求？」[103]

5 月 18 日，國會非常會議三讀通過了〈軍政府組織法修正案〉，仍沿用軍政府名稱，惟主持者全部稱為總裁，而主席總裁則由政務會議推定。[104]20 日，國會非常會議開總裁選舉會，出席議員一百二十餘人，選舉結果，中山先生得 107 票，唐紹儀、伍廷芳、唐繼堯、林葆懌、陸榮廷都在第 1 次投票時當選，岑春煊卻與其本人不在廣州的孫洪伊票數相同，經再次投票後始以較多票數當選。[105]5 月 21 日，中山先生發佈辭大元帥臨行通電，及留別粵中父老昆弟電，略曰：

「國於天地，必有以立，民主政治賴以維繫不敝者，其根本存於法律，而機樞在於國會，必全國有共同遵守之大法，斯政治之舉措有常軌。必國會能自由行使其職權，斯法律之效力永固……自民國成立以來，國會兩遭非法解散，以致大法陵夷，邦其阢隉此則秉政者徒知以武力相雄長，嫉法律為束縛之具，國人又懾於強力，不自盡其護法之責也。然武力角逐，勢難持久……徵之袁氏，前鑑匪遙。今茲之役，國人既知護法為急務，則務貫徹始終，使舊國會能回復其效力……國會諸君負代表民意之責，際危急存亡之秋，民國一線之命脈，實諸君維繫而護持之，尤冀排除障礙，力膺艱鉅，使正式國會，依期開會，以慰國人喁喁之望，則共和前途，實式賴之。」[106]

---

[103] 《國全》(4)，文電，頁 357-358。

[104] 賴澤涵，〈廣州革命政府的建立（1917～1926）〉，《中華民國初期歷史研討會》，頁 377。

[105] 同註 97，頁 28。

[106] 羅家倫，《年譜》（下），頁 676-677。

　　7 月 3 日，岑春煊自上海抵達廣東，5 日，岑就職總裁職，軍政
府宣告改組成立，至 8 月 19 日，軍政府始舉行政務會議，並推舉岑
為主席總裁，改組至此完成。[107]

五、國會與軍政府關係的惡化

（一）從非常國會到正式國會

　　軍政府改組後，非常國會預定在民國 7 年 6 月 12 日，也就是國
會遭解散的周年紀念日，舉行正式會議，繼續召開當年在北京期間
未完成的第 1 屆第 2 次常會。但非常會議很清楚，屆時到會議員必
不能達到法定人數，於是便宣布將遵照民國 2 年〈議院法〉第 7 條
之規定：「議員於國會開會後滿一個月尚未到院者，應解其職，但有
不得已故障，報告到院時，得以院議展期至兩個月為限。」[108]但後
來因眾議院副議長陳國祥及參議院議長王家襄不肯南下赴粵參加會
議，所以才另舉林森為參議院議長，褚輔成為眾議院副議長。7 月
12 日，並將參議院五十一人，眾議院一百四十七人解職，另行將此
項遺缺之名額，先後以候補議員遞補之。[109]

　　8 月 18 日，召開正式國會，並宣告取消非常國會。[110]正式國會
召開後，非但議會內的黨派紛爭未消失，反而增加了若干小黨，其
中尤以新補兩院議員組成的「新新俱樂部」為多數，在國會中佔有
180 席。而其內部成員之政治主張，大都隨個人之歷史與地位，分

---

[107] 沈雲龍，〈清末民初之岑春煊〉，《現代政治人物述評》（臺北：文海版，近代
　　中國史料叢刊第 2 輯），頁 162。
[108] 劉以芬，〈國會之雙包案〉，《民國政史拾遺》（臺北：文海版，近代中國史料
　　叢刊 68 輯），頁 45-48。
[109] 同註 8，頁 180-181。
[110] 同註 65，頁 109。

屬於三大系中，但多數則表示支持益友系。[111]茲將民 8 南方國會中
之派系分立的情形略敘於下：

（1）褚寓派（益友系）：吳景濂、褚輔成、呂復等約二百二十
名。（2）照霞樓派（民友系）：林森、萬鴻圖、白逾恆、居正等。[112]
（3）政學會：50 號俱樂部（楊永泰出資）；石行會館系（李根源維
持），領袖為章士釗、楊永泰、金兆梓、歐陽振聲等，合計約百名。
（4）新新俱樂部（補選議員）：張知本、尹承福等一百八十名，內
傾向褚寓者六十餘名、照霞樓者五十餘名、政學會者六十餘名。（5）
蒙古議員俱樂部：約十名。（6）文社（新來之地方議員團）：約四十
名。（7）廣東議員俱樂部：約二十名。（8）廣西議員俱樂部：約十
五名。（9）雲南議員俱樂部：約十五名。[113]

　　國會中派系雖多，但大致上仍以益友、民友、政學三大系為核
心。民友系及益友系之政治主張為議定憲法，選舉正副總統，建立
護法政府。但這些主張皆是政學會與北方和平談判的障礙，因此政
學會對憲法會議並無誠意，由於各派系彼此的目標不一，導致國會
正式開會後，三系的紛爭更加激烈。

（二）國會與軍政府關係的不睦

　　民國 7 年 9 月 4 日，北京安福系國會選舉徐世昌為總統。[114]10
月，總統徐世昌就職，南方國會以其非法，不予承認，並決定緩選
總統，將權力全部委託軍政府代行。然徐氏為保其名位，乃高唱和
平統一論調，南方國會以北方取消非法總統及解散非法國會為和平

---

[111] 同註 10，頁 102-103。
[112] 「時民友系議員，閒來無事，常在廣州長堤的照霞樓俱樂部閒聊，或弈棋自
　　遣，故有照霞樓派之稱。」朱鏡宙，《夢痕記》（上），頁 210。
[113] 同註 8，頁 184-185。
[114] 警民，《徐世昌》（臺北：文海版，近代中國史料叢刊第 4 輯），頁 44。

先決條件，然因北方先擺出一副停戰姿態，南方岑、陸入其計而不知，逕自發佈停戰命令，不逮國會議決已先行派代表參與南北和談。及至後來，議和破裂，岑、陸猶一意孤行，堅持與北方妥協。

民國 8 年 5 月 27 日，譚浩明、吳佩孚等聯名通電要求重開國會。[115] 29 日，陸榮廷、莫榮新、陳炳焜等居然響應而聯名發出豔電，電報中稱呼：「北京徐大總統，錢總理」主張和談重開，彼此相互讓步，西南諸省聞之駭然。[116] 中山先生亦於此時發表宣言，再次聲明護法之目的，在使國會職權完全自由行使。[117] 後以岑、陸罔顧國法，與北方政權私定犧牲國會的密約[118]，中山先生對此武人行徑，深惡痛絕，恥以為伍，乃致電廣州國會，辭去軍政府政務總裁職，並指責曰：

「彼借國會所授之權，以行民所深惡之政治，移對付非法政府之力，以殘虐盡力救國護法之人，毒害地方，結連叛逆欺騙國會，藐視人權，文決不忍與之共飾護法之名，同尸誤國之罪，茲特辭去軍政府總裁一職，以後關於軍政府之行動慨不負責，望國會同人努力奮發使用國會之最高權，為國家求根本正當之解決，庶不負諸君子護法初衷，是則文之本志也。」[119]

此顯示中山先生已決心採取獨立行動，貫徹其護法主張，雖經廣州國會去電懇請勿辭，亦不能動搖其心意。[120] 而此時益友系也漸漸瞭解到桂系的種種不法行為，因而在立場上已有所改變，與政學

---

[115] 國史編輯社編，《吳佩孚正傳》（臺北：文海版，近代中國史料叢刊第 10 輯），頁 15-16。

[116] 同註 88 (3)，頁 27。

[117] 〈護法宣言〉，《國全》(1)，頁 836。

[118] 吳相湘，〈項城勁敵──岑春煊〉，《民國政治人物》（一）（臺北：傳記文學出版），頁 103-105。

[119] 〈致廣州國會辭軍政府總裁電〉，《國全》(3)，頁 631-632。

[120] 〈國會議員請國父勿辭政務總裁電〉，《革命文獻》48 輯，頁 328。

會的關係漸形疏遠,重新結合民友系。但中山先生深知國會本身並
無實力後盾,無法抵制桂系軍閥的出賣行為,因此他希望國會乾脆
依法取消軍政府,因為:

「岑、陸勾結,欲相機犧牲國會,為時已久,今時機將至,國
會之犧牲恐終難免,然猶希望諸君將此彌留之國會,為轟轟烈烈之
死,先將軍政府取消,使不致為群盜所居寄,則諸君猶不失個人之
人格,國會之體面,且為國家留一線正氣,為歷史留壯烈之紀念,
此文最所厚望於諸君者也。」[121]但國會此時仍存以法律手段來控制
軍政府及桂系軍閥之念頭,僅主張籌劃改組軍政府,其對改組動機
曾作如下之陳述:

「自北廷毀法賣國,甘為日本外府,自絕於國民,而廣州軍政
府高懸護法招牌,浮沉俛仰,對于北方賣國罪狀不肯切實申討,猶
曰待此藕斷絲連之和議,貽誤大計,喪失信用,皆彼一二當權者營
私取巧有以致之也,是以有識之士,僉以為非將現政府重新改造,
別圖振作,不足以應時勢之要求,救淪亡之慘禍。」[122]

　　10 月 21 日,國會提議撤回南方議和總代表,改組軍政府為
正式政府,對北京政府明令討伐。[123]且民友、益友兩系亦提出彈
劾岑春煊案,雖政學會反對,終獲通過。岑本已接受李根源議而
提出辭呈,然由於陸榮廷、莫榮新等人反對,不僅軍政府改組未
成功,岑且置彈劾於不顧,照常視事。此次改組雖未成功,但國
會中氣氛已變,政學會已漸失勢,由於國會中的民友系議員提出
並通過彈劾岑春煊案,政學會和桂系軍人均恨其入骨,意圖有所
報復。

---

[121] 〈復廣州林森吳景濂告堅辭總裁並宜取消軍政府書〉,《國全》(3),頁 636。
[122] 〈國會議員陳述改組護法政府動機電〉,《革命文獻》51 輯,頁 249-253。
[123] 同註 88 (4),頁 31。

民國 7 年 6 月，正式國會召開後，人數既足法定，遂決定由兩院議員合組憲法會議，開始討論制憲，但因政學會主張對北方議和，故反對制憲，及國會提案彈劾岑氏，政學會遂以抵制憲法會議為報復。[124]最後且全體缺席，使憲法無法形成。至 9 年 1 月 24 日，由反政學會議員林森等五百四十人聯名通電指政學會「破壞制憲」，並宣告暫時中止會議。[125]

因國會反對桂系與北方曲意交歡，岑、陸諸人對國會甚為銜恨，尤深惡國會中之益友、民友兩系議員與之作對，因此乃藉口財政困難，不發國會經費，希圖國會消滅，以利其談和。並派遣軍警搜查國會秘書處等手段以破壞之，莫榮新更以督軍名義，撤換國會秘書科長。[126]這些舉動使得議員們對岑、陸之情感愈壞，而伍廷芳也不願作「伴食總裁」[127]，偕議長吳景濂攜款遠赴上海，其餘議員亦認為軍政府已不可恃，遂紛紛離粵赴滬。

基本上，國會與軍政府關係的破裂，源於李根源奪駐粵滇軍統帥權而起，[128]其後，唐繼堯遂與岑、陸反目，至此西南內部的衝突更呈白熱化。[129]民國 9 年 7 月，國會議員至雲南昆明集會，罷岑春煊總裁職。8 月，在福建的粵軍回粵，討伐桂系。10 月 24 日，岑氏通電下野，26 日，桂系的廣東督軍莫榮新宣佈取消自主，投降北京非法政府。29 日，粵軍佔領廣州，未幾，中山先生回粵，軍政府至此終告落幕。

---

[124] 同註 4，頁 330。
[125] 同註 10，頁 104-105。
[126] 〈吳景濂在滬之談話〉，《革命文獻》51 輯，頁 145-147。
[127] 伍廷光，〈伍廷芳歷史〉，《伍先生（秩庸）公牘》（臺北：文海版，近代中國史料叢刊 66 輯），頁 45。
[128] 「李根源之輩利用陸榮廷之經濟支持，收買國會議員，煽惑駐粵滇軍叛變，歸李之指揮。」李宗黃，《李宗黃回憶錄——八十三年奮鬥史》，頁 252。
[129] 東南編譯社編，《唐繼堯》（臺北：文海版，近代中國史料叢刊第 3 輯），頁 97-98。

六、結論——國會與軍政府關係之探討

　　無可諱言，中山先生的護法運動是失敗的，失敗的原因為原先
支持軍政府的三股力量，都逐一改變了立場。支持最力的朱慶瀾省
長，也因遭嫉而被桂系排擠辭職。[130]唯一武力憑藉的海軍，亦因經
費短絀而態度動搖，合法支持軍政府成立的國會，又因桂系及政學
會的活動而趨分化。當然這些支持的力量之所以改變，和軍政府本
身有很大的關係，軍政府本身的困境，如缺乏一支強大的武力以為
後盾、財政的拮据、外交的孤立、桂系軍人的專橫跋扈，均使這些
支持者動搖。

　　但是支持者本身也有問題，別的不談，即以國會為例，當時
參加廣州非常國會的議員，在名義上雖隸屬國民黨，[131]但其中不
乏趨炎附勢，望風轉舵的投機份子。他們在北方召集臨時參議院
時，未能被段內閣選派上，因此失去了議員的資格，後來見南方召
開非常國會，歡迎其南下參加護法大業，於是又假藉護法討逆而反
對北方召集的臨時參議院及非法選舉。所以這些人有的是因為攀附
不上北方權貴，失去賴以維生的議員資格，才轉身南投，想藉機恢
復議員資格，並與西南實力派軍閥政客勾結利用，在政治上翻雲覆
雨一番，以便從中取利。[132]吳鐵城在其《回憶錄》中，將此情況
看的很清楚，他說：

　　「我覺得非常國會議員同床異夢，大多夢想個人如何飛黃騰
達。群居終日，只是真真假假的交換些勾結實力派的情報，而視中
華革命黨籍的議員為不識時務，不能通權達變；此外呢？也自成門
戶，總共一百五六十人亦有五六派之多；各捧所捧，各鑽前程。不

---

[130] 陳錫璋，《細說護法》，頁43。
[131] 同註65，頁108。
[132] 吳宗慈，〈護法計程〉，《革命文獻》49輯，頁477。

少縱橫捭闔之妙計，悲歡離合的醜事，他們說來似乎動關世運；我聽了，莫名的難過。……當時的國會議員之中，高瞻遠矚且能侃侃而談的，富有正義感而守正不阿的，意氣雖銷沉而能潔身自好的，綜共不過五、六十人，約居總數的三分之一。大多數不堪承教，我對他們的失望，與日俱增，以為那是無用的一群。誰知道響應實力派勾結而成的所謂西南自主各省護法聯合會（7 年 1 月 20 日成立）者，決議改組軍政府者，使總理感慨辭去大元帥職（7 年 5 月 4 日）者，選總理、唐紹儀、伍廷芳、岑春煊、陸榮廷、唐繼堯、林葆懌為軍政府七總裁（5 月 20 日）者，雖係桂系實力派所頤使策動，然仰承鼻息，甘為工具者，即是大多數議員憑藉非常國會以完成之。國會議員何能如此？只是捐了國會招牌。可見名與器，實是國家的重寶，假借之於匪人，便成為戕賊正義，禍害國家的兇器了。」[133]

由於國會議員素質之低落，兼以內部派系的傾軋，彼此對護法大業沒有堅定的共識，所以中山先生想要求其與之為正義而護法的目的，無異是緣木求魚。這種現象不僅見於軍政府時期，爾後的非常大總統及大本營時代亦如此。是以最終使中山先生覺悟，革命要成功，只有自己擁有一支武力，才是根本解決之道，此即民國 13 年，風起雲湧的黃埔建軍。

本文發表於《光武學報》第 16 期（民國 80 年 6 月）。

---

[133] 吳鐵城，《吳鐵城回憶錄》（臺北：三民版），頁 96-97。

參、淺論太平天國的科舉制度

一、前言

　　道光 23 年（1843），洪秀全 31 歲時，第 4 次秀才試舉落第，回家後，氣憤填膺，怨恨怒罵，盡將所讀之書棄擲於地，悻然的說：「等我自己來開科取士罷！」[1]其後，竟然一語成真，咸豐 3 年（1853），太平軍佔據南京後，即於同年 12 月 15 日，舉行所謂的「天試」，正式開科取士，以網羅知識份子的歸心。吾人知悉，中國自隋唐以降，科舉考試一向為國家拔擢真才，薦任士子的一種正式而又較公平的管道。因此歷代君主，對科舉制度莫不器重之，洪氏立國，自不例外。

　　蓋洪秀全知道，馬上得天下易，馬上治天下難。任何一個政權的鞏固，必先獲得士大夫階層的支持方可，而欲士大夫認同，最佳途徑，莫過於提供「學而優則仕」的機會。換言之，即是科舉考試，因為只有科舉，才能提供士人仕宦之階；抑只有考試才能簡拔真才。是故科舉制度，雖歷經宋、元、明、清仍相襲相因，為國家社會所肯定。

　　然何以在眾多科舉制度中，筆者單挑太平天國之科舉制度為研究對象呢？其因有二：一則傳統的科舉制度，各朝代皆有其成法，舉凡考試時間、考試科目、考試題材，甚且考試所用之書，雖因改

---

[1]　〈洪仁玕自述〉，楊家駱主編，《太平天國資料》（一）（臺北：鼎文書局出版），頁 848。

朝換代而有些許變動，然大體差異不大。唯太平天國的科舉制度則改弦易轍，立異創新之處甚多，迥異於前朝，如視諸王生辰為考試時間，應考科目範圍擴充、考試題材趨於實用、對傳統教材四書五經之鄙夷等特色。[2]

再則在太平天國的科舉制度中，何以傳統的知識份子並不支持？而太平天國早期的「反儒主義」，對天國本身命運之影響？尤其是太平天國的晚期，已修正了早期的反儒色彩，也認定了孔孟之道並不違背上帝教的態度。[3]但何以仍挽回不了其覆滅的命運，其中變化當有一探之價值。

二、太平天國的科舉制度

中國科舉制度創始於隋，興盛於唐，歷宋、元、明、清而不衰，以後即成歷代網羅士子，任命官吏最直接亦是較公平之方法，有清一代科舉亦如此。然任何制度行之既久，積弊必生，晚清以降，科舉流弊已非常嚴重。吳相湘在《晚清宮廷與人物》書中曾提及「祺祥故事主角肅順」，言肅順如何在咸豐 8 年（1858）戊午嚴刑整頓科場事。[4]可知其積弊之深，已至非大刀闊斧的改革不可。因此吾人以為太平天國的科舉，除了有諸王不滿心理的因素外，對清末科舉之反動，而思有所變革亦是重要原因，此點由其對科舉考試之重視可見一般。簡又文言：

「太平天國最注重開科考試，自定鼎天京後十年間，殆無一年不舉行會試、鄉試、及縣試。凡太平軍所到之處，均舉行考試，滿

2　張德堅，《賊情彙纂》卷三，〈官制及偽科目〉。

3　《欽定士階條例》，同註 1，頁 552。

4　吳相湘，《晚清宮廷與人物》第一集（臺北：傳記文學出版社印行），頁 61-70。

朝上下內外文武官員，一是以科舉為至隆重至切要之政事焉，此誠天朝政治文化之最大特色之一也。」[5]

太平天國的科舉制度，大致可分為兩個階段，一為自己未 9 年（1859）干王洪仁玕主政以前；一是干王主政以後。在此之前，太平天國的科舉，不管在名目或形式方面，仍多循清之制，自 9 年干王當政以後，則對天朝各種制度，多所興革，尤其將科舉舊制，幾乎全部翻新，現分別略述於下：

（甲）、會試制度

（一）考試形式：自定鼎天京後，天朝即釐定考試制度，在京舉行會試，即「天試」或曰「京試」，如同清制的會試、殿試。會試三甲如下：（1）元甲三人，狀元、榜眼、探花，封職同指揮。（2）二甲無定額，翰林，封職同將軍。（3）三甲無定額，進士，封職同總制。[6]

（二）考試時間：天朝科舉制度，最異於前代所未有者，即在初期的考試時間上。據張德堅《賊情彙纂》卷三云：「其試以各渠賊生日為期，石達開二月生，試期以初一為『翼試』。韋昌輝六月生，試期以二十日為『北試』。楊秀清八月生，試期以初十日為『東試』。洪秀全十二月生，試期改於十月初一日為『天試』，以其子乃十月生也。一年凡四試，又甲寅年九月二十日天試元甲三卷、次甲六卷、三甲十卷，則其試亦無常試期，並不循例矣。」[7]

考天朝試期的特例，實曠古所未有，究此特異的四重會試制度之所由生，簡又文的推論是可信的。簡氏以為，彼實導源於初年運

---

[5] 簡又文，《太平天國典制通考》上冊第六篇〈科舉考〉（香港：簡氏猛進書屋），頁 263。
[6] 同上註，頁 266。
[7] 同註 2。

動革命時，洪、馮、楊、蕭、韋、石等六傑結義所訂之盟約所致，其在《太平軍廣西首義史》卷四云：「在此期間，六人結為異姓兄弟，……雁行排列，各以齒序，彼此以兄弟相稱呼，親如同胞，情逾骨肉。各人家族，均成為一合體的宗族，宛如一大家庭焉。彼此更指白水以為盟，推赤心而相與，立誓有福同享，有責同擔，而尤重尤要而尤奇者，則事前似有明白的協定，誓以將來所創立之新國為兄弟六人共有共治共享之國，不過爵位職權各有差別而已。」[8]

　　簡氏之斷，佐以凌善清的《太平天國野史》卷十二〈首事諸王傳〉中所言，洪秀全動輒「約為兄弟」之說，大致上是可採信的。[9]但自 6 年（1856）天京內鬨後，東、北二王遇難，翼王繼於翌年遠引，此「四試」制度自然取消。天試則照常舉行，但改於 9 月初 9 考文進士、翰林、元甲；19 日考武科。[10]

　　（三）命題方式：除考試時間外，天朝會試的命題方式也異於往古，張德堅《賊情彙纂》有詳實的記載。張說：「天朝典試者為天王特任官，曰『口試正副掌考』，無定員。試題由天王親命，先期交與掌考。鄉試題亦出自天王，惟東、北、翼則由各王自行命題。所有試題皆出自『旨准頒行』各書之句語，試文亦如八股，詩則試帖。現任官員，一律可以應試。各登金榜者，陞遷必速，有如清制之正途出身，待遇優異焉。」[11]

　　（四）試題內容：在早期，太平天國認為四書五經為妖書，不許士子閱讀，倘有違背者，教者與學者，皆罪至斬首，故試題無出自經、史、子、集者，考官如有誤出者亦有罪。試題皆出自太平天

───────────

[8]　簡又文，《太平軍廣西首義史》卷四（香港：簡氏猛進書屋）。

[9]　凌善清，《太平天國野史》卷十二〈首事諸王傳〉（臺南：王家出版社印行），頁 1-32。

[10]　《士階條例》，同註 3。

[11]　同註 2。

國的經典。[12]如〈舊遺詔聖書〉、〈新遺詔聖書〉、〈天命詔書〉裡面，絕對不用四書五經。羅爾綱曾舉一些有趣的例子為證：

「如天試題，其文題：『天父鴻恩廣大無邊，不惜己子，遣之受難，因為代贖吾儕罪孽，尚未報恩，又得榮光』。其次題：『天父天兄最惡邪、最惡曲、最惡惡、最惡假、人鍊得正正直直、善善真真，方轉得天也。』詩題：『春國吹清好涼爽，他名未好救饑荒，名說饑荒就是病，乃理世人水深長』。湖北鄉試文首題：『真神獨一皇上帝』。次題：『皇上帝乃真皇帝』。詩題：『天父下凡事因誰？耶穌捨命待何為？』……」[13]

總之，太平天國的出題方式及內容，均充滿了宗教迷信的色彩，怪異荒誕不經，是一種在刻意「反儒主義」下的「拜上帝會」狹隘胸襟之表現。故其所試往往測不出真才實學之士，此亦太平天國特殊而又怪異的科舉制度下所必然之結果。

（乙）鄉試制度

天朝的鄉試制度，據目前現存的太平天國文獻來看，還未有系統而明確的記載。據《士階條例》所說：「癸好三年後，鄉試改定每年正月十五日試選各省提考舉人之官（即考選主考官）；三月初三日考文秀才，十三日考武秀才；五月初五日考文舉人，十五日考武舉人。」[14]又據《賊情彙纂》卷三所載各省鄉試如下：

「鄉試中者無定額，亦不論門第出身，取中即為舉人。第一名解元，授軍帥之職。二名以下，授師帥之職。榜發後，中式舉人即赴守土官署（即總制）報名。給以行賞，具舟車，送入天京應會試。

---

[12] 毛應章，《太平天國始末記》（臺北：商務版），頁 77。

[13] 羅爾綱，《太平天國史稿》卷十六，見謝興堯、鄧之誠編，《太平天國史料》（臺北：文海出版社景印），頁 190。

[14] 同註 3。

凡現任官員取中者，無許還鄉，其未為官者，聽其自便。甲寅四年
凡試二省（安徽、湖北）。主考官亦曰掌考，皆由天王簡任外放（先
經考選）。安徽鄉試正掌考為天試狀元武立勳，無副。湖北鄉試正掌
考為翼試狀元楊啟福，副掌考為翼試榜眼張有勳。其試文亦如八股，
詩則試帖。惟題目皆出自太平官書。……凡詩文題，皆出自天王御
筆，函封付掌考官，至試題拆發懸示。掌考官雖在一省，但各處人
士皆許赴考，僅于一日試一場，取中者俱不覆試。應試者多僧、道、
巫覡、卦、卜、星、相之流。以太平軍到處嚴醮祝，多毀寺觀，此
輩無棲身之所，求食之資，故紛紛赴考。『一則欲爭捷徑為入仕之階，
一則欲藉獲雋得資斧之助。雖文理皆謬，無不入殼。』云以湖北鄉
試，入場未及千人，取中者至八百餘名。」[15]

　　另據《皖樵紀實》言：「甲寅四年陰曆五月，安徽舉行鄉試，應
試者二十七縣，中式舉人七百八十五名。丁己七年陰曆五月，安徽
鄉試，僅潛山一縣中式文舉人八十四名，武舉人七十三名。」[16]

　　由此可見當時之濫取及應試者之寥寥也，揆其因：一則因兵馬
倥傯，長江上游旋得旋失，太平軍從未做固守之想，因此由其表面
觀之，所據之地雖多，然所佔之時卻短，鄉試之實行當受影響。其
次因鄉試為地方之考試，太平軍之地方官往往素質拙劣，既使有鄉
試之舉，亦多不確實，只求敷衍，以安士人。如吳江《庚辛紀事》
所記：「庚申八月初六日，有行文告示到鎮，招文武生員，由本縣送
蘇福省應試，鎮上赴試者四人，先到江城，次到省。」[17]

　　另外，沈梓的日記亦有記載嘉興一帶，士人不肯赴試的情形：「辛
酉三月初六日，監軍出示，招文武生應試，先由軍帥處報名。初十日，

[15] 同註2。
[16] 儲枝芙，《皖樵紀實》。
[17] 知非，《吳江庚辛紀事》，載《近代史資料》第1期。

出示，如有不赴考者，罰修塘充役。」[18]基本上，當時士人對應考赴試，多裹足不前以為不屑，因此太平天國初期鄉試之實行成果並不彰。「惟有秀士童生每歲開考一次，各縣各級奉行最力。」[19]其餘則差矣！

（丙）武舉制度

除上述鄉試、會試外，值得一提的，為太平天國的武舉制度。可哂的是，時值西力東漸之際，連腐敗的滿清都尚知要「師夷長技以制夷」，採西方之法來整頓軍隊，然太平天國的武舉卻仍是傳統的、陳舊的、落伍的。據《賊情彙纂》說：

「甲寅四年，是年春，因佐將乏人，故又開武科，以四月初一日為鄉試，偏貼告示，令投考者先期五日赴典詔命衙報名。屆期佐天侯陳承鎔赴教場教閱，先試馬上箭五枝，次試步下箭三枝，無後場技藝，當日完場。應試者三百餘人，皆各衙牌刀手。取中谷光輝等一百四十七名為武舉。十五日，北王韋昌輝赴教場校閱，謂之會武試，加試馬上砲三聲，取中劉元合等二百三十餘名，為武進士。北王因陳侯所取人數過濫，復出告示，命不中者，亦一體會試。五月初一日，東王復試于教場，遂奏諸天王，以劉元合為武狀元，職同指揮，谷光輝、周得三為榜眼、探花，職同將軍，餘二百餘，皆為進士，職同總制。次日朝門設宴，謂之會武宴。惟考中者無除授，仍回原衙聽候調用云。自後數年，未悉有無再開武試之舉。」[20]

基本上，太平天國的武舉並不如會試文舉之較有制度，因為戰火連綿，損兵折將為數不少，所以其武舉之目的不在於選才任將，而在於招兵買馬，只求量的增加，忽視質的提昇，是以兵將雖多，

---

[18]　沈梓，《養拙軒日記》。

[19]　簡又文，《太平天國典制通考》上冊第八篇〈鄉治考〉（香港：簡氏猛進書屋），頁 442-443。

[20]　同註 2。

戰鬥力反不如前。和有制度、有系統的「湘軍」比較起來，則更是相形見絀了。

（丁）干王主政後之新科舉制度

太平天國晚期文獻《欽定英傑歸真》一書，是太平天國在辛酉11年新刻。時干王洪仁玕以「欽定文衡正總裁」的地位，總攬文衡，聿修試典，於天朝各種制度，多所改革，尤其將科舉舊制幾全部革新，改定全部考試新制度。于辛酉11年（1861），太平天國頒行《士階條例》專書，有系統的記載干王主政後之種種新制度，其中尤以科舉制度，不僅和歷代科舉不同，就是和太平天國前期的科舉亦大相逕庭。該書經天王批准，本擬於甲子14年施行，不幸天朝覆亡於是年夏，故此制度全部未能實現，但留傳至今，卻足供吾人研究太平天國科舉制度與文化特色的最佳史料。現據此書記載，將太平天國前後期之科舉作一簡單比較，以易於明其新制度之特徵：

（一）在主考官方面：

舊制度：以正副掌考任會試之考官。

新制度：己未9年後，改置「文衡正副總裁」主其事。干王兼正總裁；英王陳玉成兼副總裁。此外省試主考官則改為「提考」，職同燕爵。每省派正副各一員，每三年一科，由天京派出，考畢回京。郡試主考官則稱「提學」，每年一次亦由天京派出，階級未詳。[21]

（二）在試期方面：

舊制度：以前定每年開考一次。

---

[21] 同註5，頁286。

新制度：戊甲以後，改省試（即鄉試）京試（即會試）俱 3 年一次。省試「移於七月秋涼之時，俾士子得以寬期習練，庶可倍獲真才，儲為樑棟」云。[22]此皆仿自舊制「大比之年」及「秋闈」者也。

（三）在名稱方面：

天朝新制度，於科舉名目，除保留鼎甲三名外，其餘由歷代遺傳千年之文武兩科秀才、貢士、舉人、進士、翰林等名目，一概取消，改訂新者：

（1）文試：秀才──改為「秀士」，「謂士子榮顯之初如卉木之方秀也」。另有「賢士」名目，制度未詳。補廩──改為「俊士」，「謂智過千人為俊也」。拔貢──改為「傑士」，「謂才過萬人為傑也」。舉人──改為「博士」，「謂其博雅淹通也」。後改「約士」，「謂能通徹四約也」。進士──改為「達士」，「謂其通達事變足以兼善天下也」。翰林──改為「國士」，「謂其學識超乎一國，以國士待之，自克以國士報也」。以上元甲首、二、三名──狀元、榜眼、探花；及二甲首名──傳臚；三甲首名──會元，則仍如舊制未改。

（2）武試：秀才──改為「英士」，「謂其英多磊落也」。另有「毅士」、「能士」，制度未詳。舉人──改為「猛士」，「謂其猛可濟寬也」。進士──改為「壯士」，「謂其克壯大猷也」。翰林──改為「威士」，「謂其有威可畏也」。其上元甲三名，亦如舊。[23]

（四）在方法方面：

舊制度：以鄉試、會試二級為主。

---

[22] 同上註。

[23] 《欽定英傑歸真》（臺北：文海出版社景印），頁 32-43。

　　新制度：照新制度所訂定，天朝考試，共有五級制，由卑至高，依次略述於下：

　　（1）鄉試：「此舉舊制各省考取舉人之秋闈，名同而實異。蓋此之所謂『鄉』乃縣級以下之鄉治也。」[24]此鄉試乃略同於舊制考童生之縣試，其方法為「由師帥主辦，軍帥典試出題校閱，應試者，不論門第出身。每年二月初三日考文場，一文一詩，考取者首名曰：『信士』。十三日考武場，首名曰：『藝士』。軍帥發給執照，職同伍長。其餘評定甲、乙，錄送監軍。」[25]

　　（2）縣試：將各軍帥錄送之考生，由縣監軍典試出題校閱，每年三月初三考文場，一文一詩；初六日覆試，一策一詩。取列首二名者曰：『秀士』。十三日考武場，十六日覆試。取首二名者曰：『英士』。監軍發給秀士、英士執照，職同兩司馬。其餘評定甲、乙，錄送郡主考「提學」，其資格相當於舊制之考文武秀才。

　　（3）郡試：每年一次，考『俊士』，兩文一詩。郡武學則考『毅士』，馬箭3枝，步箭5枝，及弓刀石技勇。又在榮、酉兩年考『傑士』，兩文一策一詩，均由天京簡放「提學」到郡典試，出題校閱。四月初四日考文場，初七初十兩日覆試二場，取列首二名曰：『賢士』。十四日考武場，十七、二十兩日覆試二場，取列首二名曰：『能士』，提學發給賢士、能士執照，職同卒長。其餘評定甲、乙，錄送省主考官「提考」。天朝科舉制度增加「郡試」一級，也為歷代所未有，亦是革命新創之制也。

　　（4）省試：三年一次，相當於舊制之秋闈鄉試，逢子、午、榮、酉為考期，由天京簡放「提考」正副各一員，典試出題，郡、縣、鄉各級考試所錄取之「士」，均有資格應考。籍貫亦不限本省，每逢

─────────────

[24] 同註5，頁289。
[25] 同上註。

科年，七月初七日考文場，三文一詩，初九日覆試，一策一論一詩。七月十七日考武場，十九日覆試。文場錄取者曰：『博士』，後改『約士』，武者曰：『猛士』。由提考發給執照，職同師帥。

（5）天試：也是每三年一次，等於清制之「大比之年」。每逢辰、戌、丑、未年為天試年，凡遇有天試科年，各省新舊科之『約士』、『猛士』、及『傑士』，均可進京應試。主考官原為正、副掌考，九年改為「文衡正、副總裁」。各省士子試畢，中式者由正總裁保封某職奏留。九月初九日考文場，十二日次場，由天王頒詔命題。十九日考武場，二十二日考次場，二十三日覆試。取定後，分一、二、三甲。

元甲三名：狀元、榜眼、探花。文武皆同。二甲第一名傳臚，以下者文名曰「國士」、武曰「威士」。三甲第一名會元，以下者文名曰「達士」、武曰「壯士」。[26]

除此之外，還有一種「京試」，此乃專為考選主考官之試，為天朝所創制之新制度，其法至公至善者也。「每三年一次，逢子、午、卯、酉年，于正月十五日考選各省正副『提考』及各郡『提學』，共一場，兩文一詩，由天王命題，而由『文衡正總裁』評定，奏請欽派。正取者，即分赴各省任『提考』，主持省試。備取者，由『正總裁』選定，奏請欽遣于每年及卯、酉兩年分赴各郡任『提學』。凡朝上官及廷府之有印的屬下官與前經天試中式者均得應考。『提考』與『提學』，均一科一任。」[27]主考官由公開考試選出，此新制確勝於歷代舊制有足多者。

由上述新舊制科舉比較，吾人可以很清楚的看出，天朝人物之具有革命性、創造性與建設性。誠如蕭一山所說的：「金陵開國，曠

---

[26] 同註23。
[27] 同註5，頁290。

代無儷，典章檄草，規模粲然。」[28]觀此新制而益加可信。但其弊端也顯而易見，簡又文說的好：

「獨惜其革命性動躍過度，創造性亦表現幼稚，對于一切遺傳文物制度，務要革新鼎故，以至於巧立名目，作無謂的更張。例如：翰林、進士、舉人、秀才、拔貢等等名目，沿用千數百年，其所代表之意義與象徵之價值，久已深入全民族之腦中，有何大害？有何弊病？今驟改其全部，稱為某士某士，理由牽強附會，殊不充分，且失去其千年附麗之榮耀，難見其等第之高低，轉令人不加尊重而已。」[29]

簡氏之分析誠是，中國歷代士大夫，以點翰林、中進士為榮，今矯枉過正，全改其名目，士子不知何去何從，只求虛銜之增加，而乏實際之榮耀，讀書人當不以中式及第為光宗耀祖之舉。值此之故，雖年年考試、歲歲招賢，然其效果並不彰，究其因，科舉本身之缺失，是難辭其咎的。

三、太平天國科舉制度之特色

（一）平等惟賢的科舉制度

蕭一山在《清代通史》卷三云：「洪秀全為一累試不第之秀才，嘗憤然欲自開科取士，既建都南京，即果行之。不論出身、門第、籍貫、學歷；凡布衣、紳士、倡優、隸卒均得赴考。」[30]蕭氏所言不虛，太平天國的科舉考試確實是一律平等的，不僅是男人可以赴考，女人同樣也有受教育考試仕宦的資格和機會。羅爾綱在《太平天國史稿》中亦曰：

---

[28] 蕭一山，《太平天國詔諭》（臺北：文海出版社景印），頁281。

[29] 同註5，頁293。

[30] 蕭一山，《清代通史》卷3（臺北：商務版），頁368。

「太平天國考試條例很寬，凡各省考試，他省流寓的都許入試。應試的不論門第出身，中式即錄取，復廣與名額，以收攬人才。如甲寅四年湖北鄉試入場的不及千人，取中的至八百多名。同年安徽鄉試的二十七縣，中舉人七百八十五名。丁己七年安徽鄉試僅潛山一縣，即中文舉人八十四名，武舉人七十三名。」[31]

由此可證，太平天國實在求才若渴，雖然只求錄取量的增多，質的程度卻沒有相對的提昇，然無論如何，其科舉制度已是儘量再求公平公正的了。吾人再佐以時人的著作來看，據趙烈文《落花春雨巢日記》言：「天京初建時，太平天國就四處貼出招賢榜，榜文略說：『江南人才最多，英雄不少，或木匠、或瓦匠、或銅鐵匠、或吹鼓手，你有那長，我便用你那長，你若無長，只可出出力的了』。」[32]

這種惟賢、惟才是用的科舉考試，不僅前古未有，恐後世亦難。當時凡是被征服的郡縣及行軍經過所在，也都在官衙或行轅前，貼出招賢榜以攬人才，榜文大意說：

「體國經野，致知必在於興賢，幼學壯行，懷才必期於見用，況值天命維新之際，正屬人文蔚起之時。天朝任官惟賢，需才孔亟，凡屬武緯文通之彥，久列於朝，專家典藝之流，不遺於野。但恐探訪難周，搜羅未偏，抱璞者恥於自獻，徒韞櫝而深藏，懷珠者慮其暗投，亦韜光而不市。當知天朝見賢即用，望治維殷，勿以自薦為可羞，即宜乘時而利見。倘有一技之長，仰即報名投效，自貢所長，或由管長據稟保薦入朝，量才錄用，家口厚給資糧，不致失所，俾免內顧之憂，以慰從公之志。」[33]

---

31 同註 13，頁 190。
32 趙烈文，《落花春雨巢日記》。
33 同註 2。

　　觀此招賢榜中所言，對士子是如何的謙虛，對人才是何等的禮遇，甚至鼓勵自己不惜毛遂自薦，委實令人動容。再看一則時人的記載，就更能瞭解太平天國這種全民惟賢平等的科舉特色。據沈梓的《避寇日記》所言：辛酉 11 年 7 月，賊在嘉興貼出招賢榜，其文略說：「定亂尚文才，戡亂需武略，清朝士習時文，官多捐納，故空疏貪劣之人彙緣冒進，而畸士異人所以不出也。今列規條，凡民間有才力可任使者，在轅稟明錄用：(1) 通曉天文星象算學者。(2) 習知地理山川形勢扼塞者。(3) 熟讀孫武者，知兵法陣圖者。(4) 熟悉風土民情利弊者。(5) 熟悉古今史事政事得失者。(6) 善書記筆禮札者。(7) 民間豪傑能習拳棒武藝騎射者。(8) 綠林好漢能棄邪歸正者。(9) 江湖游士以及方外戲班中人有能飛行走跳者。(10) 醫生之能內外科者」。[34]

　　由這十項，上自天文，下至地理，百工雜藝，不管是知兵者、知史者、豪傑俠士、綠林好漢、伶人醫生，凡是有一材一藝，都完全蒐羅錄用。吾人姑且不談其成效如何？即就這種考試不論門第出身，取才不拘一格，已經是夠革命性的了，此亦是太平天國科舉制度，值得研究和敬佩之處。彼時流行一首戲謔太平天國的對聯：「一統江山七十二里半，滿朝文武三百六十行」，它的後半聯，反倒無形中說明了太平天國網羅人才的成就。[35]

（二）尊賢禮士的科舉制度

　　知識份子一向是傳統中國社會的中堅，歷代的君主王朝要「馬上治天下」，都不能不以網羅士人為首務。雖然歷代也有少數興文字獄，焚書坑儒之舉，但一般而言，讀書人在社會上仍較其他人受到

---

[34] 沈梓，《避寇日記》。
[35] 沈懋良，《江南春夢庵筆記》，見楊家駱主編，《太平天國文獻彙編》卷三。

朝野更多的禮遇。有清一代，康、雍、乾三朝的文綱甚密，屢興文字獄，知識份子的士氣大受打擊，益以科舉的引誘，讀書人既熱衷仕途，唯諾奴才型之徒，乃成有清一代知識份子的典型，因此朝廷對士子那有何禮遇、不禮遇可談？

反觀太平天國對知識份子的態度，大體而言是相當禮遇的，由於自己是失意於科場上的人，對於那份落榜的無奈痛苦之情，洪秀全等人的體會是比誰都深刻的。因此，基於補償的心理作用，太平天國科場中，絕少失意者，名額的錄取，往往多於投考之人，目的就是儘量減少名落孫山之人。雖然此中之弊易見，饑不擇食，所錄之人，真才實學少，投機取巧多，但無論如何，太平天國禮遇尊重知識份子則不假。

劉成禺早年所著《太平天國戰史》前編載：「太平軍于咸豐二年十二月初克武昌時，即有開科取士之舉，先行出示，有家有應試者不殺一條。」[36]又如李圭，他是當時幾位被俘的文士之一，事後都有詳實紀錄，也均有公允之言，盛讚太平軍之尊賢重士。李圭之《思痛記》卷下，曾敘述其經過甚詳，現摘錄如下：

「是晚，賊敬天父後，將寫文書與偽侍王，賀金邑（及金壇）攻破也。……陸賊（名矚階，任掌書者）手拂黃紙，捉筆苦思，良久寫了一二十字，不愜意則扯碎入口，爛嚼唾去，如是者三。余立他賊後，竊觀之。……李賊（頭目，惟頗仁慈，尚不嗜殺）詢為誰。賊曰：『老周』。曰：『渠既能寫，即令渠寫』。曰：『汝來試寫幾字與掌書者！』余欲藉以稍養息也，因書余捏造之姓名『周繼威』三字與看。李賊大讚賞，連稱寫字頗光，蓋賊不識丁，見筆書略整，即以光字稱之。陸賊則尚能辨也。陸命人取凳令坐，與黃紙一，握疊

---

[36] 劉成禺，《太平天國戰史》前編。

若稟摺然,曰:『金壇已破,頭子應申賀侍王,汝好好寫來。』且教以
格式稱謂,余就其語義書之,陸賊氣平,令讀使李聽,李亦喜。……
李即命人收拾臥處,與陸間壁居,他事不令作,專幫陸寫字,復乘
機請准錢復保來幫助。賊欣然諾,即與余同住一室。自是兩人遂不
供諸苦差。蓋賊中對於文人,大有禮賢下士之風;每得一人,輒解衣
推食,延納惟恐不周,即拂逆其意,亦柔氣假借,不加呵斥也。」[37]

　　此文後段,直是把太平天國禮賢下士之風,表現的淋漓盡致。
此外如姚濟在《小滄桑記》,述庚申 10 年松江府認天義陸順德治下
一事云:「其父在內為賊抄寫,稱先生,不至受苦。」[38]潘鍾瑞在《蘇
臺麋鹿記》,亦記蘇州破城後事云:「賊立書館,招集多人,頗加優
待。」[39]甚至連美籍教士丁韙良也發表通訊,謂翼王軍在江西撫州
有招人為書手及優待士人事,益可證實此風之普遍全軍矣。[40]

　　由上述諸人之記載,吾人可以大膽斷言,太平天國的尊賢禮士
之風是無庸置疑的。考太平天國之所以如此尊賢禮士,除了前面所
說的,因天朝領袖人物,皆科場失意之士,開科取士,玉尺量才,
以雪憤吐氣之心理外。有清一代考試的不公不正,或者舞弊徇私,
或者賄賂公行,以致屈抑真才,亦是另一因也。此外尚有一事足為
紀錄者,為簡又文在《太平天國典制通考》卷上所說:「天朝敬賢重
士,既如是其優握,故對於養士非常注重。京內即各郡置有正副『育
才官』,派進士充任。在京有育才館之設,由各官員保送子弟入學。
各省所擄孩童亦一併送入館俾受教育。」[41]簡氏之文,也可為本段
做一個很好的註腳。

---

[37] 李圭,《思痛記》(臺北:文海出版社景印),頁 283。
[38] 姚濟,《小滄桑記》。
[39] 潘鍾瑞,《蘇臺麋鹿記》,同註35。
[40] 同註19,頁 396-397。
[41] 同上註,頁 293。

（三）首開女試的科舉制度

太平天國有一特殊的光榮，即其非常注重文化教育，且兼重女子教育，與男子平等，則尤為異彩。其對解放傳統中國婦女的功勞，是足以永垂不朽的。不僅女子可以接受教育，而且可以參與考試，此項措施無疑對中國傳統科舉制度又是一項新里程碑。沈懋良在《江南春夢庵筆記》曾說：「癸丑嘗設女試，以傅善祥、鍾秀英、林麗花為鼎甲。」[42]又吳廷楨在《金陵紀事雜詠》之第 15 首中，有詩亦說到：「棘闈先設女科場」、「女狀元稱傅善祥」。[43]

此外，汪堃之《盾鼻隨聞錄》卷五〈撦言紀略〉載：「賊令女百長逐館搜查，凡識字女人，概令考試，以金陵人傅善祥為女狀元，又取女榜眼鍾姓，女探花林姓，均令人偽府當簿偽職。」[44]羅爾綱在《太平天國史稿》中亦言：「太平天國建都天京後，首先開女科，考拔有才能的女子使參加政治工作，取江寧女子傅善祥為女狀元，在東王府任簿書，替東王楊秀清批示機要。」[45]

上述諸例鑿然已證明，太平天國有開始招女試任女官之舉。但也有持相異之見的，簡又文在《太平天國典制通考》卷中第十五篇〈女位考〉言：「天朝絕無女科之制度。」[46]其理由僅因「細考太平文獻，全找不到天朝特開女科之事，且天朝歷科狀元姓名，大都傳留，但未見傅姓女子。再觀干王洪仁玕新制度的『士階條例』，亦無特設女科之規定。」[47]吾人以為簡氏對此女試存疑固可，但若僅憑這些理由就加以蓋棺論定，似嫌草率武斷。

42　同註 35。
43　吳廷楨，《金陵紀事雜詠》。
44　汪堃，《盾鼻隨聞錄》卷五，見楊家駱主編，《太平天國文獻彙編》卷三。
45　同註 13
46　簡又文，《太平天國典制通考》卷中第十五篇〈女位考〉（香港：簡氏猛進書屋），頁 1231。
47　同上註。

　　其因，除吾人上述舉證之例外，尚有諸多史料為憑。凌善清在《太平天國野史》中云：「太平朝既開科舉，復舉行考試女子之典，正主試為洪宣嬌，副主試為張婉如、王自珍。婉如皖人，自珍鄂人。題為惟女子與小人為難養也全章。應試者二百餘人。金陵傅槐女善祥所作，獨闡難養之說，引古來賢女內助之功，卷薦後為天王所激賞。拔置第一，飾以花冠錦服，鼓吹遊街三日，閭閻群呼為女狀元，第二名為鍾氏，三名為林氏。」[48]

　　又陳雲章《劫灰集》之〈粵寇紀異〉有詩云：「瓊院深深試小娃，狂教姊妹敘年家，蠻姿豔說登科好，羞對捐生女探花。」[49]江寧人胡思燮在《患難一家言》書中也云：「彼時其在天京，記太平天國有令女官舉女子應試事。」[50]上元人吳家楨時在天京，他於《金陵紀事雜詠》詩中，太平天國開女科事自註說：「賊將女館內識字女子考試，取傅善祥為第一，喚入偽府，令司批答。」[51]此外《太平天國軼聞》卷一〈考試女子〉中也說：「粵賊踞金陵時，既脅令士子應試，又考試女子，取傅善祥為狀元、鍾氏為榜眼、林氏為探花，招入偽府，令掌簿司批答以獻媚，得諸逆歡，獨秦淮名妓王憶香者，為偽都督施姓所得，佯為歡笑，醉以酒，抽刀殺之，而自經於後樓，一班之偽科甲，能不愧殺，成仁取義，曾不可以品類限也。」[52]

　　上述種種例證，雖非直接史料，但證諸時人的共同看法，想必亦非空穴來風之事。所以簡氏的大膽論斷，我以為有存疑的必要，

---

[48] 同註9，卷八——科舉，頁5。

[49] 陳雲章，《劫灰集》——〈粵寇紀要〉。

[50] 胡思燮，《患難一家言》。

[51] 同註43。

[52] 《太平天國軼聞》，見沈雲龍主編，《近代中國史料叢刊》第873（臺北：文海出版社景印）。

至少在不能找到更明確的證據前，以太平天國解放女子的不纏足、公平接受教育、及「女營」、「女館」諸措施來看，讓女子公開參加科舉考試的成分是相當大的。

四、結論

《士階條例》序文曾言：「天國創萬年之基業，應樹萬年之規模，得非常之賢才，乃克佐非常之治績。是故取士之法不一，而登明選公之意則同，特天情與凡情有別焉⋯⋯真聖主降凡宰治天下，定鼎天京，立政任人，揆文奮武，兩科取士之盛，惟在在革除凡例，俾人人共證天心，法至良，意至美也。粵稽在昔，其設科拔擢，亦有制定章程。第名實不符，士風日下；值此天命維新之會，道既平乎性命身心，制自超乎古今前後，豈若承訛襲謬因陋就簡之所為哉？」[53]

此文為太平天國開科取士與改革制度之原則，亦即其考試宗旨。觀其文，再看本文所述，可知太平天國求士之殷、重士之誠、待士之厚、取士之勤、與考試時除弊秉公之努力，這些均足稱者，媲美古之盛世，有過之而無不及，此誠太平天國文化之異彩。然吾人遺憾的是，經由太平天國科舉制度下所造就的知識份子，其本身對天朝的貢獻如何呢？委實而論，效果並不彰，原因有三。

其一：太平天國從永安立國，到定鼎天京，以至於滅亡，這十多年中，先有清兵追擊；後有湘軍圍剿。連年戰爭，無法與民休息，重用知識份子的機會。

其二：太平軍固然招賢納士，但真正重視知識份子的並不多，除翼王石達開外，其餘諸王充其量均是附庸風雅，以籠絡讀書人為

---

[53] 同註3。

達到政治目的的一種手段而已，而地方官則更遑論矣！所以李秀成在其被捕自述云：「誤國不用賢才」[54]亦為天朝十次失誤之一。

其三：太平天國早期反儒主義的色彩十分濃厚，觀曾國藩之〈討粵匪檄文〉便知。[55]另據《太平天日》中有段「天父上主皇上帝怒責孔丘之事」，裡頭記載極其荒謬可笑，如「孔丘所遺傳之書，甚多差謬」、「教人糊塗了事」、「耶穌亦說這些書教壞了人，孔丘私逃天下，被天使追回綑綁，痛加鞭撻，永不准不凡。」[56]

如此之文頒佈天下，豈不令知識份子心寒及反感，當然，此與太平天國本身科舉制度之缺失也有關連。而其最終結果，誠如李定一在《中國近代史》書中所言：「太平天國諸領袖對中國文化傳統與社會背景的認識不清，只知道利用上帝會以凝聚群眾。其不祀祖先的教條，破壞廟宇的行動，均足激起民眾普遍的反感，何況打倒孔孟，崇奉『夷人』的上帝，更引起絕對大多數知識份子的反感，成為太平軍的死敵。促使太平天國覆亡的主力湘軍，便是中國知識份子為了捍衛中華文化，鄉村善良農民為了保持傳統社會習俗，所匯合而成的一股力量。」[57]李氏之文與本文觀點，倒是不謀而合的。

本文發表於《光武學報》第 17 期（民國 81 年 5 月）。

---

54 《李秀成自述》，見楊家駱主編，《太平天國文獻彙編》卷一（臺北：鼎文書局出版），頁 888。

55 曾國藩，〈討粵匪檄文〉，見《曾文正公文集》卷三。

56 《太平天日》，見楊家駱主編，《太平天國文獻彙編》卷一（臺北：鼎文書局出版），頁 636。

57 李定一，《中國近代史》（臺北：中華書局印行），頁 91。

肆、少年中國學會與收回教育權運動

一、前言

　　所謂教育權，乃指國家的教育行政主權而言，舉凡教育的創制、監督、處決等權力；創校之允准、旨趣之釐定、教材之規劃等，無不屬之。[1]這些權力，都是獨立國家所應享有的教育主權，絕對不容許外人置喙或干涉。[2]至於收回教育權，係指收回已喪失於外人的教育自主權力；中國的喪失教育權，一般咸以為清光緒 32 年（1906）10 月，學部對於外人在華設學，令其「無庸立案」的咨文，為我國教育權喪失之嚆矢。[3]

　　由於國人對外人在華興學，一直採取放任政策，遂使外人在華教育事業，於我國教育體系外別樹一幟。兼以國人昧於主權觀念，也一直未予重視。[4]迨至民國建立，孫中山先生改行新教育，德智體群並重，並使政教分離，於約法中列宗教自由。首任教育總長蔡元培辭卸時，曾薦次長范源廉以自代。范氏前後三度接掌教育部，一

---

[1] China Educational Commision,"Christian Education in China"（New York,1922.）PP.21。

[2] 古樸，〈論國人應注意收回教育權運動〉，《醒獅週報》第 25 號（民國 14 年 3 月 28 日）。（臺北：中國青年黨黨史委員會影印，民國 72 年 10 月出版）。

[3] 清光緒 32 年 10 月，學部發給各省的咨文云：「至外國人在內地設立學堂，『奏定章程』並無允許之文，除已設學堂暫聽設置，無庸立案外，嗣後如有外國人呈請在內地開設學堂者，亦均毋庸立案，所有學生概不給予獎勵。」，見舒新城，《收回教育權運動》（上海：中華書局，民國 16 年出版），頁 15。

[4] 葉健馨，《抗戰前中國中等教育之研究》（臺北：文史哲出版社印行，民國 71 年 2 月出版），頁 48。

意在促使未經立案之中外人士所辦私立學校納入政府監督系統。補救辦法亦一再佈告，惜未竟全功。

「五四」運動前後，教長十數易，政局動盪不安。[5]收回教育權問題，當蔡元培就任教育總長未久，即有莊俞於民國元年 6 月 10 日發論於《教育雜誌》第 4 卷第 3 期，力促當局重視。由於以後之數年間，教會學校興起，而問題亦增多。蔡氏於民國 6 年 4 月發表〈以美育代宗教說〉，至民國 12 年 2 月，又在《新教育》第 4 卷第 3 期發表〈教育獨立議〉，主張取法「大學區制」，向教會收回教育權。因此教會教育家謝扶雅與劉湛恩等，認為其後連年出現的非宗教與收回教育權運動，實皆導源於此。[6]

民國 11 年，「基督教教育事業調查團」所做的報告書，揭露了教會教育龐大的組織與勢力，益發引起知識份子覺察到教會教育的弊害，及其對國家教育的嚴重威脅，因此收回教育權運動乃因應而生。[7]

「五四」後提出收回教育權運動，且具啟發意義者，首推少年中國學會（以下簡稱「少中」）。此其因，一方面因「少中」是反宗教，尤其是反基督教的急先鋒；另一方面則為「少中」的組成份子，多是對教育有興趣，甚且欲終身從事者，所以他們對國家教育向極重視與關懷；進而付之行動。民國 10 年 6 月，《少年中國》月刊第 3 卷第 1 期，首先刊登了會員李璜、周太玄兩人在巴黎所編的「宗教問題」專號發其端，後來復由李璜約同在英國研究教育哲學的余

5　陶英惠，〈蔡元培與民國新教育〉，《近代中國》雙月刊第 84 期，頁 144-154。及〈辛亥以來十七年職官年表〉（教育部），民國元年起各年份年表。

6　〈言論〉，《教育雜誌》第 4 卷第 3 期，頁 33-37。孫常煒，〈蔡元培先生年譜傳記〉（中冊），頁 30-35、572-574、586-588。《中華基督教會年鑑》第 8 期，〈通論〉，謝文，頁 17-18。劉文，頁 122-124。

7　楊翠華，〈非宗教教育與收回教育權運動（1922～1930）〉（臺北：政大歷史研究所碩士論文，民國 67 年 6 月），頁 3。

家菊，在巴黎合著《國家主義的教育》一書，該書於民國 12 年秋，交上海中華書局出版。

　　《國家主義的教育》大意為主張教會不能以教育為其傳教的工具、不能違背我國家教育立國的宗旨、不能在本校內排斥異端，而有妨害自由思想與自由講學的行為。最後要求國內所有的教會學校，都須向我政府立案；由教育部、教育廳加以監督；校長由中國人擔任；教授不得專限於外國傳教士，應多聘中國人充之。[8]此書發行後，引起了當時教育界知識份子的注意與討論，於是乃有「國家教育協會」的誕生，作為鼓吹收回教育權運動的大本營。[9]

　　北京政府於民國 11 年 3 月 1 日籌辦「退款（庚款）興學委員會」。[10]而此時孫中山先生在廣東領導的革命政府致力興學保權亦已有年，如在里昂成立的中法大學，當時已籌辦的革命文武學府（廣東大學與黃埔軍校），與教會學校的良性接觸，在在顯示收回教育權的一種有效步伐。[11]「五四」後學運至 13 年時最為激烈，在東北與廣東相繼出現收回教育權運動。[12]廣州方面於是年 7 月成立了「收回教育權運動委員會」。[13]

　　大本營於是年 8 月 13 日，由大元帥（即孫中山）頒訂了〈大學條例〉，為教育權作具體的詮釋。條例中規定私立大學須設「財團」，「具有大學相當之設備及足以維持大學歲出入基金」，公私立者「均受政府監督」。[14]根據是年 7 月 4 日的廣州《民國日報》報導，當地

8　李璜，《學鈍室回憶錄》（臺北：中國青年黨黨史委員會印行，民國 74 年 10 月出版），頁 14-15。

9　《醒獅週報》第 41 號（民國 14 年 7 月 18 日），同註 2。

10　《政府公報》第 20157 號（民國 11 年 3 月 5 日），部令。

11　《國父年譜》（民國 58 年增訂本），下冊，頁 619-1155。

12　〈教息〉，《教育雜誌》第 16 卷第 6 號，頁 4、6。

13　《時報》（上海版）（民國 13 年 7 月 24 日）。

14　《大本營公報》第 23 號。

有 7 所私立專門以上學校受到此條例之約束。[15]民國 13 年 10 月，「全國各省教育聯合會」，在開封舉行年會時，通過了〈教育與宗教實行分離〉、〈取締外人在國內辦理教育事業〉兩案。至此，收回教會教育權運動，乃由言論而見諸事實。[16]本文之作，即僅就「少中」內部的國家主義份子，對此一運動的主張、理由、方法等論點，來探討二〇年代收回教育權運動之經緯。

二、收回教育權運動之背景

（一）教會教育在華之發展

中國現代教育之背景，受基督教輸入之影響頗大。[17]自道光 11 年（1831）基督教在華設立學校始，到民國 9 年止，基督教在華的各級學校已至 7382 所，學生人數達 214254 人，若把內地小學也列入，則其人數幾達三十萬，佔當時我國學生全體人數的 1/20 多。[18]這一驚人的發展，揆其因，一方面固然是由於中國政府對宗教態度的一視同仁。[19]另一方面也是受到帝國主義經濟勢力的推動所致。[20]

最初基督教在華設學的目的，原本是為了教育信徒的子弟，俾免其受非教會教育的影響，此其中當然也有些是專門培育傳教人才與教會學校教師而設。後來因為教育的範圍逐漸擴大，認為教育可以輔助傳教事業，於是在教會的決策中，便把辦理學校列為傳教的

---

[15] 國史館編，《中華民國史事紀要》（民國 13 年 7 至 12 月），頁 213-214。

[16] 朱鏡宙，〈李大釗埋葬了少年中國學會〉，《傳記文學》第 23 卷第 2 期（民國 62 年 8 月），頁 43。

[17] 盧紹稷，《中國現代教育》（上海：商務版，民國 23 年初版），頁 4。

[18] 〈中華基督教教育季刊宣言〉（民國 14 年 3 月）。載邵玉銘編，《二十世紀中國基督教問題》（臺北：正中版，民國 69 年），頁 453。

[19] 楊森富，《中國基督教史》（臺北：商務版，民國 57 年），頁 271。

[20] 任時先，《中國教育思想史》（臺北：商務版，民國 57 年），頁 436。

重要工作之一，所需經費也比任何事業為大。因此，教會學校的進行，遂有一日千里之勢。[21]由於教會教育事業的進步，教育成績的較為顯著，與歷年養成人才的增多和參與國內各方面的政治活動，教會教育乃引起當時國內知識份子與青年學生的極切關注與重視，其中尤以基督教為然。[22]

（二）教會教育之課程

19 世紀時教會團體在華設立學校的目的，是為了推展傳教工作；尤其是新教徒，更把教育工作擴大至包括一切教育設施，從幼稚園到大學。[23]這些學校大都繼續保有其所屬教會的特徵，而且因為它們辦學的目的是替教會服務，和感化中國人信仰基督教，所以學生一般都要參加宗教儀式和修讀宗教課程。民國 8 年 3 月 26 日，教育部雖然規定：「凡外國人在內地所設專門以上學校不得以傳佈宗教為目的」的章程。[24]但是教會學校依然故我，不僅學生要參加禮拜、祈禱，而且大部分導師都由傳教士充當，許多課外活動也都與教會或基督教青年會有關。[25]

根據本世紀初年，一位就讀於聖約翰大學學生的回憶說到：「聖約翰大學和其他教會學校一樣，中文在課程表中所占的地位極不重要，學中文只不過流於形式，而且還不是一種很重要的形式。我記得很清楚，有些學生從預科一年級直到畢業，總共念了七年，而他們的中文知識依然處於一年級水平。顯然，教會學校培養中國人的

---

[21] 王治心，《中國宗教思想史大綱》（臺北：中華書局，民國 59 年），頁 202。

[22] 唐鉞等主編，《教育大辭書》（臺北：商務版，民國 53 年），頁 1037。

[23] 同註 1，頁 416。

[24] 丁致聘，《中國近七十年來教育記事》（臺北：國立編譯館，民國 50 年），頁 81。

[25] 羅滋，〈中國民族主義與一九二〇年代之反基督教運動〉，載張玉法編，《中國現代史論集》第六輯（臺北：聯經版，民國 70 年），頁 221。

目的不是出自中國國家的需要，而是出自滿足教會活動的需要。他
們在普及教育方面所願意做的工作主要是傳播西方科學知識，為個
人謀生做好較好的準備，而並未顧及或根本未意識到整個國家的需
要和要求。」[26]

　　這種罔顧本國固有文化，只注重外國語言、文字的教會教育。[27]遂
激起了知識份子的反對與抨擊，余家菊在〈收回教育權問題答辨〉一
文中，便劻切的說：「外國所辦學校率皆重視外來文化，而於吾國固有
者多存鄙視之見，教會口口聲聲說欲使中國基督教化，教會學校學生
之輕視國文，皆其證也。中國人喪失其中國人之特性，中國人而全無
中國的修養，非至忘其根本，習於媚外，夷為異族，而不已也。」[28]

　　此外，蔡元培在北京的「非宗教大會」演講中也公開表示「大
學中不必設神學科，只要在哲學科中設宗教史便可，又各學校中均
不得有宣傳教義的課程，及舉行祈禱式。」[29]胡適等人亦主張：「凡
初等學校，包括幼稚園，概不得有宗教的教育，與其兒童當此時期，
感受力最強，而判斷力最弱，教育家不應該利用此一機會，灌輸『宇
宙中有神主宰』、『上帝創造世界』、『鬼神是有的，並能賞善罰惡的』
等等不能證實或未曾證實的傳說。也不該利用這個機會，用祈禱、
禮節、靜坐、咒誦等等儀式來作傳教的工具。總之，學校不是傳教
的地方，初等學校，尤不是傳教的地方，若利用兒童幼弱無知為傳
教機會，則其本身是一種罪惡。」[30]由於知識份子的醒覺，兼以彼

---

26 顧維鈞，《顧維鈞回憶錄》（臺北：蒲公英出版社印行，民國75年），頁17-20。

27 舒新城、孫承光合著，《中華民國之教育》（上海：中華書局，民國20年），
　 頁28。

28 余家菊，〈收回教育權問題答辨〉，《中華教育界》第14卷第8期（民國14
　 年2月）。

29 孫常煒，《蔡元培先生的生平及其教育思想》（臺北：商務版，民國75年11
　 月3版），頁30-32。

30 章力生，〈胡適先生的滅神論〉中引《胡適文選》〈自序〉說：「我不信靈魂

時民族主義的高張，教會教育課程不當的安排，隱然已伏下日後收回教育權運動的導火線。

（三）教會教育之目的

　　教會教育是傳教士傳教佈道及訓練宗教人才的重要措施，自清季各教會開始在華設學以來，基督教傳教士即致力於教育工作。在民國 11 年，由教育調查團所做的〈中國基督教教育事業報告書〉中云：「基督教學校最初並非由專業的教育人員所創辦，她不是為了促進教育的目的，而是有助於宣教事業的附屬品」[31]由這段話看來，教會教育，尤其是基督教教育在華設校的目的，並非有愛於中國，也並非真心想教育中國人民，而是為了達到其宣教工作和將中國改造成基督教國度的目的。

　　且看其〈報告書〉言：「假如基督教教育失敗，基督教運動將會被非基督教教育和反基督教活動的澎湃波濤淹沒，或它的重要性大為削減，……如果能夠積極而明智地，把握當前的機會，並將一些不重要的歧見放下，同時群策群力來建立一個完整的、積極的、長進的，依據基督教信仰的教育系統，我們便可盼望有一天耶穌教將成為中國的宗教。這個教育系統也將會創造一個有力量的基督教團體，以它的活動來表揚基督教的精神和原則。」[32]

　　由於這種狹隘的宗教意識及排他性，使得當時非宗教教育的人士更振振有詞的認為，教會教育是以傳教為目標而自建的教育系統，

不朽之說，也不信天堂、地獄之說。」載邵玉銘編，《二十世紀中國基督教問題》（臺北：正中版，民國 69 年），頁 296。又張欽士，《國內近十年來之宗教思潮》（北京：燕京華文學校出版，民國 16 年），頁 272。

[31] 同註 7，頁 11。

[32] 林榮洪，《風潮中奮起的中國教會》（香港：天道書樓出版，民國 69 年 5 月初版），頁 156。

並非是以國家民族利益為依歸的教育制度。是故，基於國家民族的
利益，教會教育當在反對之列。[33]而收回教育權運動的誘因，也在
教會教育的特殊體系中略見端倪了。

（四）民族主義的昂揚

　　反抗強權壓迫，掙脫枷鎖桎梏，本是人類共同的天性，但是強
權恃武力為後盾，枷鎖藉條約為護符，以致弱者動輒得咎，有如芒
刺在背。清末以來，在列強不平等條約的束縛，以及砲艇外交的威
嚇下，激烈的排外行動，每遭國家無窮後患。於是一種遵循西方國
際法的反抗形式乃漸為國人所採行，此即胡漢民所謂的「文明排
外」。[34]此種「文明排外」行動，具體的表現在晚清的收回利權運動，
這是一個由紳商與部分地方官吏所領導，在民族主義意識高漲的影
響下，普遍而深入社會的運動。[35]

　　民初的學生運動亦是如此，葉嘉熾曾說：「學生對於民初中國國
勢日益削弱，以及內憂外患的加深是特別敏感的，他們認為自己是
『先知先覺』，建立新中國之責任，是應該由他們去承擔，這種『救
國濟民』的觀念，在五四時期學生界中是十分流行的。」[36]而且「五
四」時代的新知識份子，多半是留學外國的學生，由於受到教育環
境的薰陶啟發，對帝國主義的侵略更是感受深刻，尤其是在民族主

---

[33] 周太玄，〈非宗教教育與教會教育〉，《中華教育界》第 14 卷第 8 期（民國 14
年 2 月）。

[34] 胡漢民，〈排外與國際法〉，《民報》（東京版）第 4-7 號（臺北：中國國民黨
中央委員會黨史委員會出版，民國 73 年）。

[35] 李恩涵，《晚清的收回礦權運動》（臺北：中央研究院近代史研究所專刊 8，
民國 67 年 6 月再版），頁 267-268。

[36] 葉嘉熾，〈五四與學運〉，載汪榮祖編，《五四研究論文集》（臺北：聯經版，
民國 68 年），頁 44。

義愛國思想的刺激下，凡遭遇有關國家利益的中外問題時，他們往往會攘臂而起，奮不顧身。[37]

民國 7 年 6 月，肇因於留日學生罷學歸國事件所發起之「少中」，其早期結合的本質，無疑是一種民族主義的愛國運動。[38]此一民族主義的狂飆，到了民國 8 年「五四」運動幾達頂點，其後的反宗教與收回教育權運動，亦受此影響。民國 14 年的「五卅慘案」，又再度掀起民族主義的浪潮，而教會學校此時不僅不審時度勢，反而無理的干涉禁止學生愛國運動。[39]此一背道而馳的行徑，更使得國人和知識份子，瞭解到教會學校是中國的致命傷，於是從事於反對教會學校與收回教育權運動，也在這股民族主義的思潮下，成了必然的產物。

（五）反宗教運動之影響

二○年代中國知識份子的反宗教運動，並不是清季末葉「義和團式」的愚民排外運動，而是知識份子，基於愛國的心理、文化的宣傳、科學的主義來反對基督教。[40]當時的知識份子，認為基督教違反科學、束縛思想，是麻醉青年的毒物，嚴重妨害中國的進步與現代化，故應將之由人類社會中掃除。[41]且基督教為資本主義的先鋒，是帝國主義的工具，日後將不利於中國，所以應在反對之列。[42]

---

[37] 陳豐祥，〈五四時期的民族主義〉，載王壽南主編，《中國近代現代史論集 24 第二十二編——新文化運動》（臺北：商務版，民國 75 年），頁 374。

[38] 周策縱，《五四運動史》（臺北：龍田版，民國 69 年 5 月），頁 101。

[39] 「教會大學在中國之歷史最久者莫若聖約翰大學。而該校現以校長美人卜舫濟無理干涉學生之愛國運動，釀成全體學生宣誓離校風潮，由此可見教會學校為中國之致命傷矣。」見舒新城，《近代中國教育史料》，載沈雲龍主編，《近代中國史料叢刊續輯》（652）（臺北：文海出版社），頁 180。

[40] 周億孚，《基督教與中國》（香港：基督教輔僑出版社，民國 54 年），頁 241。

[41] 林治平，《基督教與中國》（臺北：宇宙光出版社，1977 年 5 月 4 版），頁 1。

[42] 彭彼得，《基督教思想史》（香港：齊魯神學叢書之 10，聖書公會出版，1953 年 12 月初版），頁 334-336。

　　民國 9、10 年間，「少中」的主要刊物《少年中國》月刊登出了三期探討宗教問題的專號，引起了廣大知識份子的回響。[43]恰於此時，國際基督教組織決定於民國 11 年 4 月，在北京清華大學召開「世界基督教學生聯盟大會」。[44]這個行動立即激起了反基督教風潮，以及反宗教運動。3 月，北京成立「非宗教大同盟」組織。[45]參加此同盟的有李石曾、李大釗等七十餘人，他們於 3 月 21 日發表宣言並通電全國，深惡痛絕的表示「宗教之流毒於人類社會，十百千倍於洪水猛獸。有宗教可無人類，有人類應無宗教，宗教與人類，不能兩立。」[46]

　　同時全國各地也紛紛有反基督教的團體出現，反基督教的學生最初大都來自公立學校，不久由於受到反帝國主義運動的影響，教會學校的學生也開始攻擊教會，認為教會教育是帝國主義的幫兇，是資本主義的掩助者，引導中國人崇洋，侵佔中國教育權。[47]因為理由頗富煽動性，影響極大，除了引起教會自省而有所改革外，教育應與宗教分離一事，也漸為國人所注意。[48]此後，中國不僅自教會手中收回部分教育權，宗教在國人心目中的地位也大為動搖。[49]

---

[43] 郭正昭，〈王光祈與少年中國學會（1918～1936）〉，《中央研究院近代史研究所集刊》第 2 期（民國 60 年 6 月），頁 126。

[44] 謝扶雅，《巨流點滴》（香港：基督教文藝出版社，1970 年 4 月初版），頁 17。

[45] 查時傑，〈一百七十年來的基督教〉，載林治平主編，《基督教入華百七十年紀念集》（臺北：宇宙光出版社，民國 66 年初版），頁 24-25。又「全國教育獨立運動」於民國 11 年 2 月 12 日先成立於北京。

[46] 林治平，《基督教與中國近代化論集》（臺北：商務版，民國 64 年），頁 28。

[47] 吳雷川（震春），《基督教與中國文化》（青年協會書局，出版地點時間不詳），頁 140-142。

[48] 李璜、余家菊合著，《國家主義的教育》（臺北：冬青出版社，民國 63 年），頁 26。

[49] 張玉法，《中國現代史》（臺北：東華版，民國 66 年），頁 344。

（六）國家主義運動之崛起

　　所謂國家主義，是主張以國家民族之統一、獨立、強盛為第一義，而置個人之死生、幸福、利益為第二義的一種意識形態。[50]中國的國家主義運動，發生的原因有二：一是對平民主義思潮過度的反動；二是為帝國主義的壓迫所致。[51]其中尤以後者更是造成國家主義的直接原因。值此之故，我們可以說，民國以來，凡是愛國救國運動，都可目之為國家主義運動，收回教育權運動當然也是中國現代國家主義運動。[52]當時的國家主義份子，多半是「少中」裡頭的健將，他們以《中華教育界》、《醒獅週報》為言論喉舌，積極鼓吹宣傳國家主義的教育。[53]

　　所謂國家主義的教育，在表面上，其宗旨乃是在擁護國權、變和國民、陶鑄國魂、發揚國光。而事實上，他們卻是堅決主張反對外人在中國設教辦學，而要求無條件收回教育主權的一種教育。[54]此觀點誠如吳俊升所說的，是以為國家既以教育為團結民族之工具，那麼教育政策必須統一，要求教育政策的統一，則教育權必定要國家管理，此乃當然之結果，因此收回教育權乃是理所當然且又刻不容緩的事。[55]

　　民國14年「五卅慘案」的發生，更是促成了國家主義運動的擴大，一般原本對國家主義尚持游移態度的人，至此也紛紛表示支持

---

[50] 朱經農，《近代教育思潮七講》（臺北：商務版，民國58年），頁55。

[51] 陳青之，《中國教育史》（臺北：商務版，民國52年），頁735-737。

[52] 胡國偉，《中國國家主義史觀》（臺北：菩提文藝出版社，民國64年3月再版），頁98-99。

[53] 左舜生，《近三十年見聞雜記》（臺北：中國青年黨黨史委員會印行，民國73年7月出版），頁26。

[54] 李璜，〈國家主義的建國方針〉，《國家主義論叢》第一集（臺北：冬青出版社，民國62年12月出版），頁208。

[55] 吳俊升，〈國家主義的教育之進展及其評論〉，《國家主義教育論叢》（臺北：冬青出版社，民國63年12月出版），頁20。

國家主義運動，而收回教育權，也在這股氣勢磅礴的國家主義潮流下，更如火如荼的加緊進行者。[56]

三、收回教育權之理由

（一）為教育主權之獨立

　　教育是國家的一種主權，這種主權之於國家，與關於政治和經濟的主權，是一樣重要的。一個國家固不可放棄其政治權與經濟權，當然也不可放棄教育權。如果放棄了這種主權，便要產生各種無恥的亡國教育，破壞國家的根本。中國不幸將教育權放棄了一大部分，致使外國人在中國實施「教會教育」和「殖民教育」。[57]這種外人以傳教為鵠的教會教育，實是中國教育統一的大患，若不設法取締，則中國不必亡於武力與經濟的侵略，而要先亡於教會教育的侵謅。[58]因此為中國教育主權之獨立故，首先我們當須明白教育的主權究應何屬呢？近世文明國家，往往將教育當成為國家的事業。[59]教育主權，只應屬於本國，不應屬於外國；只應屬於國家，不應屬於私人、地方和教會。否則便是國家主權的分割，而國家也就不成其為國家了。[60]

　　遺憾的是，中國自五口通商以後，由於昧於主權的觀念，使得歐美各國傳教士藉條約的保護，可以在中國各地設立學校。[61]這些

---

[56] 陳啟天，〈近代中國國家主義運動小史〉，《世界國家主義運動史》（臺北：冬青出版社，民國 64 年 12 月出版），頁 55。

[57] 陳啟天，〈國家主義的教育原理與政策〉，《國家主義教育論叢》，頁 62-63。

[58] 陳啟天，《新社會哲學論》（臺北：商務版，民國 55 年 7 月初版），頁 271。

[59] 彭國樑，〈華東基督教大學之發展與影響（1912-1949）〉（臺北：國立政治大學教育研究所碩士論文，民國 66 年 6 月），頁 70。

[60] 同註 57，頁 60。

[61] 同註 59。

教會學校的教育系統，不僅破壞中國的教育主權，且多蔑視中國的文史教學，致使所教出來的學生，非但對於本國不能有所裨益，反倒有助於列強在中國的各種侵略。[62]無怪乎陳啟天要痛心疾首的說：「中國不幸，任外人在國內自由設校，教育中國國民，使之逐漸的無形的歸化外國。」[63]由此可見教會學校之破壞中國教育主權之嚴重性於一斑了。

（二）為教育宗旨之統一

中華民國教育的最高準繩，本是在規範中華民國國民之模型，此模型當由中華民族自己產生之。換言之，即應由吾國國民自行選定與吾輩之歷史、習性、要求最相適合之教育。[64]因此，發揚民族文化、恢復固有道德、注重集團訓練、發揮犧牲精神，乃形成吾民族教育的共同信仰，此信仰尤以我國家民族受帝國主義壓迫時為最。[65]

我們試看民國 15 年，「中華教育改進社」年會議決的教育宗旨便可知其梗概。其言，中國現時教育以養成愛國愛民為宗旨，故主張要點如下：（1）注重本國文化，以發揮民族精神；（2）實施軍事教育，以養成健全體格；（3）酌施國恥教育，以培養愛國志操；（4）促進科學教育，以增益基本知識。[66]如此教育宗旨下的國民，方是國家的健全份子，這所謂的健全份子，是指不僅要具有為國家服務

---

[62] 左舜生，〈法國徹底的排斥宗教教育〉，《醒獅週報》第 5 號（民國 13 年 11 月 8 日）。

[63] 陳啟天，〈我們主張收回教育權的理由與辦法〉，《中華教育界》第 14 卷第 8 期（民國 14 年 2 月）。

[64] 周太玄，〈我國教育之集中統一與獨立〉，《教育雜誌》第 15 卷第 11 號，頁 1。

[65] 王鳳喈，《中國教育史》（臺北：國立編譯館，民國 46 年），頁 364。

[66] 原春輝，《中國近代教育方略》（臺北：興臺印刷廠，民國 52 年），頁 33。

之能力，而且要受一種中心意識的支配，而願意為國家無條件奉獻者而言。[67]

　　質言之，中國教育宗旨的目標，是在喚起國民對於國家之自覺心，與夫國民對於國家之責任心，這樣的教育，才可養成能除內憂抗外患的國民。[68]反觀教會教育的宗旨，根據「中國基督教教育事業」所說的：「基督教教育對於中國教育全體事業貢獻之最著者，乃在以教育之方法，實現基督教教會之目的。教會之目的非他，蓋即欲使各個人委身於耶穌基督，俾上帝之國祚，復建於人世，並創造一適合基督教教義之社會制度而已。」[69]

　　此一宗旨，不但與中國的教育宗旨大相逕庭，更可以說是南轅北轍，扞格不入。其目的，除了造就一批只知奉獻天國，而無國家民族意識的人外，我們實不知其對中國尚有何貢獻？是故，為了中國教育宗旨的統一，收回教育權是勢在必行的。

（三）為教育法令之尊嚴

　　教會教育在中國之所以能發展迅速，原因之一是其不受中國政府的管轄，且毋須向中國政府註冊立案。[70]這種不平等的情況，使得教會學校在中國教育體制中，彷彿如一種教育上的「治外法權」。因此，為了打破此一不合理的現象，要求收回教育權，以維護中國教育法令的尊嚴，乃成了當時知識份子一致的呼聲。曾參與其事的李璜回憶說：

---

[67] 何魯之編，《國家主義概論》（上海：中國人文研究所，民國 37 年 11 月出版），頁 77-78。

[68] 陳啟天，〈中國教育宗旨問題〉，載《國家主義論文集》第一輯（臺北：文海出版社），頁 119。

[69] 《中國基督教教育事業》，頁 315。

[70] 陳啟天，《近代中國教育史》（臺北：中華書局，民國 58 年），頁 327-334。

「我們之所以主張收回教育權，完全是本於正面的意義，要求
國家教育自有它的因時制宜的宗旨，我們希望教會在中國所辦的諸
多學校，要與我們國家教育的宗旨相應相融，不能一味放任之。我
們並不是要將所有外國教會在中國所辦的學校予以沒收，而是要所
有教會學校都必須向我政府立案，並由教育部或教育廳加以監督；
且最好能聘請中國學人來當校長，教授不要只是限定外國傳教士，
而應多聘中國人任之。」[71]由李璜的回憶，我們不難反證到，當時
教會之蔑視中國教育法令，及其傷害中國人之自尊了。

（四）為信仰宗教之自由

信仰宗教，本是人類追尋心靈慰藉的一個方式，因此任何宗教，
只要是有益於世道人心的，都值得人們去信仰、去發揚。但是二〇
年代，何以中國知識份子會爆發大規模的反宗教運動，尤其是反基
督教運動。揆其因，肇始於基督教嚴重的排他性與獨佔性，而且其
違反法律所保障的信教自由，亦是引起知識份子反感的原因之一。

民國 11 年 3 月，北大的五位教授周作人、錢玄同、沈兼士、沈
士遠、馬裕藻發表了共同宣言，倡導宗教信仰的自由，他們說：「我
們不是任何宗教的信徒，我們不擁護任何宗教，也不贊成挑戰的反
對任何宗教。我們認為人們的信仰，應當有絕對的自由，不受任何
人的干涉。除去法律的制裁以外，信教自由載在約法，知識階級的
人，應首先遵守。至少亦不應首先破壞。」[72]

所以為了保障信教的自由，根本的解決之道，是教育必需獨立
於各種宗教勢力之外。換言之，即任何宗教均不得假借教育作宣傳
的工具；無論何級學校都不得含有宗教的臭味，設有宗教的課程，

---

[71] 同註 8，頁 14-15。
[72] 《North China Standard, 1922.》4.1。

舉行宗教儀式，如此方可談及保障宗教信仰的自由。[73]如今教會學校既不肯改革，那麼主張收回教會教育權，也算是一種合理保障人民信仰自由的方式。

（五）為維護教育之效果

　　教育之目的，原本是在喚起國民對於祖國的意識，培養愛國思想，以國民愛國思想為基點，去樹立民族偉大之精神，進而發揚本國固有文化，以建設一強大的國家。[74]然而教會教育的目的卻非如此，它們創學辦校的最大希望是以傳教為目的，為了要達到傳教的效果，它們不惜花費巨貲去培養一批「清華式」的學生。[75]經由這批「準洋人」、「準外國人」來遂其使中國基督教化的夢想。因此，為了國民意識的加強與鞏固，收回教育權，乃是件攸關國家民族生死存亡的重大事情。

四、收回教育權之方法

（一）實行教育上的不合作主義

　　我們既認定教會學校是應該收回，在中國不可使其存在，那麼就不應該與之合作，而默認其在教育上的地位。相反的，我們不僅要積極的鼓吹收回教育權。[76]而且還要具體的付出行動，根據陳啟天在《中華教育界》所發表的〈我們主張收回教育權的理由與辦法〉一文中，所陳述的辦法如下：

---

[73] 同註 63，頁 8。
[74] 同註 51。
[75] 余家菊，〈教會教育問題〉，載《國家主義的教育》（臺北：冬青出版社，民國 63 年 6 月出版），頁 26。
[76] 同註 63。

（1）凡是中國人，尤其是在教育界有地位的人，不為教會學
　　校做事。

（2）凡已在教會學校做事的人，早早離開教會學校。

（3）凡中國學生不輕入教會學校。

（4）凡已入教會學校的學生早早轉學本國自辦的學校。

（5）凡已入教會學校尚未轉學本國學校的學生同盟不做早
　　禱、不做禮拜、不上聖經班、不受洗禮。

（6）凡中國國民或政府不以金錢捐助任何教會學校。

（7）凡本國教育團體絕對不與教會學校合作。

（8）凡袒護教會學校的，應認為全國教育界的公敵。[77]

上述 8 點「甘地式」的不合作主義，可以說設想得相當嚴格周
詳，但其性質仍是消極的規勸宣導。因此，為求進一步的效果，必
要時他們尚希望政府能拿出魄力來，強迫入教會學校之學生一律轉
學，不聽則罪其父兄；而且也要勒令本國教師不為教會學校教師，
不聽則褫奪其公權。[78]相信如此一來，在這種不合作的態度下，教
會學校若不改革，則必無生存下去之理。

（二）組織收回教育權的特殊機關

收回教育權既是一個遍佈全國，影響深遠的運動，當然除了報
章雜誌的鼓吹宣傳外，也急需要有專門的特殊機構，來負責統籌指
揮，以收事半功倍之效。據當時國家主義份子的主張，此種組織，
大體上可分為兩種：一種是由國民自由組織，如開封收回教育權促
進會、長沙教育主權維持會等。各於所在地，積極的設法收回教育

---

[77] 同上註。

[78] 楊效春，〈基督教之宣傳與收回教育權運動〉，《中華教育界》第 14 卷第 8 期
　　（民國 14 年 2 月）。

權，援助教會學生轉學，催促政府取締教會學校等。此種組織宜愈多愈好，最好能遍及全國，而且要具有永久性質，至少每省要有一個，或者在省教育會，附設一個收回教育權促進委員會亦可。

另一種則由政府特設的，亦可區分為二，如在中央可設中央收回教育權委員會，在省區可設省區收回教育權委員會，找一些與教會無因緣的學者教育家組成評審委員會，負責考察教會學校，監督收回教育權工作及籌辦學校以供教會學校之轉學生等事宜。最後尚請總統議定〈收回教育權令〉或〈收回教育權條例〉等規程，明令全國各教會學校一律遵循，如有違反者，當立即取消其學校資格。[79]如此雷厲風行，朝野上下一心，對收回教育權，當可收到立竿見影之效。

（三）催促政府取締並制定立案條例

民國 13 年 10 月，「全國各省教育會聯合會」在開封舉行年會，商討收回教育權問題，會中對如何收回教育權的方法，作了確切的決定，並且還通過了〈教育實行與宗教分離〉及〈取締外人在國內辦理教育事業〉兩案。[80]其中關於取締辦法，現列舉大要如下：

（甲）〈取締外人在國內辦理教育事業案〉

（1）外人所設學校及他項教育事業，應一律呈報政府註冊。

（2）外人所設學校之設立事項，須合我國頒行各項學校規程，及各省現行教育法令之規定者，始准註冊。

（3）外人所設學校，須一律受地方官廳之監督與指揮。(4-8 略)

（9）外人不得利用學校及其他教育事業，傳布宗教。

（10）外人所設學校及其他教育事業，得由我國於相當時期內收回自辦。

---

[79] 同註 63。
[80] 陳啟天，《寄園回憶錄》（臺北：商務版，民國 54 年 12 月出版），頁 144。

（11）自本案實行之日起，外人不得在國內再行加辦教育事業。

（乙）〈學校內不得傳布宗教案〉

（1）各級學校內概不得傳布宗教，或使學生誦經、祈禱、禮拜等等。

（2）各教育官廳，應隨時嚴查各種學校，如遇前項情事，應撤銷其立案或解散之。

（3）學校內對教師學生，無論是否教徒，一律平等待遇。[81]

五、收回教育權之經過

（一）知識份子的言論鼓吹

在民初的反宗教思潮中，首先提出非宗教教育思想的蔡元培，民國 11 年，正值國內反宗教運動最激昂時，蔡氏的〈教育獨立議〉一文，正是響應收回教育權的先聲，他主張教育必須徹底的脫離「政黨」與「教會」二者而獨立。[82]他的觀點，得到胡適、丁文江等人的支持，此後非宗教教育的言論逐漸遍載於國內各報章雜誌，蔚為一股不小的風潮，當中以國家主義份子的宣揚最為堅決。他們主張國家主義的教育，明定其宗旨為愛護國家，發揚民治，厲行禁絕外人在華辦理與國家教育宗旨相違反的教會教育。[83]

民國 12 年「中青」尚未成立以前，國家主義份子余家菊即在雜誌上提出收回教育權的主張。[84]余氏不僅是反教運動的主將，更

---

[81] 同註 30，頁 339-342。

[82] 孫德中編，《蔡元培先生遺文類鈔》（臺北：復興書局，民國 50 年），頁 100。

[83] 〈中國改造之各派主張〉，載《中國問題的各派思想》（臺北：中國基督教協會編，民國 43 年），頁 345。

[84] 《中國青年黨黨史・政綱》（臺北：中國青年黨中央宣傳組輯印，民國 74 年 6 月出版），頁 34。又莊俞，〈論教育權〉，《教育雜誌》第 4 卷第 3 期（民國

是收回教育權的積極份子，他甚至要求關閉全中國所有的教會學校。[85]當時其諸篇鼓盪國家民族意識的文章，發表於《中華教育界》，曾引起不少知識份子的回響。[86]在這之前，民國 11 年，他曾自英倫到巴黎渡假，偶然與李璜談及外國傳教士在中國辦學的問題，兩人一致認為傳教士辦學的目的，都不免有一部分是為了傳教，但是宗教信仰多少都各有成見，這與「少中」所主張的自由思想之教育宗旨不符。

　　且宗教信仰均有排他性，若各種宗教在中國辦學情況繼續下去，則國內的教育見解便要紛歧發展，將來所教出的學生，也會有教義宗派之分。因此為了發揚國家主義，余家菊與李璜兩人合著了《國家主義的教育》一書，於民國 12 年秋在上海出版。[87]由於此書公開主張國家主義的教育，反對教會教育，高唱收回教育權，因此引起了教育界極大的關注與爭論。[88]

　　共產黨領袖陳獨秀表示，與其收回教育權，倒不如主張破壞外人在華教育權。[89]「少中」會員楊效春則認為教育須歸國人自辦，教育須與宗教脫離關係。[90]另一「少中」同仁吳俊升則自述，其因

元年 6 月 10 日）。莊氏此論者在以教育部為對象，所論亦不同。

85　邵玉銘，〈二十世紀初期中國知識份子對宗教和基督教的反應〉，林治平主編，《近代中國與基督教論文集》（臺北：宇宙光出版社，民國 74 年 9 月 3 版），頁 158。

86　余家菊，《余家菊回憶錄》（臺北：中國青年黨中央黨史委員會印行，民國 75 年 7 月出版），頁 15。

87　陳敬堂，〈留法勤工儉學會與中國政治黨派〉（香港：珠海學院歷史研究所碩士論文，民國 67 年），頁 445-447。

88　柳下（常燕生），〈中青創立以前的國家主義運動〉，《十八年來之中國青年黨》（成都：國魂書店發行，民國 30 年 12 月出版），頁 11-12。

89　陳獨秀，〈收回教育權〉，《嚮導週報》第 74 期（1924 年 7 月 16 日）。

90　楊效春，〈評程湘帆君「收回教育權的具體辦法」〉，《醒獅週報》第 97 號（民國 15 年 8 月 22 日）。

看到外國教會在中國除傳教外，實不免含有侵略國權的行為，故衷心贊同國家主義的教育，而參加了收回教育權運動。[91]

此外，《中華教育界》也刊出「收回教育權問題專號」，詳細發揮收回教育權的理由與方法。其中並曾與教會教育家劉湛恩、程湘帆、朱經農等人發生多次的論戰，由於「收教者」的理由充足，兼以「五卅慘案」所帶來的「反帝」高潮，使得收回教育權成了全國一致的共同輿論。[92]

（二）「少中」及其他團體的提倡

二○年代的反宗教運動，「少中」是首開先鋒的社團，其後的收回教育權運動，「少中」亦同樣扮演先進者的角色。民國 12 年 10 月 14 日，滬寧兩地的「少中」會員在蘇州舉行大會，會中通過了「少中」蘇州大會宣言，並制定〈學會綱領〉9 條，其中第 3 條是：「提倡民族性的教育，以培養愛國家保種族的精神，反對喪失民族性的教會教育及近於侵略的文化政策。」[93]

民國 13 年 7 月，「少中」第 4 次大會及「中華教育改進社」第 3 次年會均在南京舉行。參加「少中」大會者，至少有下列諸人：余家菊、黃仲蘇、謝循初、金海觀、常道直、唐錢、左舜生及陳啟天等八人，他們亦均為「中華教育改進社」的會員。[94]在該社年會中，曾由陳啟天起草〈請求力謀收回教育權案〉，而由余家菊等前述

[91] 吳俊升，〈教育生涯一周甲〉，《傳記文學》第 27 卷第 2 期（民國 64 年 8 月），頁 48。

[92] 左舜生，〈收回教育權應注意的一點〉，《醒獅週報》第 3 號（民國 13 年 10 月 25 日）。

[93] 舒新城，〈少年中國學會的幾次年會〉，《文史集萃》第一輯（北京：新華書店發行，1983 年 10 月），頁 79。

[94] 朱經農等編，《教育大辭書》（上海：商務版，民國 19 年 7 月初版），頁 404。

「少中」同仁七人，以及汪懋祖、王兆榮、鄭貞文、陳時等簽名提出，結果經陶行知提出修正案，表決通過。[95]

　　在推動收回教育權運動方面，無可否認，「少中」會員居功厥偉。其後部分會員如李璜、余家菊等，提倡愛國教育，主張外國教會在中國辦教育，不能違背中國教育立國的宗旨；不能排斥異端，而妨害講學與思想的自由。最後並且歸結到，國內的任何教會學校都必須向中國政府立案，由教育部嚴格加以監督。

　　「少中」會員乃依據此一主張，又發起了「國家教育協會」。[96] 作為鼓吹收回教育權運動的機關。[97]「國家教育協會」的發起人，絕大部分都是「少中」會員，其中有不少猶是教育界的知名之士，他們組成一個收回教育權研究會，其簡章如下：

第 1 條：本研究會以力謀收回中國教育權為宗旨。

第 2 條：本研究會由國家教育協會會員之志願研究收回教育權問題者合組之。

第 3 條：本研究會之事務如下：

　　　　（1）研究調查並編制關於收回教育權之書籍。

　　　　（2）督促國民與政府從速收回教育權。

　　　　（3）解釋國人對於收回教育權之疑難。

　　　　（4）勸告國人勿送子女入教會及其他外人在華所設之學校求學。

　　　　（5）從事收回教育權之實際運動。

第 4 條：本研究會由會務委員會聘定主任一人主持本會事務。[98]

---

[95] 秦賢次，〈少年中國學會始末記〉，《傳記文學》第 35 卷第 1 期（民國 68 年 7 月），頁 23。

[96] 載《少年中國》月刊第 3 卷第 3 期（民國 10 年 10 月 1 日）。

[97] 劉紹唐主編，〈民國人物小傳〉（39），《傳記文學》第 29 卷第 5 期（民國 65 年 11 月），頁 122。

[98] 《醒獅週報》第 41 號（民國 14 年 7 月 18 日）。

由於這批以「少中」為主幹的國家主義份子積極的鼓吹，教會學校至此也不得不有所改進，除了必須向我政府立案外，尚須改用中國人為校長，增加中國文史地理等課程的分量，並且將宗教科目放在正課以外。這些改進，對於中國及中國人來說，都是有極大幫助的。[99]

六、結論——收回教育權運動之影響

二○年代的收回教育權運動，是銜接著反宗教潮流而互為因果的，在這兩個運動當中，「少中」均扮演著舉足輕重的角色；反宗教由其發端，收回教育權亦由其開始。何以「少中」對此運動深感興趣呢？揆其因，乃與其宗旨有關。「少中」宗旨為「本科學之精神，為社會之活動，以創造少年中國」。[100]既本科學之精神，則宗教時被視為反科學，固當排斥之；為社會之活動，據王光祈的解釋，乃指實業、教育而言。[101]

「少中」成員裡頭，確有不少以教育為終身職志者。[102]此以從事教育為終身事業之份子，在國家民族主義的激盪下，採取了理性的排外政策，其要求收回教育權之動機，並非仇視外人。[103]而是反對教會教育，以其有摧毀吾民族精神及危害中國固有文化之虞，[104]故其反宗教與收回教育權運動，乃建立在如此的認知之上。經由「少

---

[99] 同註 80。

[100] 少年中國學會編，《少年中國學會週年紀念冊》（民國 9 年出版），頁 33。

[101] 王光祈，《少年中國運動》（上海：中華書局，民國 13 年），頁 98。

[102] 見少年中國學會會員「終身志業調查表」，載張允侯、殷敘彝等編，《五四時期的社團》（一）（北京：三聯書店出版，1979 年 4 月初版）。

[103] 李儒勉，〈教會大學問題〉，《中華教育界》第 14 卷第 8 期（民國 14 年 2 月）。

[104] K.S.Latourette,"A History of Christian Missions in China"（New York, Press 1929.）PP.697。

中」及其他團體的鼓吹宣傳，收回教育權運動，有了可觀的成績，現列舉三點如下：

（一）促成教會學生的覺醒

民國 14 年「五卅慘案」的發生，是帝國主義以強權壓迫中國的又一鐵證，全國各地為反帝國主義的侵略，掀起了一連串罷課、罷工、示威的愛國運動。青年學生各個更是摩拳擦掌、義憤填膺、慷慨激昂。此時唯獨只有教會學校，不僅不允許學生自由參加愛國運動，而且在廣州、上海等地，尚有教會學校侮辱中國國旗、毆打中國學生事件發生。

教會學校這種蠻橫不講理的行動，引起了中國學生的反抗，在中國歷史最久的教會學校上海聖約翰大學學生，就因教會壓迫愛國運動，而全體學生離校，另組成光華大學。由於教會學生受到收回教育權運動的影響，再加上彼時民族主義的高漲，全國各地教會學校學生離校及另立學校的人數很多。[105]教會學校經此打擊後，有的教會學校紛紛倒閉，有的地位一落千丈，有的不得不有所改革以謀生存。

（二）造成教會教育的改革

當反宗教運動如火如荼的進行，收回教育權的口號又響徹雲霄之際，教會學校在面臨前有知識份子的反對，後有教會學生之掣肘的情況下，為求生存之計，只有改革一途了。當時有不少教會中的開明之士，知道不能抵擋這股潮流的趨勢，因此乃提出一些改革的措施，以迎合時勢。其中如趙紫宸主張，教會須完全由國人管理，一切教會主權，應當立即由西人移交於中國信徒。[106]

---

[105] 同註 56，頁 55-56。

[106] 趙紫宸，〈風潮中奮起的中國教會〉，《真理與生命》第 3 卷第 2 期（1927 年

程湘帆則要求教會要讓出學校土地權、承認政府的教育主權，以及教會要多注意養成公民資格的教育。[107]「上海基督教全國青年會」幹事劉湛恩寫信給陳啟天，也提出了教會的五點改革方案：（1）教會學校當以養成中華民國的良好公民為宗旨。（2）實行信教自由，廢除強迫的宗教教育。（3）董事、校長、教職員等當以我國人充任。（4）除外國語文外，課本教授悉用中文，並注意中國固有文化。（5）向政府註冊同受管轄。[108]

總之，教會教育此時是不可能再自主獨立下去了。那些原先不理會中國基督徒的勸告，拒絕自由份子要求的傳教士，現在迫著要向政府註冊登記。大部分的教會機構已接受政府的管制及學位授與的規定，容許宗教自由，最後還同意強制教授新的國家正統思想。

（三）改變政府的放任態度

收回教育權運動的另一影響，是改變了政府對教會教育一貫的放任態度，而採取了積極的管理政策。教會教育權，原本操在外國人手裏，各自為政，多不向中國政府立案，而政府也一直無從管理。但是自從收回教育權運動蓬勃發展以來，政府鑒於國民的一般輿論，與統制教育的重要，乃於民國 15 年頒布了私立學校立案規程，其中最重要的有 5 條。

即（1）組織校董會。（2）不得以外國人為校長。（3）不得以宗教科目為必修科。（4）如有宗教儀式，不得強迫學生參加。（5）依

---

　　2 月）。

[107] 程湘帆，〈收回教育權的具體辦法〉，《東方雜誌》第 23 卷第 10 號（民國 15
　　年 7 月），頁 19-23。

[108] 陳啟天，〈與劉湛恩君論教會學校之改良與收回〉，《醒獅週報》第 28 號（民
　　國 14 年 4 月 18 日）。

限呈請立案。[109]此外，教育部對教會學校也發另一佈告：「凡外人捐
貲設立各等學校，向教育行政官廳請求認可。學校校長，應為中國
人，為請求認可之代表人。校董會應以中國人占過半數。學校不得
以傳布宗教為宗旨。」[110]至此，收回教育權運動，因受到政府的鼓
勵與支持，可說是已盡到其歷史的責任了。

本文發表於《國史館館刊》復刊第 12 期（民國 81 年 6 月）。

---

[109] 王治心，《中國基督教史綱》（臺北：文海出版社），頁 270-273。民國 13 年
8 月 13 日，大本營所頒訂〈大學條例〉，規定私立大學須設「財團」。
[110] 同上註。

伍、少年中國學會與反宗教運動

一、前言

　　國史上，反宗教的活動，屢見不鮮，遠從北魏時代就有逼害宗教的事件發生，唐朝也有迫害佛教的事，佛家所謂的「三武之禍」即為顯例。[1]明朝宮廷內對天主教耶穌會的抗拒，前清年間所發生的儀禮之爭，晚清末年朝野的仇外政策，到民初中國知識份子大規模的反宗教運動；這一切均在在證明中國人對於舶來品的宗教缺乏好感。[2]這種反教的意識形態，西方的研究學者，常常將之歸因於中國歷來的反異端傳統。[3]而不深思是由於列強的侵略，引起中國知識份子的危機意識與反抗心理。[4]是宗教（尤指基督教）與傳統文化的衝突[5]；及其傳教方式的不當所源起的排斥心態。[6]

---

[1] 指北魏太武帝、北周武帝及唐武宗三次排佛之事。見余又蓀，《中國通史綱要》（臺北：商務版，民國 69 年 10 月），頁 421。

[2] 林榮洪，《風潮中奮起的中國教會》（香港：天道書樓出版，民國 69 年 5 月），頁 10。

[3] 指中國有一個維護正道反異端的傳統。見 Paul A.Cohen：China and Christianity, The Missionary Movement and Growth of Chinese Anti-foreignism1860-1870（Cambridge,Mass 1963）。

[4] 呂實強，〈民初知識份子反基督教思想之分析〉，《中華民國建國史討論集》第二冊（民國 70 年 10 月），頁 114。

[5] 王文杰，〈緒言〉，《中國近世史上的教案》（福建：私立福建協和大學中國文化研究會出版，民國 36 年）。

[6] 李時岳，〈甲午戰爭前三十年間反洋教運動〉，《歷史研究》第 6 號（1958 年）。

　　民初的反教運動，在心理上仍沿襲著晚清的傳統。[7]但在思想上，則遠比晚清來得複雜的多；民初知識份子反教思想主要來源於西方。[8]其與清季最大的不同，在其範圍的擴大，幾乎包括了所有的宗教，甚至連儒家傳統也並列其中。而據以批駁宗教的理論，包含了理想主義、國家主義、科學主義和馬克思主義、無政府主義。[9]這些理論均千篇一律的認為宗教全是迷信、阻止學術、妨礙科學發展、養成人的依賴性。[10]

　　所以對宗教都持以反對的態度，由於這些西洋新思潮的引進，使得新知識份子的反教運動，在理論上更增加了不少學理上的依據。[11]這種現象，早在民初便已開始，民初袁世凱擬將「儒教」、「孔教」作為中國的國教。[12]遂引起了宗教問題的討論，其後新文化時

7　呂實強在〈儒家傳統與反教〉文中說：「民初知識份子的反教言論實已算不得新鮮的事，早在清末中國士紳即已從儒家傳統，國家民族的利益作出發點，由華夷之辨、人禽之別及基督教本身的教理與教徒相互攻擊等方面進行反教運動。」見呂實強，《中國官紳反教的原因（1860～1874）》第一章（臺北：中央研究院近代史研究所專刊 16，民國 74 年 2 月 3 版），頁12-53。

8　邵玉銘言：「二十世紀之反教，則除了繼續反對帝國主義這個因素以外，尚包括中國知識份子受了西方反宗教潮流的影響，尤其是五四運動前後，西方世界正因第一次世界大戰之殘酷現實而對所謂『基督教文明』發生懷疑，再加上理性主義、科學主義、馬克斯主義、無政府主義等等的流行，基督教在西方已呈挨打狀態，故中國知識份子在求新求變及趕上時髦等等心理上，亦展開了反教運動。」見魏外揚編，《宣教事業與近代中國》（臺北：宇宙光出版社，民國 67 年），頁 9。

9　呂實強，〈近代中國知識份子反基督教問題的檢討〉，林治平主編，《基督教入華百七十年紀念集》（臺北：宇宙光出版社，民國 66 年 12 月 2 版），頁 285。

10　張玉法，《中國現代史》（臺北：東華版，民國 75 年 11 月 7 版），頁 343-344。

11　呂芳上，〈朱執信與新文化運動〉，汪榮祖編，《五四研究論文集》（臺北：聯經版，民國 68 年），頁 352。

12　Chow Tse-tsung，"The Anti-Confucian Movement in Early Republican China"in the Confucian Persuasion, ed, A, F, Wright（Stanford：Stanford University Press 1960）PP.288-292。

期，以西方的理論抨擊宗教已見端倪了；當時陳獨秀闡揚唯物主義[13]、胡適闡述實驗哲學[14]、錢玄同的懷疑思想[15]、蔡元培的美育代替宗教說[16]；再加上來華講學的杜威和羅素都持反宗教的態度，使得當時的知識青年對宗教大表懷疑。[17]

　　而此時巴黎和會的失敗，更加深刺激中國民族主義的高漲。[18]這一股氣勢磅礡的民族主義，是中國近代歷史發展的主流；也是近代歷史的一個重要特徵。葉嘉熾在〈宗教與中國民族主義〉一文曾說：

　　「中國近代民族主義的突起，可以說是中國知識份子對外國控制及支配中國命運的一個反動，而他們認為要使中國富強，唯有採取『現代化』一途。從同治中興的採取西方器物，到甲午戰後之推崇立憲或民主制度，新文化運動的思想改革和吸收西方文明，都是知識份子搜尋使中國『現代化』的嘗試。方法雖然不同，但都知識份子受民族主義思想衝擊下的覺醒的表現。」[19]

---

[13] 陳獨秀，〈基督教與基督教會〉，《獨秀文存》卷一（上海：亞東圖書館，民國 16 年），頁 659-662。

[14] 胡適，〈介紹我自己的思想〉，《胡適文存》卷四（臺北：春風研究社出版），頁 607-624。

[15] 錢秉雄、錢三強、錢德充，〈回憶我們的父親──錢玄同〉，《新文學史料》第 3 輯（1979 年 5 月）。

[16] 蔡元培，〈以美育代宗教說〉，張欽士編，《國內近十年來之宗教思潮》（北京：燕京華文學校出版，民國 16 年），頁 1-9。

[17] 周億孚，《基督教與中國》（香港：基督教輔僑出版社，1965 年 7 月初版），頁 1。

[18] 王治心說：「反宗教運動，其背景簡單的說；即新思潮的運動、與外交上的反應。」按：指北大自由學風，與巴黎和會的失敗。王治心，《中國基督教史綱》，沈雲龍主編，近代中國史料叢刊 635（臺北：文海出版社印行），頁 257-275。

[19] 葉嘉熾著，李雲漢譯，〈宗教與中國民族主義：民初知識份子反教思想的學理基礎〉，《中國現代史專題研究報告》第二輯（臺北：中華民國史料研究中心編印，民國 71 年 6 月再版），頁 263-313。

　　誠然如此，二〇年代中國知識份子的反教運動，就是在這種對宗教存疑的內顯性，及外來環境刺激的外鑠下，雙管齊下而一併爆發，在這種時代背景的孕育下，首先扛起反宗教大纛的，就是「少中」。

二、「少中」的反教運動

　　二〇年代的反教運動，首次有組織、有規模的反教運動，就是由「少中」所發起。[20]「少中」是五四新文化運動時期的主要社團之一，該學會的宗旨是：「本科學之精神，為社會之活動，以創造少年中國」。[21]學會於民國 9 年 8 月間，北京的執行委員會通過了一項議案，決定接納法國巴黎分會李璜的提議。只准沒有任何宗教信仰的人加入為會員，而已有宗教信仰的會員即應開除會籍出會。[22]這個決定立即引起了會員間不少的爭執，形成了論戰，尤其是留學日本的劇作家田漢，堅決的反對執委會之決議。他認為宗教自由既載於國家憲法，為甚麼學會有此行動，且宗教信仰並不妨害社會的發展與文化的交流。[23]

　　田漢的見解，獲得了不少同情者的支持；儘管如此，但是強調反教者也不甘示弱，在李璜的領導下，民國 10 年 2 月，他們致函巴黎的大學教授，請教以下幾個問題：（1）人是否宗教的動物？（2）新舊宗教是否還有存在的價值？（3）新中國是否還要宗教？[24]教授

---

[20] 周策縱，《五四運動史》（臺北：龍田出版社，民國 69 年 5 月初版），頁 465-467。

[21] 少年中國學會編，《少年中國學會週年紀念冊》（上海：亞東圖書館，民國 9 年出版），頁 33。

[22] 張欽士編，《國內近十年來之宗教思潮》（北京：燕京華文學校出版，民國 16 年），頁 184。

[23] 田漢，〈少年中國與宗教問題〉，《少年中國》月刊 2 卷 8 期，頁 57-61。

[24] 李璜，〈法蘭西學者的通信〉，《少年中國》月刊 3 卷 1 期，頁 37。

們的答覆全部都是否定的，梭旁大學（Sorbonne）文科教授馬色爾‧格蘭（Marcel, 1884～1940）指出，一個國家要成立宗教是一件矯揉造作的事，如果模仿別人的宗教，更是沒有好處。傳統中國社會並沒有濃厚的宗教意識，它的民族精神不是靠宗教教義或迷信傳統來維繫，而是基於道德原則和人際關係。

著名作家，中國史教授巴爾比斯（Henvi Bardusse, 1873～1935）也批評在中國的宣教工作對國家並沒有甚麼利益，它只不過是一種政治上和商業上奪取的工具。[25]名小說家、社會學及社會哲學教授克利斯汀‧柏格（Celestin Bougle, 1870～1940）亦認為歐洲的宗教已不能再擔任傳播西方新思想或道德的角色，如果要救國，中國青年必須獨立自主，同時與國際間的新潮流聯合一致。[26]由於會員間彼此的態度堅決，雙方對宗教信仰的辯論更是你來我往，唇槍舌劍，喋喋不休。因此為了對宗教信仰問題有進一步的探討與了解，民國9、10 年之交，「少中」在北京、南京等地，舉行有關宗教問題的演說集會。[27]他們邀請了許多中外知名學者發表演說，其後由《少年中國》月刊，將這些討論宗教問題演說與文章，彙輯成 3 冊專刊問世。[28]

茲將其內容列序於下，宗教問題號（上）：王星拱先生的講演、梁漱溟先生的講演、屠孝實先生的講演、李煜瀛先生的講演、羅素先生的講演（章廷謙筆記）、惲代英，〈我的宗教觀〉、田漢，〈少年中國與宗教問題〉（以上俱見《少年中國》月刊 2 卷 8 期）。[29]宗教

---

[25] Tsi C.Wang "The Youth Movement in China"（New york：New Republic, Inc, 1928,）PP.197-198。

[26] 同註 24。

[27] 郭正昭，〈王光祈與少年中國學會（1918-1936）〉，《中央研究院近代史研究所集刊》第 2 期，頁 125。

[28] 楊翠華，〈非宗教教育與收回教育權運動〉（臺北：政大史研所碩士論文，民國 67 年），頁 47。

[29] 見《少年中國》月刊 2 卷 8 期〈目錄〉。

問題號（中）：劉伯明，〈宗教哲學〉、周作人先生講演、陸志韋，〈宗教與科學〉、方東美，〈詹姆士底宗教哲學〉、劉國鈞，〈海甫定宗教經驗觀〉、李達譯，〈唯物史的宗教觀〉、雁冰，〈羅曼羅蘭的宗教觀〉、太朴，〈時代觀之宗教〉（以上俱見《少年中國》月刊 2 卷 11 期）。[30]
宗教問題號（下）：周太玄，〈宗教與人類之將來〉、周太玄，〈宗教與中國之將來〉、李璜譯，〈法蘭西學者的通信〉、李璜譯，〈該當要一個宗教為平民麼〉、李璜，〈社會主義與宗教〉、李璜，〈社會學與宗教〉、李潤章，〈宗教與科學〉、周太玄，〈宗教與進化原理〉、李思純，〈宗教問題雜評〉、李思純，〈信仰與宗教〉、周太玄記，〈蔡子民先生關於宗教問題之譚話〉、汪頌魯，〈我從未見過上帝〉（小說）（以上俱見《少年中國》月刊 3 卷 1 期）。[31]

　　以上 27 篇討論宗教的文字中，只有 4 篇是為宗教辯護，其餘 23 篇均是否定宗教的人生價值。田漢是個泛神論者[32]；梁漱溟、屠孝實、劉伯明、周作人等人的理論基礎是科學與價值間的二元論者。[33]現分別將他們個人贊同宗教或反對宗教的觀點敘述於下：王星拱在「少中」的演說，給予日後支持反宗教運動的知識青年很大幫助，他認為宗教上最難被人接受的事，就是宗教信仰的理論無法證實；它處理人生和社會的問題，未免太過簡單，只祈求神靈的恩典，而不做合理的思想來謀求解決的方法，這種避世而武斷的態度是不負責任的。[34]

　　因此在王星拱看來，宗教的崇拜，無論是儀式的或心理的，凡是不經研究、不經證明而就信仰的態度，都是不合乎科學的精神。[35]

---

[30] 見《少年中國》月刊 2 卷 11 期〈目錄〉。
[31] 見《少年中國》月刊 3 卷 1 期〈目錄〉。
[32] 同註 28，頁 50。
[33] 趙天恩、李柏雄，〈新文化時期中國知識份子對基督教態度〉，《校園雜誌》21 卷 5 期，頁 24-30。
[34] 王星拱，《科學方法論》（臺北：水牛出版社，1966 年），頁 141-154。
[35] 王星拱，〈宗教問題演講之一〉，《少年中國》月刊 2 卷 8 期，頁 8。

在王氏的思想裡，只有「未可知」而沒有「不可知」的事物，因為後者根本不會存在，例如神、鬼、天使之類的東西，都是經驗上所不可證明的。人類的知識與時俱增，人生的奧秘亦慢慢得以明瞭；科學上的發現愈多，宗教的範圍和功用便愈少。王氏批評宗教人士所謂主觀而神秘的經歷，實在經不起科學方法的評估，亦不能給我們可靠的觀念知識。[36]

李煜瀛亦是反對宗教的，他認為宗教在科學界已經失敗，科學已把宗教驅逐到迷信的王國裡去，而社會道德可以替代宗教，因此宗教也就毫無存在的理由與價值。[37]另一位反宗教的大將，是來華講學的英國哲學家羅素（Bertrand Russell）；羅素說：「宗教者，是有幾個條件來管束人的行為的，並且規定人生行為的準則，硬要人去信仰，其輸入為人心的勢力和人對於他的信仰，是感情的和威迫的，並且是有理性的信仰。」[38]

在羅素的觀念中，他把宗教分為制度的（institutional religion）與個人的（individual religion）兩種，來評論宗教有無存在的必要？在人類社會中有沒有用處？答案是否定的。對羅素而言，宗教的定義只是主觀的、教條的，和盲目信仰的結果。[39]因此他認為，當時中國青年既已揚棄了土迷信，自然不會再要已為外國進步人士所唾棄的洋迷信。[40]羅素的思想，對當時中國的反教運動，無疑是有推波助瀾之功。[41]

---

[36] 同上註。

[37] 李石曾，〈宗教問題演講之一〉，《少年中國》月刊 2 卷 8 期，頁 34。

[38] 羅素演講，章廷謙筆記，〈宗教問題演講之一〉，《少年中國》月刊 2 卷 8 期，頁 41。

[39] 同註 28，頁 49。

[40] Bertrand Russell, "The Problem of China"（London, 1922,）PP.224.

[41] 同註 33，頁 28。

　　此外，還有一派中國學者，從另一個角度去探討宗教的問題，他們認為在人心內存著一種傾向，就是盼望超越時空的限制，脫離今世生活的纏累，而宗教的本質便是這種內在的超意識。在人類經驗中，它的存在是無疑的。[42]東南大學教授劉伯明即持此種看法之人，他在辯論宗教問題時指出，人本性有天賦的宗教本能，幫助他應付現實與理想之間不協調的矛盾。劉氏說：假使對於現實世界，非常滿足，自然沒有甚麼宗教。[43]

　　但是人世間又有幾人對現實世界感到滿足呢？既然不能滿足，就有需要宗教的必要。對於宗教的看法，他引用了古希臘哲學家柏拉圖對宗教的分析，認為人類的生存有兩種不同的境界；人生的目的不應受制於自然現實的世界，乃是要超脫人生桎梏，追尋精神理想的價值。此種價值是客觀性的，它的根本並不在物質界或自然界，而是人心中共同的精神趨向。有此理想，方可支持我們貢獻於社會之勇氣，而求人類之進化。[44]因此按照劉伯明的觀察，人何時需要宗教？就是當他不滿足屬世生活之際，力求超脫進入另一種精神的領域。

　　劉氏批評蔡元培的「美育栽培」，說藝術雖能暫時減輕心靈的衝突，使人寄情於山水或音樂，但它缺乏一個精神上的對象，給予人生更高的價值觀念。[45]他也批評那些非教人士對宗教的誤解，說他們的反教是「囿於一曲」、「限於一時」，既不明白宗教為何物，又不清楚其性質、沿革、種類即妄加非難，是一種武斷而不是一種批評的態度。[46]

　　另外三人支持宗教的是梁漱溟、周作人和屠孝實；梁漱溟承認宗教是超絕於人類知識作用之外的，是非理性的，但是為了求得感

---

[42] 同註2，頁22。
[43] 劉伯明，〈宗教哲學〉，《少年中國》月刊2卷11期，頁3。
[44] 同上註，頁5。
[45] 同註2，頁23。
[46] 劉伯明，〈非宗教運動平議〉，《創新周刊》76、77合期，頁36-42。

情方面的安慰與勗勉，宗教在人類生活中還是必須的。[47]周作人則認為宗教無論如何受科學的排斥，在文藝方面還是有其地位的，因為宗教與文學在根本精神上是相合的。[48]屠孝實以為，宗教與科學並非絕對衝突的，因為宗教的本質，在於它的具體經驗，具體經驗是不能否定的。[49]而且人類對於宇宙全體的態度，不能只以一種為限，科學與宗教，各有其特色，不容互相排擠，否則就是一種偏見，就是一種偏枯不全的人生。

上述一連串的宗教討論，雙方的論點，都反映出不同的思想背景和哲學假定，他們的立場和意見，為二〇年代的反教運動奠定了基礎，造成了一種對壘的思想風氣，深深影響一般關心宗教的知識份子。民國 10 年 7 月，「少中」在南京召開會議，原因之一，就是順應這個情勢而召開的。在會中，會員們對去年的不許教徒入會的問題，又展開了激烈的辯論。除田漢外，張聞天也以為，不許宗教徒做「少中」會員是完全沒有理由的，他說：

「有宗教信仰的人不應該入會嗎？那麼這宗教心是精神上的東西，那裡能去阻止他、管束他呢？難道有了宗教信仰心，就不是好的人嗎？就不配和我們攜手嗎？其實世界上無論那一個人，都有一種信仰心，沒有信仰心就不能生活。其次說守宗教的規律者，如基督教徒之受過洗禮者，不得入會，那末我更不懂了，難道行了這種儀式，一個人就腐敗了嗎？既沒有理由反對宗教信仰心，那末，反對有宗教信仰心後而實行宗教之規戒者，當然也沒有理由。」[50]

---

[47] 梁漱溟，《東西文化及其哲學》（臺北：問學出版社，民國 66 年），頁 90-110。

[48] 周作人，〈宗教問題〉，《少年中國》月刊 2 卷 11 期，頁 7。

[49] 屠孝實，〈屠孝實先生的演講〉，《少年中國》月刊 2 卷 8 期，頁 23-32。

[50] 郭正昭、林瑞明合著，《王光祈的一生與少年中國學會》（臺北：環宇版，民國 63 年 5 月初版），頁 115-116。

　　王克仁也認為，歐美各國並不禁止宗教信仰，也不禁止其人民為宗教徒，而其國仍有大科學家產生，且有宗教信仰的人就壞嗎？沒學問嗎？無人格嗎？吾少年中國學會又何必杞人憂天？容量又何其小哉呢？[51]此外，鄭伯奇也提議，會員雖信教，只要他不想把學會教會化，不在學會中傳教，學會便無須干涉他。[52]由於贊成與反對的會員僵持不下，對宗教問題的看法就形成了兩派；最後折衷的意見是，宗教問題的論爭，並不是個人的信仰之爭，而是學會的精神之爭。

　　換言之，反對「少中」不許教徒入會者，其本身亦不是贊成宗教，而是反對這樣的一條規定，妨害了個人的自由；主張「少中」限制教徒入會者，自身亦非蔑視宗教或輕視教徒人格，不過認為教徒加入「少中」，妨害了「少中」固有之精神。這根本的癥結，在於有些人認為宗教的信仰，妨害了科學的精神。另一個潛在的原因，是中國原本是廣義的無宗教的民族，這些人都或多或少的受了這種影響，尤其在當時深信「科學萬能」的時代，自然大家的宗教心就更加薄弱而近乎零了。[53]

　　最後經過辯論，表決的結果，終於還是取消了評議部先前的「不許教徒入會及已入會為教徒者須出會」的規定。[54]理由是「或有某種教徒，不拘祈禱的儀式，而又是可為的青年，不妨用極其慎重的方法，暫且容忍入會，或者使少年中國的改造更易成功，故暫不特別規定，以便隨時斟酌。」[55]僅從這個議案的處理看來，反教的氣

---

[51] 同上註，頁 111。

[52] 鄭伯奇，〈鄭伯奇提議〉，《少年中國》月刊 3 卷 11 期，〈學會消息〉（1922年 6 月 1 日）。

[53] 林治平，《基督教與中國》（臺北：宇宙光出版社，1977 年 5 月 4 版），頁 16。

[54] 張允侯、殷敘彝等編，《五四時期的社團》（一）（北京：三聯書店，1979 年1 月），頁 362。

[55] Kiang Wen-han "The Chinese Student Movement" (New York press, 1948,) PP..54。

勢仍是壓倒性的，證諸其後有不少「少中」會員加入「非基督教大
同盟」，便可看出當時知識份子對宗教的懷疑及反對於一般了。[56]

三、「少中」的反教思想

（一）以科學主義反教者──曾琦

　　民初的反教運動，隨著民主自由平等的新思潮輸入，賽先生當
陽稱盛，遂目為科學萬能，而據以為反宗教的理論。[57]這股科學萬
能的潮流，來勢洶洶，有如怒濤排壑，不可遏抑。「少中」所標示的
宗旨：「科學之精神」就是深受此一思想的影響；其後拒絕任何宗教
組織成員入會，更是承受此一思潮支配的具體表徵。[58]一般而言，
所謂科學主義是來自某種傳統的信仰形式，在此傳統內科學定理被
普遍地應用，而成為該文化假設與公理。更嚴格地說，科學主義是
將所有實體（reality）放入一個自然秩序，而認為此秩序內的所有生
物、社會、物理或心理等各方面，只有經由科學方法才可認知。[59]

　　換言之，科學主義乃係指人類與社會的各種現象與問題，都可
以用科學的方法來解釋或解決。它否認自然之上還有一超自然的存
在，而主張理性與科學，它不僅可以使人脫離宗教與迷信的束縛，
而且能夠協調人際間的關係，增加人對物質的控制與利用，以促進
幸福，因此其功用遠超過宗教的能力。[60]

---

[56] 加入「非宗教運動大同盟」的「少中」會員有李大釗、鄧中夏、楊鍾健、高尚
德、黃日葵、劉仁靜等。范體仁，〈記五四運動前後北京若干團體〉，《五四運動
回憶錄》（續）（北京：中國社會科學出版社出版，1979 年 11 月），頁 191-192。

[57] 謝扶雅，《謝扶雅晚年文錄》（臺北：傳記文學出版社，民國 66 年），頁 131。

[58] 同註 27，頁 132。

[59] D.W.Y.Kwok, "Scientism in Chinese Thought1900-1950" (New Haven, Yale
University press, 1965) PP.21。

[60] 同註 9，頁 287。

　　近代中國對科學與科學主義的提倡，有一值得吾人注意的特徵，即其形成並非本土自生的，而是經由一外鑠的過程，此外鑠過程的原動力，肇因於積弱的中國覓尋富強的強烈需求，亦是西方科技文化衝擊的結果。[61]這股非源自本土的科學主義，有如狂飆般席捲整個五四知識份子的心坎，籠罩著新時代知識青年的思維，它的影響力和殺傷力，誠如胡適所說的：「已到無上尊嚴的地位，任何人都不敢公然對他表示輕視或戲侮的態度。」[62]

　　也因為如此，它抨擊宗教，重估傳統，儼然形成思想界的一種新宗教。[63]二〇年代爆發的反教運動，就是在如此風潮下形成的。[64]當時有不少知識青年，將科學主義當作利器，積極的抨擊宗教信仰，其中最著名的，就是民國 11 年 3 月，在北京成立的「非宗教大同盟」，他們在發出的通電中敘述其成立目的為「依良心之知覺，掃人群之障霧，本科學之精神，吐進化之光華。」[65]其宣言對宗教更是攻擊的不遺餘力；他們說：

　　「我們自誓要為人類社會掃除宗教的毒害，我們深惡痛絕宗教之流毒於人類社會，十百千倍於洪水猛獸，有宗教可無人類，有人類應無宗教，宗教與人類，不能兩立。」[66]觀其通電、宣言中所敘

---

[61] 劉紀曜，〈五四時代的科學與科學主義〉，張玉法編，《中國現代史論集》第六輯——五四運動（臺北：聯經版，民國 70 年），頁 89。

[62] 胡適，〈科學與人生觀〉序，汪孟鄒編，《科學與人生觀之論戰》（香港：中文大學出版社，1973 年），頁 2-3。

[63] 郭正昭，〈中國科學社與中國近代科學化運動（1914～1935）——民國學會個案探討之一〉，《中國現代史專題研究報告》第一輯（臺北：中華民國史料研究中心編印，民國 60 年），頁 259。

[64] 謝扶雅，〈五四與基督教學生運動——紀念中國基督教學生運動發起人顧子仁博士（1887～1971）〉，《傳記文學》20 卷 5 期，頁 8。

[65] 張亦鏡編，《批評非基督教言論彙刊全編》（上海：美華浸會，1927 年）。轉引自林榮洪，《風潮中奮起的中國教會》（香港：天道書樓出版，1985 年 4 月再版），頁 29。

[66] 林治平，《基督教與中國近代化論集》（臺北：商務版，民國 59 年 4 月），頁 28。

述宗教的罪惡，我們可以知道，其是採取科學的立場而非難之。這種以科學來反宗教的現象，在二〇年代是相當普遍而有效的。

「少中」的反宗教態度也是如此，我們可由其響應「非宗教大同盟」的通電看出，它說：「二十世紀科學昌明，宗教勢力何能存在，本會宗旨乃『本科學的精神』，對於此非科學的而滿帶迷信臭味之宗教，自在反對之列。非宗教大同盟登高一呼，誓破迷毒。本會聞之，不勝欣喜。自當力盡棉薄，誓為後盾，以期障霧掃盡，文化昌明，尚祈國內外同志一致奮起，共圖進行，無任盼禱。」[67]

至於論及「少中」會員裡頭，持這種科學態度反教者，委實不在少數，其中以發起人之一的曾琦最具代表性。曾琦在解釋少年中國學會規章第 1 條即揭明：「本會之不主張宗教，其理由本極明顯，蓋章程上之規定，劈頭第一語即曰：『本科學的精神』。夫宗教者，科學之仇也，二者不能並立。……亦以創造少年中國不容有此障礙進化之物耳。」[68]他進而分析宗教之利弊，在利的一方面，他以為宗教「能予人以無聊之慰藉；能使人聽天安命而少所憂疑；有獎善懲惡之作用，能統一思想，範圍群眾。」[69]

在弊的一方面；則為「束縛自由思想而妨礙真理之發見，使人趨於迷信而不能開拓命運；供君主貴族愚民之用，因信仰之各別，易起殺人流血之宗教戰爭；因思想之統一而學問難有進步；以天堂地獄之說，誘人為善去惡，而使人失其自動的為善去惡之良知，使人以現實為罪惡而喪其樂生之心，使人夢想天國而生其僥倖之念，養成僧侶坐食而為民上之一種階級，使人強不知為知，而失其推理之作用。」[70]

---

[67] 《少年中國》月刊 3 卷 7 期（1922 年 2 月 1 日）。
[68] 同註 4，頁 126。
[69] 曾琦，〈學會問題雜談〉，《少年中國》月刊 3 卷 8 期（民國 11 年 3 月）。
[70] 同上註。

　　兩相比較，曾氏顯然認為「宗教之害，遠逾於利」。因此，他非常堅決的認同「少中」標示的科學精神，即所以擯斥宗教。民國 9 年，學會的議決禁止有任何宗教信仰者為其會員。[71]曾氏亦是大力贊助者，他曾致函左舜生說：「凡不學無術及有宗教上迷信之人，皆不得介紹入會。」[72]由此可知其反教意志之強烈，實已到無法搖撼的地步。

（二）以國家主義反教者——陳啓天

　　國家主義是近代發源於歐洲的一種政治現象，19 世紀時，它漸漸在西方社會流行，後來透過多方面的文化接觸亦蔓延到中國。在本質上而言，國家主義有兩個基本成份：第一是由普遍言語、文化習慣和歷代遺傳所形成的民族自覺性；其次是一種愛國的決志心。海斯（Carlton J.H. Hayes）曾給國家主義下定義，說它是：「一種意念，就是對國家的理想或其現實狀況的效忠，勝過一切對任何其他事物。並且對個人的國籍感到驕傲，深信它本質的優越和承擔對它的任務，這些都是構成該意志的因素。」[73]

　　近代中國的國家主義運動，淵源於晚清，盛行於民初，到二〇年代臻於顛峰。因此，二〇年代的反教運動，國家主義是一股相當重要的政治力量。[74]我們知道，二〇年代是一個滿懷希望的年代，

---

[71] 山本達郎、山本澄子合撰，〈中國的反基督教運動（1922～1927）〉，張玉法編，《中國現代史論集》第六輯——五四運動（臺北：聯經版，民國 70 年），頁 196。

[72] 曾琦，〈曾琦致舜生〉，《少年中國》月刊 2 卷 3 期，〈會員通訊〉（1920 年 9 月 15 日）。

[73] Carlton J.H.Hayes,"Nationalism : A Religion"（New york : Macmillan Co, 1960.）PP.1-5。

[74] Maurice Meisner,"Li Ta-Chao and the Origins of Chinese Marxism"（Cambridge : Harvard University press, 1967）PP.263。

因為它帶來了新的挑戰與機會，可是國內不穩定的政治，紊亂的社會和分歧的思想，使年輕的一代感到迷惘。他們滿腔熱誠，願意為國出力，但眼見國內天天處在內憂外患中，而列強又虎視眈眈，為了挽救國家命運和改造社會的責任，知識青年勇敢的扛下這歷史的重擔。五四運動期間，國家主義的浪潮高漲，驅使青年人為了救國而表現了同一的意志。[75]

這種意志使青年們的精神團結起來，他們參加了各種不同的政治團體，其目的就是為了要效忠國家。[76]在此期間，任何涉及國家不利或阻礙社會建設的事，都很容易成為民眾的公敵。探究其因，乃是二〇年代初期的青年學生，他們經歷了由五四變革的失敗，而導致政治與社會停滯的挫折與不滿。[77]這種國內政治、社會改革的失敗，他們將之歸因於受帝國主義侵略所致，而宗教（尤其是基督教），乃被視為帝國主義的急先鋒，而成眾矢之的。[78]

因此在知識青年尋求有助於國家政治統一與社會改革的目標中，他們宣稱宗教是反功能的，是阻礙中國走向現代化的絆腳石。[79]所以站在國家主義的角度來看，為求國家民族的富強，徹底堅決的反宗教是其必定的途徑。[80]陳啟天的反教思想，就是在這樣的時代背景中產生。陳啟天說：

---

[75] Chow, Tse-tsung,"The May Fourth Movement : Intellectual Revolution in Modern China"（Cambridge: Harvard University press, 1960.）PP.84-116。

[76] 同註 2，頁 93。

[77] Kenneth Keniston,"Young Radicals : Notes on Committed Youth"（New york, press, 1968）。

[78] 楊森富編，《中國基督教史》（臺北：商務版，民國 67 年 4 月 3 版），頁 283-287。

[79] 羅滋，〈中國民族主義與一九二〇年代之反基督教運動〉，張玉法編，《中國現代史論集》第六輯——五四運動（臺北：聯經版，民國 70 年），頁 211-213。

[80] 同註 2，頁 203。

　　「曷言乎新國家主義與宗教主義相反也？宗教在以一種神的信仰拘束人的思想，是吾人所當反對者也，而宗教利用政治之勢力以圖擴張，尤為吾人所當反對者。歐洲自教會在政治上之勢力墜落，而後國家乃得發揚光大以增進國家之地位與貢獻，歷史垂示，昭昭在人耳目。國人早知政教混合之弊，與宗教壟斷國民思想之害，不惜激烈攻擊與中國文化最有關係之孔教矣，不圖孔教之勢力甫衰，而耶教之勢力轉大，在昔日以吃教誘致流氓而貽禍鄉曲者，今日以學校誘致青年而摧殘國性矣；在昔西洋之教士鼓肆簧舌於教堂者，今以中國之宗教職業家奔走於青年會矣，昔為個人之宣傳者，今為團體之運動矣，昔日在社會傳教者，今漸入於干涉政治之途矣。推其極也，至有所謂『中華歸主運動』（The movement of China For Christ）將使國性喪失殆盡，舉國而成外國之順民，而猶美其名曰『宗教救國』、『人格救國』，吾實不知其居心若何也？」[81]

　　由這段激烈的話看來，不難曉得陳氏堅決反教的因素何在？而其反教的動機，又植因於國家主義的思想。蓋陳氏根本認定中國今後無任何宗教運動的必要；中國今後的問題，在從科學、教育、經濟三方面力求解決，而不是去乞靈於有名無實的末流宗教，更不當借助於在宗教中佔地位最低的耶教。[82]而且中國數千年來信教本極自由，因此，他強調：「我們今後的急務，就是要一面打破宗教的一切制度——如教會，廢除宗教的一切名稱，斷絕宗教的一切宣傳，以保持個人精神上純粹的信仰；而一面還要致力於科學的研究，精神的修養，和美術的欣賞，以促進社會的文化。」[83]

---

[81] 陳啟天，〈國家主義與中國前途〉，沈雲龍主編，近代中國史料叢刊 902，《國家主義論文集》第一集（臺北：文海出版社印行），頁 39-40。

[82] 同註 4，頁 128。

[83] 陳啟天，〈我們不該反對耶教與其運動嗎？〉，《少年中國》月刊 3 卷 9 期（民國 11 年 4 月）。

（三）以社會主義反教者——李璜

李璜為「少中」早期會員，其對宗教的反對，與曾琦等一樣堅強，他曾與會友周太玄在巴黎合編《少年中國》月刊「宗教問題專號」，並且翻譯撰寫過許多篇討論與批評宗教的文章。[84]他的反教思想源自於社會主義，從社會進化的角度去否定宗教。他認為，現代社會已從宗教時代進化到非宗教時代，所以不再需要宗教，且宗教阻礙了人類朝社會主義方面進展，故需否定之。同時，道德已從宗教中分裂出來，故拋棄宗教後，道德仍可獨存。[85]

李璜在〈社會主義與宗教〉一文中，開頭便強烈表示：「蒲魯東『秩序的創造』書中第十篇上說：宗教是科學和進化的仇敵，用殘忍和仇視這兩個字，我們相信可以解釋宗教係這個名辭。」[86]他繼而解釋說，18 世紀西方哲學的反宗教，是基於基督教義的思想束縛，以及科學的日漸昌明，歷史的往事，到那時候，已明顯的證明，宇宙並非神造的，天演淘汰的公律，是由人的力量可以勝過的。個人生來是自由平等的，是負得有創造能力的，因此大家都已覺悟，與其悲憫的祈求上帝，倒不如靠自己的能力去努力、去創造。[87]

李氏強調「我們該當極力把我們這兩手一腦貢獻在社會改造上，去謀他的進步，我們不該當背著手，向著天，對那不識不知的上帝去說話。」[88]由這段略帶嘲弄諷刺的話，我們可以知道，李璜反宗教的理由，不僅因宗教不符合科學原理，且其更深一層的意義，還含有改造社會的企圖在裡頭。李璜以為，社會主義的精神全放在

---

[84] 同註 4，頁 127。
[85] 同註 33，頁 28。
[86] 李璜，〈社會主義與宗教〉，《少年中國》月刊 3 卷 1 期（民國 10 年 8 月）。
[87] 同上註。
[88] 同上註。

這世界，它是現世的，而宗教的精神則全放在天堂，是出世、避世的；人類生存的目的，應該是積極的去改造社會，增進福利，而不是一昧的逃避自己的責任，只求神的庇蔭。

所以最後他嘲蔑的說：「宗教家如果願意棄卻天堂的懸想，耶穌的偶像，永住的信仰，特別的靈感，來完全用自己的理解去實行社會主義，社會主義當然是不拒絕他的。如果還是坐在教堂，抱本聖經，用那悲天憫人的態度，說那大而無當的陳話，社會主義裡實在用不著他，不但用不著他，而且大大是社會主義一個障礙。」[89]由此可知，李璜反教的根本因素有二：其一、是李璜認為研究人類行為是理性和科學，不是神秘的宗教；其二、是李璜以為宗教信仰天國和不朽的觀念，是社會進步的障礙，他強調的是人們需要對改進世界多做努力。[90]

（四）以理性主義反教者——余家菊

余家菊是「少中」會員之一，「少中」的反教思想，很多都發自於激烈的國家主義思想，余氏的反教思想亦受其影響。但是他不僅有強烈的國家主義思想，而且還有一套他自己對宗教及基督教的看法，在「少中」裡頭，以他對宗教和基督教的評論最有系統，此即其理性主義的批判。在民國 11 年反教運動的中期，余氏發表〈基督教與感情生活〉長文，文中他談到了三大問題：（1）為何基督教成為反宗教運動的首號目標；（2）宗教信仰的本質和宗教感情的內容與影響；（3）如何建立一美滿人生。[91]

---

[89] 同上註。

[90] 同上註。

[91] 邵玉銘著、周如歡譯，〈二十世紀初期中國知識份子對宗教和基督教的反應〉，林治平主編，《近代中國與基督教論文集》（臺北：宇宙光出版社，民國 74 年 9 月 3 版），頁 157。

關於為何基督教成為反宗教的第一目標，余認為中國本土宗教，若非假宗教就是腐敗的宗教，因此基督教是唯一可供攻擊的目標；其次論及宗教信仰，余首先懷疑神的存在，他認為神是人想像出來的，他又懷疑神的全善與全能，神若是，為何世界充塞罪惡？否則，神就不配稱為世界至尊主宰。余認為審判、不朽等教義是假設的應許，以對付人間不公平的現象，解答人生短暫存在的事實而已。他再談論宗教情緒的內涵和影響，余認為它有三大內涵——崇敬、畏懼、虔誠。

人產生崇敬心，是因人自感卑下無助，甘願承認自然界一切無法解釋的現象是神的作為，人也就不去運用智慧，以了解這些現象。崇敬心使人更依賴神！凡事持宿命看法，宗教上天堂地獄，最後審判等畏懼情緒更不足取，它使人還不曾享受信仰的效果前，就先憂愁焦慮，至於禱告時虔誠之心更是可笑。神是人的造物，人禱告是自說自話。余氏輕蔑的認為宗教情緒於人無益，不合常理。

余主張宗教是人幻想的產物，宗教感情是自我欺騙的情緒，人怎樣獲完滿的人生？方法就是讓理智控制感情，用修養之道代替宗教。余認為科學增長人的理性，人深入了解人的心理作用，即能掌握個人情緒變化，人應該每天藉省察、修養來平衡思想，恆久持續下來，人的思想品性就能完全，生活不必再依賴宗教。因此，余氏最後大聲疾呼，要力促禁止傳教活動，要消滅宗教。[92]

（五）以懷疑主義反教者——惲代英

惲代英為一馬克斯主義的信徒，共產黨員，亦是早期「少中」的活躍份子之一。在民初的反教期間，馬克斯主義以其唯物論的觀

---

[92] 余家菊，〈基督教與感情生活〉，張欽士編，《國內近十年來之宗教思潮》（北京：燕京華文學校出版，民國 16 年），頁 273-304。

點，認為物質宇宙是一切事物的本體，神不過為人所虛構，根本就沒有神的存在。宗教的地位，也只不過是憑藉著某種神聖權威的形式，以其使社會秩序趨於穩定而已。宗教是一個對未來世界的幻想，用來安撫被壓迫者的痛苦，因此，他們把宗教稱之為被壓迫人民的鴉片煙，為「廢除被認為是人們虛幻幸福的宗教，實為他們獲得真正幸福的必要條件。」[93]

因此，為了他們要實行共產主義，宗教必需要消滅。[94]但奇怪的是，惲代英雖為一堅定的馬克斯主義信仰者，然其反教言論，卻較少具馬克斯主義的成分，反而深具儒家色彩。[95]在〈論信仰〉一文中，他將道德上之大動力分為三項：為「信」、為「愛」、為「智」。於信仰，他分析說：「有智識之人，初不須假藉信仰之力，更不須假藉宗教之力，自動竭力實踐道德上之義務。雖有時信仰與智識一致，足以增加其實踐道德之力量，然如不幸而不與智識一致，則徒為其勇猛進德之妨害。……故知信仰雖有若干之利益，然利不勝弊，絕對無保存之價值也。」[96]

民國10年，「少中」在討論宗教信仰問題時，惲氏又發表了一篇〈我的宗教觀〉，先引述康德的話說：「看宇宙的結構，這樣巧合，令人不能不想這是出於上帝經營。因為這樣美麗完備的佈置，說是由偶然構成，非我們心中推理能力所許。這必然是有大智慧者設此計劃，他亦必是有大能力者，乃能成這計劃。宇宙一切運行，都準定律而一致無違，這都是足以證明其同出於一個大主宰。」[97]

---

[93] 同註9。
[94] 同註19，頁278-279。
[95] 同註4，頁122。
[96] 惲代英，〈論信仰〉，《新青年》3卷5號（上海：亞東圖書館，求益書社印行）。
[97] 惲代英，〈我的宗教觀〉，《少年中國》月刊2卷8期（民國10年2月）。

　　接著他再表示自己的見解，他認為這個大主宰，只能說是一個主宰這法則的 unseen power，卻不能一定就是一個 unseen being。換言之，宗教家既不能證明上帝的存在，我們也不能證明其不存在，那便只好存疑了。於是他說：「我對於神的存在，是取我所謂『懷疑論』的態度。宗教家肯定神的存在，是我所謂『信』；反宗教家否定神的存在，是我所謂的『不信』；我自己在這二者之間，所謂『懷疑』。」[98]他既然懷疑，自然便無法相信，但反對的態度，倒是相當溫和的。

（六）以實用主義反教者——周無

　　周無為一生物地質學家，為「少中」發起人之一，他對宗教問題曾下過一番研究。周無在其〈宗教與人類的將來〉一文中，將宗教的定義、起源、神話及靈魂不死的起源、徵象物與儀式之來源、信仰及其本質、宗教信仰之起源及其本質、神、靈魂之本質、生命的本義等等，均加以探討。而最終周無認定宗教並非出自人的本能，亦非人生所必需，人類將來自是無宗教。[99]

　　在另一文〈宗教與中國之將來〉，周無也談到，中國民族是文學、美術、樂天、堅忍的民族。在天性上便與宗教不十分投契，因為思想上自來靈活，知識份子一般均有較通達的生死觀，鄉野愚人，雖有鬼神輪迴之說，但不以其為惟一之信仰。且中國人自古以來最敬重者乃為天、地、祖先；以其人從祖先來，而祖先又從天地化育而出，祭祀它；因慎終追遠之故，並非將其擬為一宗教膜拜也。

　　因此，周無結論道：「宗教在未來將失去對人類的控制，同時在中國也將沒有地位，因為中國需要的是現代化、理性化、真理、平等與自由，而這些基本上是與宗教相反的。」[100]所以周無十分肯定

---

[98] 同上註。
[99] 周太玄，〈宗教與人類的將來〉，《少年中國》月刊 3 卷 1 期（民國 10 年 8 月）。
[100] 周太玄，〈宗教與中國的將來〉，《少年中國》月刊 3 卷 1 期（民國 10 年 8 月）。

的表示，一句話說完，中國的將來沒有宗教，周無以實用主義的觀點，來反對宗教的用心已昭然若揭了。

除了上述 6 人外，「少中」會員反宗教的仍不乏其人，如李大釗、王光祈等人。李大釗於民國 11 年 4 月，在日文《北京周報》第 12 號曾發表〈宗教妨礙進步〉一文，指出宗教是向人宣傳廉價的妥協性，它妨礙徹底探出真理的精神，對人類進步是非常有害的，因而我們要竭力加以反對。[101]而王光祈則主張要用科學的方法，將固有的「禮樂」整理培植起來，用以喚醒我們中華民族的根本思想，完成我們文化復興運動。[102]雖沒有明顯的反教思想，然端倪已在其中。

四、結論——「少中」反教之影響與貢獻

由以上這些反宗教或維護宗教的文字，我們可以看出，這次宗教問題論爭的特點是「不帶激動的情緒作用，表現出一種容忍的態度與開闊的胸襟。」[103]揆其因，乃是反對主體的社會階層與教育背景改變了，反教運動所採的途徑也變了。反教者為高級知識份子，其言論是說理的，態度是理性的，方法是溫和的，至少做到了情緒理性化、思想客觀化的境地。他們把爭執昇華到大傳統的文化層面，相當具備學術研究的精神，無怪乎，梁啟超說：這是國民思想活躍的表徵。[104]職此之故，這次發自學術界的反教運動，也就影響特別深遠。[105]茲舉三點論述於下：

---

[101] 張靜如、馬模貞等編，《李大釗生平史料編年》（上海：人民出版社印行，1984年），頁 171。

[102] 王光祈，《少年中國運動》（上海：中華書局出版，1924 年），頁 18-19。

[103] 同註 19，頁 283。

[104] 梁啟超，〈評非宗教同盟〉，《東方雜誌》19 卷 8 號，頁 133。

[105] 同註 66，頁 15。

（一）造成中國教會本色化：在近代中國教會史，本色教會運動是由中國基督教徒所發起；那是自覺的運動，乃應當時二〇年代，反宗教、反基督教運動而產生，由於這一班知識份子的抨擊宗教、基督教，造成中國教會的本色化。[106]

（二）促進收回教育權運動：平心而論，二〇年代的反教運動中所含的三個問題即：非宗教、非基督教、非基督教會是也。此次之非教運動，名義上是非宗教，內容上其實是衝著基督教而來的，尤其是針對基督教會在中國各地的設立教會學校，危害中國教育自主權之反彈。[107]而由於這次大規模的反宗教運動，兼以國家主義思潮的高漲，終於促進了收回教育權的局部成就。[108]

（三）提高民族主義的意識：無可諱言，這次的反教運動，背後的主要動力，是民族主義的浪潮。這股浪潮起自清季，成長於民初，至「五四」迄於二〇年代臻於成熟高張。此其中反教運動功不可沒，它和民族主義可說是相輔為用的，這一搭配的結果，不僅使帝國主義者有所忌憚，更是造成日後北伐統一，及廢除不平等條約的主要力量。[109]

除了上述的影響與貢獻外，還有一項重要的影響，那就是這次的爭論，促使中國知識份子重新體認宗教的真實性質，並使中國人的宗教思想，提昇到更高的知識水準。[110]而這些貢獻都要歸功於「少

---

[106] 李景雄，〈本色神學——舊耕抑新墾〉，邵玉銘編，《二十世紀中國基督教問題》（臺北：正中版，民國 69 年），頁 251。

[107] 一葦，〈再論宗教問題〉，《學衡月刊》第 6 期（臺北：學生書局影印，民國 60 年 7 月），頁 776。

[108] 楊翠華，〈非宗教教育與收回教育權運動〉，《思與言》17 卷 3 期（1979 年 9 月）。

[109] 同註 2，頁 217。

[110] Chan, Wing-tsit, "Religious Trends in Modern China"（New york: Columbia University press, 1953.）PP.228。

中」所奠下的基礎，是以我想謝扶雅說：「少中」的反教，多少遺留一點「義和團式」的排外心理，基本上，是不夠持平之論的。[111]

本文發表於《光武學報》第 18 期（民國 82 年 5 月）。

---

[111] 謝扶雅，《基督教與中國思想》（香港：基督教文藝出版社出版，1971 年 2 月初版），頁 293。

陸、清太祖建儲考

一、前言

　　國史上，關於君主的繼承方式，一般而言，主要有「世襲」和「世選」兩種制度。[1]「世襲」是農業民族的傳統，其方法是由子孫依照嫡長次序，按輩承襲。周以前，或「兄終弟及」，或「子繼父業」；周以後則定於「以子繼父」，後世因之。此「世襲」制，其利則為可以維繫政權的穩定性、其弊則有良窳不分之病。

　　至於「世選」，則不以嫡長為限，其方式是「量才授與」，既可「兄終弟及」，亦可「叔姪相承」，無一定之制度典章，端視其力之強大與否？此乃遊牧民族草莽英雄之傳統。

　　清之先世出自建州，為明末東北女真之一支，其生活雖早已農業化，但方式仍以草原民族的文化習俗為主。職此之故，清人祖先的繼承方式，仍以沿襲草原民族之「世選」傳統，不以嫡長為限，僅是「量才授與」。但也因「世選」的繼承方式，使得天命 11 年，太祖努爾哈赤逝世後，因「未嘗定儲繼立之議」。[2]而留下了權力真空，產生了汗位繼承之問題。

　　然努爾哈赤果真未有立儲之議嗎？抑或「有」，只因他故而作罷？復次，太宗之得位，是太祖所傳耶？抑或是出自於骨肉的奪位之爭？舉凡上述種種揣測，均需自太祖建儲之有否？方能見出端倪

---

[1]　陳捷先，〈清初繼嗣探微〉，《滿洲叢考》（臺北：臺灣大學文史叢刊 7），頁 79。
[2]　據清官書開國方略中說：「太祖初未嘗有必成帝業之心，亦未嘗定建儲繼立之議。」蕭一山，《清代通史》（臺北：商務版），頁 105。

來。拙文之作，目的就是希望由太祖的建儲，淺釋清初的繼承方式
與統治型態。

二、太祖建儲考

　　近代研究明清史的學者，對於清太祖是否「建儲」的看法，有
很多都是根據漢文本的《清太祖武皇帝實錄》天命 7 年 3 月分的一
段話，來論斷其是否有「建儲」之議。這段話是說：

　　「八固山王等問曰：『上天所予之規模何以底定？所錫之福祉何
以永承？』帝曰：『繼我而為君者，毋令強勢之人為之；此等人一為
國君，恐倚強恃勢獲罪于天也。且一人之識見及眾人之智慮耶？爾
八人可為八固山之王，如是同心幹國，可無失矣！八固山王，爾等
中有才德能受諫者，可繼我之位。若不納諫、不遵道，可擇有德者
立之。倘易位之時，如不心悅誠服而有難色者，似此不善之人，難
任彼意也。至於八王理國政時，或一王有得於心，所言有益於國家
者，七王當會其意而發明之。如己無能，又不能贊他人之能，但默
默無言，當選子弟中賢者易之。更置時如有難色，亦不可任彼意也。
八王或有故而他適，當告知於眾，不可私往。若面君時當聚眾共議
國政，商國事，舉賢良，退讒佞，不可一二人至君前』。」[3]

　　證諸上言，彷彿太祖的統治型態，是希望以八旗主之合議制為
政體，對「建儲繼嗣」的看法，也無以己系嫡長為之的意思。因此
使得很多研究清初開國史的學者，誤以為此乃清太祖未建儲之鐵
證。兼以《東華錄》記載：「太祖初未嘗有必成帝業之心，亦未嘗定
建儲繼立之議。」[4]言之鑿鑿，這話就更信而有徵了。現列舉數家學

---

[3] 《太祖武皇帝實錄》卷 4，頁 2 上-2 下。
[4] 《東華錄》〈天聰一〉，頁 1。

者之言，論及對此事的看法。清史權威學者孟森，在其〈八旗制度考實〉一文中說：

> 此段文字，為太祖制定國體之大訓……今詳其意，太祖謂嗣
> 我為君，恐挾國君之勢而獲罪于天，且一人不及眾智，惟八
> 人為八固山王，可以無失。此則明詔以八旗旗主聯合為治，
> 無庸立君矣。……末言八人公議，不得一二挾領袖之意專斷。
> 據此知八旗共治，可以無領袖，即賢能為眾所推而作領袖，
> 要為眾議更易，即須更易，不許戀棧。[5]

蕭一山的《清代通史》第一篇第二十節〈努爾哈赤之死〉，也引用天命 7 年太祖的話而以為：「太祖不但無建儲之意，且無傳子之心，惟以八旗旗主之合議為政體，仍維持部落封建之本色而已。是以旗主對汗王，可以推選，亦可以罷免，乃努爾哈赤所明白宣示的制度。」[6]其次，但燾所譯日本學者稻葉君山的《清朝全史》也說：「太祖之柩未冷，宮庭早演一種悲劇。太宗即位，一時無事，其原因固由太祖未確定汗位之繼承。實由諸王勢力各相恃而不下也。」[7]又李宗侗在〈清代中央政權形態的演變〉一文，亦申論如下：

> 根據武皇帝實錄天命七年三月三日之上諭看起來：每旗不只
> 有他的獨立權，並且有選舉汗及罷免他的權，另外對全國政
> 治，汗並不能獨裁執行，必須由八旗旗主，及議政王大臣們
> 共同討論，多數的意見必須採用。這亦是一種封建制度，只
> 是與人民而不與土地發生關連的封建制度。有人說：這是太
> 祖幻想的制度，我對此並不能同意。因為說者大概昧於初民

---

[5]　孟森，〈八旗制度考實〉，《中央研究院歷史語言研究所集刊》第 6 本。
[6]　同註 2，頁 106。
[7]　稻葉君山著，但燾譯，《清朝全史》（臺北：中華書局，民國 59 年），頁 32-33。

社會制度，我們若細考初民制度，在繼承權固定之前，常常
先有選舉首領的制度，滿洲本來是近於初民社會……因此太
祖所說的選舉制度，也仍舊是相類的事情，可以說是滿洲的
習慣制度，並不只是太祖的幻想。[8]

另傅宗懋在其博士論文《清代軍機處組織及職掌之研究》一書中，
也對此段話提出看法為：「立國稱汗，皆太祖手創之業，思以保全，是
為常情。又以其國始於部落，用武力創大局，軍權所寄，乃以親信。
八旗既成定制，遂授統於子姪。蓋親屬之情，常為人類寄以信任之重
要環節。既寄八旗於子姪，復規以存公順天之思想，故太祖對統治型
態之構想，既非一尊專制，對繼嗣人選之產生，亦非立嫡立長。」[9]

揆諸上述各學者的意見，可以歸納出三點看法：（1）諸家都以
為太祖努爾哈赤未有建儲之意。（2）諸家所用史料，皆是漢文本的
《清太祖武皇帝實錄》。（3）諸家似乎均只是注意到此段實錄原文的
表面文字，而忽略了太祖所講這話的歷史背景？何以八固山王在此
時要以建儲之題徵詢太祖？而太祖又是在何種情況下道出了這段
話？這是個頗耐人尋味的問題。

要解決此問題，我們可以從三方面著手。首先是對漢文本《太
祖實錄》的看法，其可信度實可質疑？「按清太祖實錄，始修於太宗
時。天聰九年八月，書工張儉、張應魁合繪太祖實錄圖告成。因與歷
代帝王實錄體例不合，尋命內國史院大學士希福、剛林等以滿蒙漢三
體文字改編實錄，去圖加諡。崇德元年十一月，纂輯告成。」[10]

8　李宗侗，〈清代中央政權形態的演變〉，《中央研究院歷史語言研究所集刊》
　　第 37 本，頁 80-81。
9　傅宗懋，《清代軍機處組織及職掌之研究》（臺北：嘉新水泥公司文化基金會
　　研究論文第 69 種，民國 56 年 10 月初版），頁 5。
10　關於《太祖武皇帝實錄》諸多失實處，近人李光濤有詳實考證。見李光濤，

按其書因成於太宗之時，太宗為避嫌計。[11]刪盡所諱，每出己見，增損舊檔，杜撰史事，致使其屢遭重修，湮沒史蹟之舉並非不可能。[12]因此《太祖實錄》雖非盡不可信，但其對某些重要史實的遮掩與潤飾，當會使後代史家無法明瞭史事發生的經過與真象。而史家若遽以此片段之記載作全盤之論斷，其結果往往是危險的，這是吾人對《太祖實錄》中所言努爾哈赤未建儲的第一個看法。

其次是，既然懷疑《太祖實錄》中所言努爾哈赤未建儲之不確，那麼，如何能找到更充分的史料來證明太祖確有建儲之意，當是辯駁此段文字最有力之證據。在此吾人可援引《滿文老檔》、《朝鮮李朝實錄》和明朝士子的若干紀錄，三方面探討太祖建儲之事實。關於此事，《滿文老檔》曾有如下的披露：

「由於上天的恩賜，淑勒崑都侖汗已擁有大國的人口了，他在執掌金國政務的時候，他常想：『假如我沒有兒子的話，當然也就沒有什麼可說的了。可是我現在有很多兒子，我實在應該想想委政於兒子的事。』不過他又考慮到：『假如我以長子來執政，這個長子自小就心胸褊狹，沒有治國的那種寬厚仁慈的心懷。但是，假如我置長子於不顧，那麼又怎能轉陞諸弟來執政呢？不過我若舉用長子來掌理父汗的大國，給重大的政務委交他，也許他會棄絕褊狹，而秉諸公正的心懷。』於是就讓長子阿爾哈圖土門執政了。……」[13]

這段話是萬曆 41 年 3 月到 6 月間《滿文老檔》所記載的，從這段記述看來，清太祖其實早在萬曆 41 年的時候就有建儲之意，而所欲建之儲乃阿爾哈圖土門，也就是長子褚英。後因褚英局度褊小，

〈明清檔案與清代開國史料〉，《明清史論集》（臺北：商務版，民國 64 年），頁 413-417。

[11] 指太宗奪位事。

[12] 同註 10。

[13] 《滿文老檔》第 3 冊（臺北：國立故宮博物院出版，民國 58 年），頁 4-16。

不足任事，故不為太祖所信而罷。[14]褚英因此埋怨太祖，曾焚書咒之，而為侍者所告發，太祖怒而將其幽禁，萬曆 43 年，褚英終被幽禁而死。[15]

褚英死後，太祖對建儲之念仍不死心，於是又有立二兒子代善之意，《滿文老檔》對此事也有記載：「皇妃塔因察又告訴汗說：『還有更重大的事。』汗說：『什麼事？』塔因察說：『大福金曾經以飯菜送給大貝勒，前後兩次，大貝勒都接受並給吃了。又曾以飯菜送給四貝勒，四貝勒接受了但沒有吃。同時大福金又每天必定兩三次派人到大貝勒家中，和大貝勒同謀一些事情。並且她還常常私自深夜外出離家，已經兩三次了。……』大汗聽了這些話，就派遣達爾漢衛特，額爾德尼巴克什，雅孫及蒙噶圖等四大臣，查詢大貝勒及四貝勒，後來知道大福金確實送過飯菜給四貝勒，四貝勒是接受了但沒有吃，也實曾兩次送飯菜給大貝勒，大貝勒是接受並吃了，並且塔因察所說的其他事情，也都是真實的，沒有半點虛誣。汗於是就說了：『我曾經這樣說過：有一天我死以後，我要把大福金與諸幼子一齊託交給大阿哥為生。大福金也許因為這件事，而傾心於大貝勒了，以致每天都派兩三次人到大貝勒的家裡』……。」[16]

據此，吾人從《滿文老檔》中「大福金曾經以飯菜送給大貝勒」及「和大貝勒同謀一些事情」看來，弦外之音，不言可喻。誠然，清太祖自廢斥褚英後，曾有意以大貝勒代善為繼承人。「惟自此事

---

[14] 趙爾巽，《清史稿》列傳 3，〈廣略貝勒褚英傳〉言：「褚英屢有功，上委以政，不恤眾，諸弟及群臣愬於上，上浸疏之。褚英意不自得，焚表告天自訴，乃坐詛咒幽禁，是歲癸丑。越二年乙卯閏八月，死於禁所，年三十六。」見該書，頁 3517。

[15] 黎東方，《細說清朝》第 1 冊（臺北：傳記文學出版社印行，民國 59 年 8 月初版），頁 31。

[16] 《滿文老檔》第 14 冊，〈天命 5 年 3 月條〉，（臺北：國立故宮博物院出版，民國 58 年），頁 37。

出，太祖雖不欲以此罪代善，然終不能不致憾於彼（按：指代善），卒奪其一旗，畀諸其他王子」。[17]吾人試想，苟太祖無立代善之意，大福金此舉為何故？太祖又何必自圓其說呢？

其次是當時明人對此事也有所記述，如《嘯亭續錄》卷2：〈明人論先烈王〉篇裡說：「嘗讀全謝山鮚埼亭集，載明人夏吏部允彝言曰：『東國乃能恪遵成命，推讓其弟，又能為之捍禦邊圉，舉止與聖賢何異？其國焉得不興？』蓋謂先烈王讓國事也。」[18]這是明人和代善後人的記述，由此可見代善確曾被指定為汗位的繼承人，不然的話，何有「推讓」可言耶？

另外在明清之際，朝鮮因親明故，與清交戰頻繁，清因戰略關係，對朝鮮亦不時挑釁。所以在《朝鮮李朝實錄》裡，亦有若干關於此事之記載。如鄭忠信的《使建州記事》中有：「蓋老酋有子二十餘人，……長早亡，次貴盈哥，次洪太主……貴盈哥，特尋常一庸夫。洪太主，雖英勇超人，內多猜忌，恃其父之偏愛，潛懷弒兄之計。其他四子，無足稱者，摠之非老酋之比也。」[19]

按鄭忠信是當時朝鮮的滿浦僉使，被派去建州探訪夷情，他的記述是親身見聞，史料的價值極高。文中所談到的洪太主（皇太極），「潛懷弒兄之計」，如果代善不是汗位的繼承人，這「憨直不足有為」的人。[20]又有何可「弒」之必要呢？此外，李民寏在《柵中日錄》〈建州聞見錄〉也說：

---

[17] 趙光賢，〈清初諸王爭國記〉，《輔仁學誌》第12卷第1、2合期（民國32年12月），頁185。

[18] 《嘯亭續錄》卷2，轉引自陳捷先，《滿洲叢考》（臺北：臺灣大學文史叢刊7），頁84。

[19] 〈光海君日記〉卷169，《朝鮮李朝實錄》，〈天命6年9月初9日條〉，頁55下。

[20] 同註7，頁42。

「奴酋（指努爾哈赤）為人猜厲威暴，雖其妻子及素所親愛者，少有所忤，即加殺害，是以人莫不畏懼。酋死之後，則貴盈（指代善）必代其父，胡中皆稱其寬柔，能得眾心，其威暴桀驁之勢必不及於奴酋矣。」[21]李民寅是在滿洲部落住了年餘的朝鮮降人，他敢說清太祖死後，「貴盈哥必代其父」，想必非空穴來風，更無必要作此揣測。

可見當時女真部落裡認定代善是汗位繼承人之說，早已喧騰一時，甚囂塵上了。日本學者內藤虎次郎亦持此種看法，內藤虎次郎曾引朝鮮《燃藜室記述》卷 27〈丙子錄〉云：「丙寅五月，建州虜酋奴兒哈赤疽發背死，臨死立世子貴榮介，貴榮介讓弟弘他時，曰：『汝智勇勝於我，汝須代立。』弘他時略不辭讓而立。」[22]凡此種種記載，均可明顯看出，太祖確曾有立代善之心，但自從大福金之事發生後，代善之寵遂衰。

可是太祖仍未斷建儲之念，取而代之的人，為多爾袞也。多爾袞為太祖之 14 子，聰穎異常，甚為太祖所喜。其母烏拉納喇氏，為烏拉國主滿泰之女，萬曆 31 年歸太祖，有殊寵。由母以及其子，愛烏及屋，則多爾袞之得寵，自在意中，此長父疼幼子之心，亦人之常情矣！觀其將自己的兩黃旗賜與多爾袞兄弟，其心跡豈不明乎？[23]

關於太祖有意傳位給多爾袞之事，也有若干史料可以為證，如《燃藜室記述》卷 27 引〈春坡堂日月錄〉曰：「或曰：奴爾哈赤臨死，謂貴永介曰：『九王當立而年幼，汝可攝位。』後傳於九王，貴

---

[21] 〈建州聞見錄〉，《紫巖集》卷 6，頁 7。
[22] 內藤虎次郎，〈清朝初期之繼嗣問題〉，《讀史叢錄》，引〈日月錄〉，《燃藜室記述》卷 27。
[23] 房兆楹，〈清初滿洲家庭裡的分家子和未分家子〉，《國立北京大學五十週年紀念論文集》，文學院第 3 種（民國 37 年 12 月）。轉引自陳捷先，〈後金領旗貝勒略考〉，《故宮文獻》第 1 卷第 1 期，頁 45。

永介以為嫌逼，遂立洪太氏。」[24]九王是多爾袞，洪太氏即皇太極，由太祖晚年的寵愛多爾袞之母烏拉納喇氏，兼以多爾袞自幼即以聰睿見稱，太祖臨終遺命代善輔攝多爾袞是不無可能的。且證之後來太宗以假詔逼殺後母（即多爾袞之生母），更增其事之可能性。據《滿洲實錄》之記載此事云：

> 后心懷嫉妒，每致帝不懌，雖有機智，終為帝之明所制，留之恐為亂階，預留遺言於諸王曰：俟吾終，必令殉之。諸王以帝遺言告后，后初遲疑未決。諸王曰：先帝有命，雖欲不從，不可得也。后遂泣謂諸王曰：吾自十二歲事先帝，錦衣玉食已二十六年，吾不忍離，故相從於地下。吾二幼子多爾袞多鐸當善撫之。諸王泣而對曰：二幼子，吾等若不恩養，是忘父也，豈有不恩養之理？于是后於十二日辛亥辰時自盡，壽三十七……。[25]

此段記事，顯然疑竇甚多。其一、清人舊俗，並未有后必殉帝之制，矧二子方幼，且為太祖所鍾愛者，遽奪其母，殊非人情。[26]其二、從諸王所說「雖欲不從，不可得也」之話觀之，吾人不難想像其殉死是被逼的。[27]其三、此與太宗奪權有關，太宗欲奪位，就得先除去此頗有機變之皇母不可，且其二人早已有隙。[28]因此我們可以說，烏拉后的逼殉，不僅和太宗奪位有關，肇禍的遠因，乃在太祖欲立多爾袞為汗時，即已伏下。

---

[24] 李星齡編，《春坡堂日月錄》，轉引自李光濤，〈清太宗奪位考〉，《明清史論集》下冊（臺北：商務版，民國64年4月），頁438。

[25] 《滿洲實錄》卷8。《太祖武皇帝實錄》卷4，頁12。

[26] 同註17，頁186。

[27] 同註1，頁87。

[28] 指「太祖時，墨爾根王（按：即多爾袞）之母及阿布泰夫婦欲陷太宗，所行諸惡事，臣等盡知。」《國朝史料零拾》卷1。

吾人在此可以引清朝自己的史料為憑，以證此事為真。在《明清史料丙編》一書中記載，順治 8 年 2 月 22 日追論攝政王多爾袞罪狀詔有云：「背誓肆行，自稱皇父攝政王，又親到皇宮院內……以太宗文皇帝之位原係奪立。以挾制皇上……。」[29]由清人自己之招供，再揆之《朝鮮李朝實錄》，可謂不謀而合。而且由其子證之，直如「其父攘羊而子證之」，更是妙不可言。然亦因此一有力反證，無庸置疑，太宗之奪位及太祖有建儲之意，殆屬定案矣！[30]

三、結論

由上述《朝鮮實錄》、《滿文老檔》以及明人的記載看來，太祖生前確曾有欲立褚英、代善、多爾袞之意。然其何以又在天命 7 年講出如此的一段話呢？那是有感而發的，因其先前有欲立褚英、代善之議，而產生了兄弟鬩牆與覬覦汗位的殘酷鬥爭，其彼此間的互相構陷與明爭暗鬥，實令太祖痛心。[31]職係之故，對於繼立之人選，其心中自亦有難決之困擾。

而為了防止類似褚英之事的不幸悲劇，[32]太祖唯一能做的，便是在任何人面前，絕不再對立儲之事有絲毫示意。[33]以避免不愉快之事再重演。可是太祖的緘默，卻令欲爭繼承權的諸子難耐，因此才有天命 7 年 3 月，公然向太祖詢問對繼承汗位的人選問題。[34]

29　〈順治 8 年 2 月條〉，《明清史料丙編》，《東華錄》，頁 306。

30　同註 24，頁 438。

31　莊吉發，〈清太宗嗣統與朝鮮丁卯之役〉，《趙鐵寒先生紀念論文集》（臺北：文海出版社，民國 67 年 4 月），頁 659。

32　李學智，〈清太祖時期建儲問題的分析〉，《思與言》第 8 卷第 2 期（民國 59 年 7 月），頁 86。

33　同上註。

34　同上註。

而太祖也藉此機會對渠加以訓示，除了不但不願明言建儲之事，且因對建儲之事過於傷心，所以對諸子姪深深表示無所偏愛，並提出了日後願諸兄弟不要骨肉相殘，以免重蹈其猜忌多疑而殺戮骨肉之覆轍。[35]

因此天命 7 年的這一篇訓示，不僅是有感而發，而且還有其暗諭呢？故吾人以為太祖最後之不預立儲君，蓋有所戒而然，非其本意也。然則在矛盾兩難間，太祖何以一而再、再而三想立儲，其理為何？乃人之常情故也。誠如傅宗懋所說：「蓋親屬之情，恆為人類寄以信任之重要環節」。[36]太祖此舉，吾人豈能怪耶！

本文發表於《光武學報》第 21 期（民國 85 年 5 月）。

---

[35] 陳文石，〈清太宗時代的重要政治措施〉，岡田英弘，〈清太宗繼位考實〉，《故宮文獻》第 3 卷第 2 期（民國 61 年 3 月），頁 37。

[36] 同註 9。

柒、明末澎湖群島海防地位之探討

一、前言

澎湖群島介於臺灣與大陸之間,自古即為大陸人民往來臺灣之跳板,其發現建置及開拓均早於臺灣。就軍事地位言,澎湖扼臺海之咽喉,不僅為臺灣之門戶,且為大陸海防之外府,澎湖海疆重鎮之地位,由此可見一般。

就地理形勢觀之,從中國東渡臺灣,無論是探險、征伐、墾殖、貿易等,無一不以澎湖為中繼站。尤其在帆船逐島航行的時代,能夠提供停泊、給水的澎湖,更為必經之途徑。[1]以交通論,近人方豪及曹永和諸氏,皆指出澎湖從明代起,即為東西洋針路必經之要衝,其樞紐之地位乃引起日本、荷,西等國的注意與覬覦。

而在海防地位方面,澎湖因介於臺灣與大陸之間,扼臺海之咽喉,不僅為臺灣之門戶,且為大陸海防之外府。[2]清劉銘傳言:「澎湖一島,非獨全臺門戶,實亦南北洋關鍵要區,守臺必先守澎,保南北洋亦須以澎、廈為筦鑰。」[3]楊勇亦云:「澎湖輔事全臺,犄角

---

[1] 周宗賢,〈澎湖諸砲臺建置始末〉,《淡江學報》第 33 期(民國 83 年 3 月),頁 51。

[2] 林時對,《荷牐叢談》(臺北:臺灣銀行經濟研究室編印,民國 51 年出版),頁 155。

[3] 劉銘傳,《劉壯肅公奏議》(臺北:臺灣銀行經濟研究室編印,民國 47 年出版),頁 146。

廈門，尤為閩洋關鍵。」[4]可見澎湖為海疆第一要隘，其在我國東南海防居中策應之重要地位，殆無疑義。[5]

　　國史上，言澎湖群島最早可能始於隋。唐時，施肩吾的〈島夷行〉相傳為詠澎湖之作，唯近人多懷疑之。[6]漢民族之初臨澎湖可能起於五代十國，唯彼時活動只是零星、短暫的停留。[7]迄於北宋，中國人對於澎湖才真正有比較清楚的了解，甚至記載於文獻上。[8]到了南宋，澎湖不僅有漢人定居，且有屯兵戍守之事。[9]元代用兵琉求（臺灣），即以澎湖為前哨。[10]後更置巡檢司，遣官治理，隸屬福建晉江縣（一說同安縣）。[11]此為中國在澎湖行使主權的象徵，唯元代設置僅作兵站用途，並非有計劃的經營澎湖。[12]

　　真正使澎湖歷史大放異彩，使澎湖重要性突出，使澎湖海防地位彰顯者為明代。明代澎湖歷史可謂多采多姿，變化萬千。先為明初之「墟澎」，使澎湖淪為倭寇，海盜出沒聚集之地；繼有西潮東來，荷、西、日本諸國的覬覦澎湖，希冀將澎湖作為與中國互市

---

[4]　楊岳斌，《楊勇愨公奏議》（臺北：臺灣銀行經濟研究室編印，民國 48 年出版），頁 33。

[5]　許雪姬，《明清兩代國人對澎湖群島的認識及防戍》（臺北：國立臺灣大學歷史研究所碩士論文，民國 67 年 6 月），頁 10。

[6]　蘇同炳，〈施肩吾及其「島夷行詩」新考〉，見其著，《臺灣史研究集》（臺北：國立編譯館出版，民國 79 年 7 月再版），頁 1-15。

[7]　劉良佑，〈從科技檢測談澎湖古陶瓷源流〉，《故宮文物月刊》第 79 期（1989 年 10 月），頁 88。

[8]　陳信雄，〈澎湖歷史發展的獨特性〉，《思與言》第 33 卷第 2 期（1995 年 6 月），頁 139。

[9]　〈敷文閣學士宣奉大夫致仕贈特進汪公行狀〉，見樓鑰，《攻媿集》（四庫叢刊本）卷 88，頁 816。

[10]　黃小平，〈清代澎湖經營之研究〉，《大陸雜誌》第 50 卷第 4 期（民國 67 年 4 月），頁 10。

[11]　陳三井，〈從歷史淵源看臺灣與大陸的關係〉，見陳奇祿等著，《中國的臺灣》（臺北：中央文物供應社，1980 年版），頁 28。

[12]　李紹章，《澎湖縣志》（澎湖：澎湖縣政府出版，民國 49 年 4 月出版），頁 65。

之基地；後則在外患踵至，不斷入侵之下，終於喚起明廷對澎湖海防重要性之認識，不僅出兵驅敵，且駐兵戍守。南明時期，鄭氏王朝以臺灣為反清復明的根據地，見澎湖為臺灣屏障，亦置安撫司以鎮之。[13]總之，有明一代，澎湖歷史進入一個前所未有之遽變，澎湖海防地位隨著外患的進犯而水漲船高亦為不爭之事實。其中演變，饒富歷史探討價值，此乃筆者撰述本文之動機也。

本文之作，主旨有四：一為略敘歷代澎湖簡史，藉以知其在國史上之重要地位。二為論述澎湖於明代所扮演東西洋針路航線之角色，此角色實與其海防地位有密不可分的關係。三為以明代澎湖紛至沓來之外患侵略為主，詳論明廷於外患暫歇後的防澎舉措。四為總結有明一代澎湖群島之海防地位，兼亦評論其在中國東南海疆極具關鍵性的海防價值。

二、明以前澎湖歷史簡介

根據過去考古資料顯示，澎湖之史事，可上溯至新石器時代。在澎湖湖西鄉之良文港、白沙鄉之中屯村，後寮村等地，均曾發現粗、細繩紋陶片與石斧等物。[14]可見在 4、5 千年前，澎湖群島已有史前人類的足跡。其後變遷為何？古史不詳，然合理推測，其扮演古代大陸人民往來臺灣之跳板，當無疑義。

大陸之移民澎湖，究竟始於何時，史載不明。連橫《臺灣通史》〈開闢紀〉曰：「澎湖之有居人；尤遠在秦、漢之際。或曰：楚滅越；越之子孫遷於閩，流落海上；或居澎湖」。是澎湖之「與中國通也已

---

[13] 盛清沂等著，《臺灣史》（臺北：臺灣省文獻委員會編印，民國 82 年 8 月 1 版），頁 155。

[14] 宋文薰，〈臺灣西部史前文化的年代〉，《臺灣文獻》，第 16 卷第 4 期（民國 54 年 12 月），頁 144-155。

久」。[15]連氏之言，雖乏具體證據，然亦不無可能。蓋自春秋戰國以
降，中華文化已遍佈東南沿海，其地當時為東越族所居，與臺灣、
澎湖僅一衣帶水之隔，每逢大故，極有可能被迫亡走海上之事，何
況越人為古代習水之民族，故越人之移殖臺、澎甚有可能。[16]澎湖
因位處大陸與臺灣之間，且為大陸來臺必經之地，故其開發較臺為
早，乃理所當然。中國經略澎湖自何時始？史籍記載，可能始於隋
朝。《隋書》〈流求國傳〉記述：

　　「帝遣武賁郎將陳稜、朝請大夫張鎮州率兵自義安浮海擊之。
至高華嶼，又東行二日至龜鼊嶼，又一日便至流求。」[17]

　　論者謂：高華嶼即今澎湖群島中的花嶼；龜鼊嶼為今澎湖島東
北之奎壁山（或言奎壁嶼）。[18]唐代澎湖之情形若何？不得而知。以
唐代與海關係之密切，似不應絕無所悉。[19]唐憲宗時，詩人施肩吾
有〈島夷行〉，唯尚不能認為係題詠澎湖嶼之作；施氏全家移居澎湖
之說，更難為信。[20]

---

[15] 連橫，《臺灣通史》（臺北：幼獅文化事業公司印行，民國 68 年 8 月 4 版），頁 2。

[16] 同註 11，頁 19。

[17] 〈東夷列傳——流求國〉，見《隋書》卷 81（臺北：洪氏出版社印行，民國
　　63 年 7 月初版），頁 1825。又〈泉州清源郡〉亦言：「自州正東海行二日至
　　高華嶼，又二日至龜鼊嶼，又一日至流求國。」見《新唐書·地理志》卷 41
　　（臺北：洪氏出版社印行，民國 63 年 7 月初版），頁 1065。

[18] 「龜鼊嶼在國西（島在澎湖之北），水行一日；高華嶼（島在澎湖之南）在
　　國西，水行三日。二嶼陳稜率兵過此。」見〈琉球山川考〉，見《大明一統
　　志》，四庫全書，史部 231、地理類，473 冊（臺北：商務版，民國 54 年），
　　頁 580。另日人藤田豐八，校註《島夷誌略》云：「考高華嶼，即今花嶼；龜
　　鼊嶼，即今奎壁嶼。屬澎湖。」另見伊能嘉矩，《臺灣文化志》（東京：刀江
　　書院，昭和 40 年再版），頁 13。

[19] 蘇同炳言：「唐宋兩朝，中國的海外貿易都極為發達。在南宋時已為福建沿
　　海人民所習知的澎湖群島，在唐代也很有可能被往來海外的商船所發現。」
　　同註 6，頁 12-13。

[20] 郭廷以，《臺灣史事概說》（臺北：正中書局出版，民國 85 年 12 月重排本初
　　版），頁 8。

漢人最早來到澎湖的年代，最遲當不晚過北宋，極可能在唐末或唐宋之間；其時，來自大陸東南沿海的漁民，把澎湖當作一個臨時性的漁業基地或休憩地。[21]宋人王象之著《輿地紀勝》一書，曾引北宋徽宗宣和 2 年（1120）任泉州知府的陸藻〈陸守修城記〉云：「泉距京師五十有四驛；連海外之國，三十有六島。」[22]所謂「三十六島」，無疑是指澎湖，這是澎湖出現於文獻中最早的記錄，也是澎湖信史之始。[23]

又《閩海贈言》提到陳學伊的〈諭西夷記〉云：「聞之，澎湖在宋時，編戶甚繁。」[24]按所謂「編戶」，乃指官府列入戶口名冊之居民而言，是政府力量已到達其地之明證。而「甚繁」則表示當時已有不少的漢人居住，想非少數之暫泊漁民可比。澎湖於宋時既然居民甚繁，但又地處邊陲，孤懸海上，自易引來異族侵襲，因而有屯兵戍守之事。樓鑰《攻媿集》〈汪大猷行狀〉云：

「乾道七年（南宋孝宗）四月，起知泉州，到郡，……郡實瀕海，中有沙洲數萬頃，號平湖（即澎湖）。忽有島夷號毗舍耶者奄至，盡刈所種；他日又登岸殺略，禽四百餘人，殲其渠魁，餘分配諸郡。初則每遇南風，遣戍為備。更迭勞擾，公即其地造屋兩百餘間，遣將分屯，軍民以為便，不敢犯境。」[25]

---

[21] Tsang Cheng -hwa,"Archaeology of The p'eng -Hu Islands",Taipei: Institute of History and phiology，Academia Sinica , 1992, P228, 483。

[22] 王象之，《輿地紀勝》（臺北：文海出版社，民國 51 年）卷 130，頁 688。又曹永和，《臺灣早期歷史研究》（臺北：聯經版，民國 68 年 7 月初版），頁 100。

[23] 陳信雄，〈宋元澎湖人文活動的特色〉，《臺灣史研究暨史蹟維護研討會》（臺南：成功大學歷史學系，民國 79 年 6 月），頁 320。

[24] 陳學伊，〈諭西夷記〉，見沈有容輯刻，《閩海贈言》（方豪慎思堂景印本，民國 45 年），頁 20。

[25] 同註 9，頁 813。另見周必大，《文忠集》，四庫全書珍本 2 集（臺北：商務版，民國 54 年）卷 67，頁 5。

這是中國戍兵澎湖，見諸記載之始。且由《攻媿集》的記述，也可表示澎湖在當時已為中國人生活的空間領域，否則就沒有必要派兵戍防了，同時也顯示島上軍民已有相當的數量與力量。[26]南宋理宗寶慶元年（1225）泉州市舶使趙汝适撰《諸蕃志》書中明載：「泉有海島曰彭湖，隸晉江縣。」[27]第一句即直截了當說澎湖為泉州所有；第二句則明指它隸屬於晉江縣。這說明最遲至宋理宗時代，澎湖已正式納入中國版圖了。[28]

元初對海外經營非常積極，一再用兵占城、爪哇、日本，對於近在咫尺之臺灣（元稱「瑠求」），自不能無動於衷，故有兩次征臺之舉，唯均功敗垂成。[29]元代兩次企圖招諭臺灣雖然失敗，但位於大陸與臺灣間的澎湖群島之重要性卻引起元朝的注意。元順帝至元年間，正式於澎湖設置巡檢司，隸福建泉州府晉江縣管轄，此乃澎湖有官方建制之濫觴。[30]經過元朝的經略，國人對澎湖的墾拓更為發達，對澎湖群島的認識亦更趨進步。元至正年間，南昌人汪大淵在其所著之《島夷志略》一書，對澎湖曾有如下的記載：

「島分三十有六，巨細相間，坡壟相望，乃有七澳居其間，各得其名。自泉州順風二晝夜可至。有草無木，土瘠不宜禾稻。泉人結茅為屋居之。氣候常暖，風俗朴野，人多眉壽，男女穿長布衫，繫以土布。煮海為鹽，釀秫為酒，採魚、蝦、螺、蛤以佐食，熱牛糞以爨，魚膏為油。地產胡麻、菉豆。山羊之孳生、數萬為群，家

---

[26] 同註 1，頁 52。

[27] 趙汝适，《諸蕃志》（臺北：臺灣銀行經濟研究室編印，民國 50 年 9 月出版），頁 38。

[28] 方豪，〈宋代澎湖的開闢和中國主權的建立〉，見其著，《臺灣早期史綱》（臺北：學生書局出版，民國 83 年 8 月初版），頁 35。

[29] 陳碧笙，《臺灣人民歷史》（臺北：人間出版社出版，1996 年 12 月初版），頁 43-45。

[30] 鄭喜夫，〈臺灣最早的職官：陳信惠〉，《中央日報》（民國 61 年 7 月 4 日）。

以烙毛刻角為記，晝夜不收，各遂其生育。工商興販，以樂其利。地隸晉江縣，至元年間，立巡檢司，以周歲額辦鹽課中統鈔一十錠二十五兩，別無科差。」[31]

　　文中對澎湖之島嶼、地形、氣候、物產、移民籍貫、貿易、賦稅等，皆鉅細靡遺的描述非常詳細清楚。而「工商興販，以樂其利」，更可見其時拓殖之鼎盛。[32]

三、明代澎湖航線要衝之針路地位

　　明初，由於北方的蒙古仍是明帝國的嚴重威脅，同時又鑒於元代用兵日本、占城的失敗，所以太祖對於海外經略多採消極政策，[33]對東南海防亦不例外。洪武年間，太祖為防備倭寇及張士誠、方國珍殘部的騷擾，曾遣湯和在山東、江蘇、浙江沿海建城 59 座，又派周德興在福建沿海建城 19 座。這種只防海岸，不防海島的措施，目光是極其短淺的。[34]

　　洪武 20 年（1387），湯和再次巡視海上時，竟以澎湖「島民叛服難信」為由，下令裁撤設立已有一百多年的澎湖巡檢司，強迫所有居民遷入內地，[35]此即所謂的「墟澎」。[36]此一措施顯示明王朝統

---

[31] 汪大淵，〈島夷志略〉，見《流求與雞籠山》（臺北：臺灣銀行經濟研究室編印，民國 53 年），頁 37。

[32] 曹永和說：「島夷誌略彭湖條所說，在澎湖有『工商興販，以樂其利』，或者已指東洋針路與『東洋諸國』間營轉販貿易亦未可知。」見其著，《臺灣早期歷史研究》（臺北：聯經版，民國 68 年 7 月初版），頁 123。

[33] 黃大受，《臺灣史綱》（臺北：三民書局印行，民國 82 年 8 月 4 版），頁 26。

[34] 同註 29，頁 63。

[35] 「明初洪武五年（1372），湯信國（和）經略海上，以島民叛服難信，議徙之於近郭。二十年（1387），盡徙嶼民，廢巡檢司而墟其地。」見顧祖禹，《讀史方輿紀要》（臺北：新興書局，民國 45 年出版）卷 99，福建 5，澎湖嶼，頁 4096。

治者有一個非常錯誤的觀念，以為澎湖雖是中國的土地，但還不是
有兵防守的「汛地」，可以聽任外國人出入居住，無需加以干涉。
以澎湖為例，在墟澎之後，因為已成為「棄地」或「甌脫之地」，所
以儘管不斷有倭寇在那裡出沒活動，甚至據為進犯大陸沿海之巢
穴，明朝卻始終置之不問。[37]

　　職係之故，本來墟澎之動機原先是怕「居民恃險而不軌」，但墟
澎之後，反而「繼而不逞者潛聚其中，倭奴往來停泊取水，亦必經
此。」[38]故明初廢了巡檢司，墟澎之結果，換來的卻是海賊、倭寇、
和逃避徭役者嘯聚的反效果，根本喪失了墟澎的原義。[39]

　　其實，明朝初年的放棄澎湖，是個相當不智之舉，事實上澎湖
並不是毫無作用的，澎湖在海防上、交通上、漁業上都有其價值。[40]
以海防言之，由於其地位於海峽之中，如閩南海上一旦有事，澎湖
實為防衛者的前哨和攻擊者的跳板，極具戰略地位。早在南宋時，
當局對其軍事地理之性格，即甚注意，是故澎湖乃有「泉州外府」
之稱也。[41]

　　就漁業而論，舉凡沿海居民總須靠海維生，故明朝當局的這種
漁民被禁出海，而澎湖居民亦被迫遷居於內地之政策，自不能為居
民所恪守。尤以澎湖，因其地在海中，催科所不及，故其後自亦不免
有大陸上之逃亡漁戶隱匿其間，於是乎！澎湖又漸成為福建沿海漁民
的移居地和漁場。[42]而在交通位置上，澎湖的重要性更是無可取代。

---

[36] 同註5，頁41。
[37] 同註29，頁64。
[38] 同註35。
[39] 同註5，頁44。
[40] 同上註。
[41] 同註32：頁107。
[42] 臺灣史蹟研究會編，《臺灣叢談》（臺北：幼獅文化事業公司出版，民國 77
年 12 月 4 版），頁85。

在明代中國航海圖籍上，澎湖是航海線中必經之道，茅元儀撰《武備志》卷240 所收的〈自寶船廠開船從龍江關出水直抵外國諸番圖〉，圖中在金門千戶所、加禾千戶所對面有 6 個小島嶼，題的就是平湖嶼（即澎湖）。[43]《順風相送》抄本中，更詳細記載澎湖的針路。如：

「往彭湖。南風時，東牆，萊嶼開船，乙辰，十更見西嶼頭，入門內庵前拋船為妙。」

「又。北風時，萊嶼往彭湖前沙開船，辰巽及單翼，七更取西嶼及門內庵前為妙，拋船。」[44]

「南澳往彭湖，用乙卯，十五更取西嶼頭，若船身南邊打水十六七托，硬地，入門住船為妙。」

「回。用單西及庚酉，十更取彭湖山，收南澳為妙。」

「太武往呂宋，太武開船，辰巽，七更取彭湖山。己丙，更見虎仔山。單丙及己丙，六更取沙馬岐頭。單丙，二十更取筆架山，與大陸港口相對及紅豆嶼。」[45]

「表上放洋。若表上放洋，壬子二十更取射夷美大山。單子三更取紅荳嶼。丑癸十更是浯嶼洋。丑癸八更取沙馬岐頭。癸十一更取彭湖。壬亥七更取太武山浯嶼。」

按：「沙馬岐頭」，即今貓鼻頭，亦作貓鼻角，在鵝鑾鼻西北。「紅荳嶼」亦作紅頭嶼，今稱蘭嶼。[46]上述《順風相送》對澎湖針路的記載，可以證明澎湖在交通上之重要地位，它不僅是東洋航線上的必經之地，甚至也是大陸經巴士海峽往呂宋之必行之線。[47]所以誠如曹永和所說的：「澎湖因其地接近大陸，向南可達『西洋諸國』，

---

[43] 方豪，〈明代中國航海圖籍上所見臺澎諸島嶼與針路〉，同註28，頁56-57。
[44] 同上註，頁 59。
[45] 同上註，頁 60。
[46] 同上註。
[47] 同上註。

橫越到臺灣又可延伸到『東洋諸國』往北可通日本，為航海的要津，殆無疑義。」[48]

　　由上引各例，我們可以推知，澎湖因明廷棄之於版圖之外，反而復為海賊逃民蝟集之所，明朝雖墟澎，但又不能斷了和澎湖的關係，墟澎等於沒墟，嘉靖以後隨著倭寇、西人陸續入侵，明朝終究不得不戍防澎湖。[49]

四、明季澎湖的外患與海防地位之彰顯

（一）日本的侵略

　　16 世紀初葉以降，日本國內的階級鬥爭十分尖銳，各種政治力量重新分化組合，封建領主與廣大農民大眾的矛盾，領主與商業資本家的矛盾，各大小領主相互間的矛盾，再加上日本境域狹小而封建領主、商業資本家又貪欲無窮，這些日益尖銳的矛盾互相交織糾結，使得日本的商業資本於萌芽時就亟具侵略性。[50]

　　時值大航海時代，葡、西等國的東來，使得日本被迫加入當時的世界經濟及政治，而豐臣、德川兩氏統一國內的餘威，自亦容易成為積極向海外發展的勢力。在重商主義的誘因下，日本終於步上向外擴張的侵略道路。[51]而首當其衝的，即為與日本鄰近的這些國家及島嶼，如中國、朝鮮、琉球以及臺灣、澎湖。

　　明嘉靖年間，是中國大陸倭患最嚴重時期，其時倭寇、海盜頻起、荼毒東南沿海，海道不靖，明廷雖積極圍剿，但海盜、倭寇行

---

[48] 同註 32，頁 134。
[49] 同註 5，頁 44。
[50] 毛澤東，〈論新階段〉，《譯報》（1934 年），頁 12-13。
[51] 矢內原忠雄著，周憲文譯，《日本帝國主義下之臺灣》（臺北：帕米爾書店出版，民國 76 年 5 月再版），頁 50。

動飄忽不定，剿不勝剿，反助長其聲勢，一時未能消弭。[52]不僅如此，當時且有一部分倭寇更竄入臺灣、澎湖，在附近海面截劫商舶，把搶來的絲綢、磁器、胡椒、香料、白檀木等運往日本、琉球，冒充商品出售。[53]

迄於嘉靖末年至萬曆初年，倭患始為俞大猷、戚繼光等所戡平。倭寇在大陸既不能立足，其中有一部分逃至澎湖、臺灣，尤其趁澎湖撤廢巡檢司，無兵防守之際，每逢東北風盛發季節，倭船即由日本薩摩或五島出發，航至琉球、臺灣後，再看風勢變化，北風猛就進犯廣東，東風猛就進犯福建。故《籌海圖編》言：「其入寇則隨風所之，東北風猛則由薩摩或由五島至大小琉球，而視風之變遷；北多則犯廣東；東多則犯福建。」[54]又言：「澎湖島分鯮，或之泉州等處；或之梅花所、長樂等處。」[55]

據此而言，也許我們可以說，在嘉靖年間，倭寇騷擾沿海，澎湖還僅是倭奴往來、停泊取水必經之地的角色而已。故《東西洋考》卷 6〈外紀考〉「日本」條也說：「比年以來，無日不中倭，秋襲料羅，冬陷大金，春屯澎湖，大抵遭風飄搖，登岸取水，原非入犯。」[56]

然萬曆時，倭寇的窺伺澎湖，已是將澎湖視為據之以繼續進犯閩粵沿海的巢穴了。《明史》與《明實錄》屢記萬曆年初，倭寇入侵澎湖事，茲舉若干條為例。《明史》〈日本傳〉曰：

---

[52] 同註 42，頁 90。

[53] 同註 29，頁 66。

[54] 〈倭國事略〉，見胡宗憲著，《籌海圖編》卷 2，四庫全書珍本 5 集（臺北：商務版），轉引自曹永和，〈臺灣早期歷史研究〉，同註 32，頁 139。

[55] 同上註。

[56] 張燮，《東西洋考》卷 6，外紀考，日本條，見四庫全書，史部 352·地理類，594 冊（臺北：商務版，民國 54 年），頁 200。

萬曆八年，犯浙江韮山及福建澎湖、東湧。

萬曆九年二月，福建道御史安九域勘上倭犯彭湖等處功罪官
兵。先後犁倭船五，擒斬倭賊二十名顆，奪回被擄三十一名。

萬曆十年八月，兵部覆福建巡撫勞堪題：倭寇，一自北洋；
一自廣海突入。意在窺犯興化、漳南地方。又有夥船出沒東
湧、彭湖，欲圖聯勢劫掠，定係內地奸徒勾引。各官兵奮勇
撲勦兩賊皆勝。[57]

　　從上引各例，可知澎湖於嘉靖末萬曆初，已淪為倭寇，海盜聚
集之所，在角色上，且轉換成倭寇擾我東南海疆之基地了。[58]倭寇
的屢犯澎湖，逐漸引起明朝對澎湖海防地位的重視，萬曆 20 年
（1592）終於有人提議，朝廷不該放棄澎湖，於是有所謂「澎湖遊」
的設立。據何喬遠《閩書》的記載：

萬曆壬辰（1592），朝鮮告變，倭且南侵，議者謂不宜坐棄彭
湖，因設兵往戍之。其島週圍三十六嶼，北起北山，南盡八
鬥澳。北山、龍門港、丁字門、西嶼頭，倭要路也，曰要衝。
娘宮前蒔上澳曰次衝。春汛以清明前十日為期，駐三個月；
冬汛以霜降前十日為期，駐二個月。浯銅二寨，分兵為聲援。
汛畢，衝要地各有兵船哨守命，曰小防。[59]

　　由引文可知，萬曆年間，明廷的戍防澎湖並不是常駐軍隊，而
是派遣銅山、浯嶼 2 寨遊兵，分班到澎湖輪流戍守。戍期為春汛：

---

[57] 〈日本傳〉，見《明史》卷 322，列傳卷 210（臺北：商務版，民國 56 年 7
月臺 1 版），頁 32567。

[58] 《神宗萬曆實錄》，卷 127。

[59] 何喬遠，《閩書》（臺北：成文出版社，民國 60 年）卷 40，扞圉志，泉南遊
擊條，頁 142。

清明前 10 日（約陽曆 4 月 5 日）起，駐 3 個月。冬汛：霜降前 10 日（約陽曆 10 月 23 日）起，駐 2 個月。春汛、冬汛之外，還有水師防禦，水師以泉州為根據地，當時派往澎湖海域巡弋的水師戰艦有 20 艘，兵額約八百五十三名，歲餉約 7230 兩。[60]

另《閩書》又記澎湖嶼說：「嶼為泉州興化門戶，昔人於此防琉球，而今於此防倭，有汛兵守焉。」[61]由於澎湖海防地位重要，萬曆年間福建東海一帶海域，水師的巡弋，以澎湖的兵額最多，戰艦較大，而歲餉也是較多的。[62]雖說如此，但平情而言，不管海陸遊兵，明廷的這種僅靠「春秋巡警，有名無實」的措施，對澎湖及東南海疆的防衛仍是相當薄弱的。[63]是故，萬曆 20 年以降，當豐臣秀吉統一日本後，又思染指臺灣、澎湖。豐臣秀吉曾遣倭將欽門墩統船 2 百餘號，準備進犯澎湖、臺灣。徐學聚〈初報紅毛番疏〉說：「關白時，倭將欽門墩統舟二百，欲襲雞籠，據澎湖，窺我閩粵，幸先事設防，謀遂阻。」[64]

換言之，幸虧明朝事先防備得宜，在澎湖重新設置遊兵，方使豐臣之野心未能得逞。豐臣死後，德川家康幕府代興，野心更熾。先是有馬晴信的騷擾，侵犯澎湖，擄掠漁船，甚至以卑鄙手段髡澎湖漁民頭髮，冒充日人，押在雞籠為人質。[65]後為村山等安、明石道友等人的武裝肆虐，取道澎湖，攻擊臺灣，直到明軍派「游船追剿，為所敗。」[66]才暫時扼止住日本侵略臺、澎的兇燄。

---

[60] 方豪，〈明代倭寇在臺灣及附近的侵擾和中國的防剿〉，同註 28，頁 112-113。

[61] 同註 59，卷 7，方域志，晉江彭湖嶼條，頁 268。

[62] 同註 60。

[63] 林豪，《澎湖廳志》第 1 冊（臺北：臺灣銀行經濟研究室編印，民國 52 年 6 月出版），卷 5，武備，頁 136-137。

[64] 徐學聚，〈初報紅毛番疏〉，見許孚遠等編，《皇明經世文編》（臺北：國聯圖書出版有限公司，民國 53 年），卷 433，頁 627-639。

[65] 〈籌倭管見〉，載董應舉，《崇相集選錄》（臺北：臺灣銀行經濟研究室編印，民國 56 年 10 月出版），頁 11-14。

[66] 〈答韓璧老海道〉，載董應舉，《崇相集選錄》，同上註，頁 17-20。

　　由於日本一連串的製造臺、澎事件，尤其是澎湖在這個時期更是倭寇、海盜的巢穴，入犯之門戶。乃重新引起明朝當局對澎湖海防重要戰略地位的認識和警覺。章潢於《圖書編》曰：

　　……至于外島可略而言，在漳曰：南澳；在泉曰：彭湖；在興曰：湄州；在福曰：海壇。夫南澳有重鎮矣；海壇有遊兵矣；湄州在目睫之間，亦無所伏姦矣。脫有侵軼而竊據者其彭湖乎！夫彭湖遠在海外，去泉二千餘里。其山迂迴，有三十六嶼，羅列如排衙然。內澳可容千艘，又周遭平山為障，止一隘口，進不得方舟。今賊得先據，所謂一人守險，千人不能過者也。矧山水多礁，風信不常，吹之戰艦難久泊矣；而曰可以攻者否也。往民居恃險為不軌，乃徙而墟其地。今不可以民實之，明矣。若分兵以守，則兵分者於法為弱；遠輸者於法為貧。且絕島孤懸，混芒萬影，脫輸不足而援後時，是委軍以予敵也；而曰可以守者，否也。亦嘗測其水勢，沈舟則不盡其深，輸石則難扞其急；而曰可以塞者，亦非也。夫地利，我與賊共者也。塞不可，守不可，攻又不可，則將委之乎。惟謹修內治而已。法曰：佚能勞之，飽能饑之。賊之所資者糧食，所給者硝磺也。惟峻接濟之防，而敷陳整旅以需其至，則賊既失其所恃，而海上軍事又絕不相聞，雖舳艫軋艻，詎能為久赤頡謀哉？以我之逸，待賊之勞；以我之飽，待賊之饑，稍逼內地，則或給接濟，以掩擒，或假漁商而襲擊，此營平致敵之術也。法有不以兵勝而以計困者，此之謂也。[67]

---

[67] 章潢，《圖書編》，四庫全書，子部 276・類書類，970 冊（臺北：商務版，民國 54 年），頁 203。

同書卷 57〈海防條福建事宜〉亦云：

> 海上有三山，彭湖其一也。山界海洋之外，突兀迂迴，居然
> 天險，實與南澳、海壇並峙為三，島夷所必窺也。往林鳳、
> 何遷輝跳梁海上，潛伏于此。比倭夷入寇，亦往往藉為水國
> 焉。險要可知矣。今南澳有重師，海壇有遊兵，獨委此海賊，
> 豈計之得乎？愚謂不必更為益兵，以滋紛擾，惟就浯、銅兩
> 部各量捐其艦十之三，調其兵十之四，慎簡材官，部署其眾
> 往守之。又就漢人中，擇其黠而力者，署數人為長，以助我
> 兵聲援。遇有俘獲賞倍內地，其遇寇而不助聲援及觀望助寇
> 者，罰亦倍之。則有所覬而其氣激，有所畏而其志堅，漁人
> 皆兵矣。三山之犄角既成，五寨之門，萬不益困矣。[68]

又閩人謝杰撰《虔臺倭纂》一書也提到：

> 以海羈之通，而足食；以海防之設，而足兵，閩復何慮於倭
> 者？曰：閩而苦無食也。則彭湖也者，可寨而亦可田者也，
> 何為而棄之也？其險可據，據之以為城；其田可耕，耕之以
> 為食，觸非計乎？曰：是見其一，而未睹其二者也。彭湖石
> 田也。非南澳、海壇比也。雖云山環數百里，澳容千餘艘，
> 然去內地甚遠。既不可實之以民，又不可守之以兵。絕島孤
> 懸，茫茫萬頃，縱使得而田之，而養兵之費，猶將十倍，於
> 此所云，利什而害佰者也。其棄之非得已也。曰：民不可實
> 矣，兵則何為不可守？曰：分兵者於法為弱，遠輸者於法為
> 貧，是皆兵之所禁也，矧寇大至，糧輸兵援，一或後時，且
> 委軍以予敵，何論貧與弱也。曰：然則棄以質敵可乎？曰：

---

[68] 同上註，卷 57，海防條，福建事宜，頁 486-487。

內備既修，外禁既嚴，其在彭湖，猶其在日本耳。漢棄珠崖
亦其故事也。昔余之論廣曰：元氣既固，濠鏡非腹心之憂，
今余之論閩，亦曰：內治既嚴，彭湖非門庭之患。故善論治
者，治內而已矣。[69]

綜觀上述所言，可知在萬曆年間，明人對澎湖在海防上的價值
與重要性，已有相當程度的認識和了解。但仍有許多迂腐之見，認
為澎湖無食，故民不可實；而最終兵亦不可守於其地。[70]然亦另有
一派主張，以為既清楚澎湖海防地位之重要性，則應嚴加防守，以
固海疆。這派說法以許孚遠的看法最具代表，他認為應該在澎湖設
將屯兵，築城置營，且耕且守，以斷諸夷的入侵。萬曆 23 年（1595）
福建巡撫許孚遠的〈議處海壇疏〉云：

及查彭湖，屬晉江地面，遙峙海中，為東西二洋，暹羅、呂
宋、琉球、日本必經之地。其山周遭五、六百里，中多平原
曠野，膏腴之田，度可十萬，若於此設將屯兵，築城置營，
且耕且守，據海洋之要害，斷諸夷之往來，則尤為長駕遠馭
之策。[71]

其後亦為福建巡撫的金學曾也條陳：守要害，議節制，設應援，
明賞罰等防海四事。其一，守要害謂：「倭自浙犯閩，必自陳錢、南
麂分艐，臺、礵二山乃門戶重地，已令北路參將統舟師守之，惟彭
湖去泉州程僅一日，綿亙延袤，恐為倭據。議以南路遊擊，汛期往

---

[69] 謝杰，《虔臺倭纂》（玄覽堂叢書續集第 18 冊），轉引自曹永和，《臺灣早期
歷史研究》（臺北：聯經版，民國 68 年 7 月初版），頁 148-149。

[70] 同上註。

[71] 許孚遠，《敬和堂集》卷 6，載《皇明經世文編》（臺北：國聯圖書出版有限
公司，民國 53 年），卷 400，頁 653-666。

守。」[72]由此可知，明朝雖於萬曆年間已悉澎湖為閩省防海禦倭之要害，但對於是否要在澎湖戍兵防守仍搖擺不定，廷議分歧，雖有萬曆 25 年澎湖遊兵之設，但敷衍性質居多，迄於以後倭患加劇及荷、西的窺伺，競相爭逐，欲據以為基地，明廷在澎湖才有更進一步的增防久戍之舉。

（二）荷蘭二度佔據澎湖

16 世紀是西方航海殖民勢力紛紛由大西洋向印度洋和太平洋擴張的時期。明弘治 10 年（1497）葡人達伽瑪（Vasco da Gama）發現由歐洲經好望角直達東方的航路後，葡萄牙人進佔澳門，壟斷了東方貿易。他們航經臺灣海峽，遙望臺灣，譽之為「美麗之島」（Formosa），致「臺灣」之名，漸傳播於世界，也誘啟了歐人覬覦臺灣的野心。[73]隨後西班牙人尾隨東來，先據馬尼拉，也曾派船侵犯臺灣，未得逞。[74]萬曆 26 年（1598）夏，西班牙菲律賓當局派遣薩馬迪奧（Don Juan de Zamadio）率船 2 艘、兵 2 百餘名，前往臺灣偵察實情，但因途中遇暴風雨而返。[75]

繼葡、西之後為荷蘭，萬曆 30 年（1602）荷蘭於爪哇成立「東印度公司」，積極展開對東方的貿易活動。其時由於歐洲市場對中國生絲及瓷器商品的需求量很大，利潤頗高，使得他們亟思覓尋一處方便與中國互市交易的基地。[76]當時荷蘭心目中的基地有三：首先

---

[72] 《神宗萬曆實錄》卷 312。

[73] 程大學編著，《臺灣開發史》（臺北：眾文圖書公司印行，民國 83 年 5 月 1 版），頁 52。

[74] 曹永和，〈明鄭時期以前之臺灣〉，載黃富三、曹永和主編，《臺灣史論叢》（臺北：眾文圖書公司印行，民國 69 年 4 月出版），頁 52。

[75] 賴永祥，〈十七世紀西班牙人在臺灣的佈教〉，見其著，《臺灣史研究——初集》（臺北：三民書局出版，民國 59 年 10 月初版），頁 114。

[76] 同註 29，頁 78。

是葡萄牙殖民者佔據下的澳門，次為位於中國至呂宋航線中途的澎湖，又次則為距離商業中心略遠、但處於不設防狀態的臺灣。[77]其中以澎湖之位置最佳。

　　萬曆 32 年（1604）荷人利用奸商李錦、潘秀等之引導，由提督韋麻郎（Wijblaud Van Waerwijck）率艦 2 艘，直趨澎湖。[78]韋麻郎帶領船隊至澎湖時，正值春汛結束，澎湖島上無兵可守。所以韋麻郎如入無人之境，順利佔領澎湖，並準備「伐木築舍，為久居計。」[79]這是荷蘭第 1 次進犯澎湖。韋麻郎據澎湖後，福建官員曾多次派人到澎湖警告，韋麻郎不僅不肯撤退，反而派人向福建稅監高寀行賄。高寀接受賄賂後，派遣心腹前往澎湖，與荷蘭人秘密商議通商的條件。關於此事《東西洋考》卷 6〈外紀考〉有言：

> 澄人李錦者，久駐大泥，與荷蘭相習；而猾商潘秀、郭震亦在大泥，與荷蘭貿易往還。忽一日，與酋韋麻郎談中華事，錦曰：『若欲肥而橐，無以易漳者，漳故有彭湖嶼，在海外，可營而守也。』酋曰：『倘守臣不允，奈何？』錦曰：『寀璫在閩負金錢癖，若第善事之，璫特疏以聞，無不得諸者，守臣敢抗明詔哉？』……夷食指既動，不可耐，旋駕二巨艦及二中舟尾之而至。亡何，已次第抵彭湖，時萬曆三十二年七月也。[80]

　　另《明史》亦載：「而寀璫者已遣親信周之範馳諸海上，與夷訂盟，以三萬金為中貴人壽；貴人從中持之，盟已就。」[81]幸福建巡

77　同上註。
78　廖漢臣，〈韋麻郎入據澎湖考〉，《文獻專刊》創刊號（民國 38 年 8 月 15 日），頁 18。另見盛清沂，〈明代以前澎湖史事之探討〉，《臺灣文獻》第 27 卷第 1 期（民國 65 年 3 月 27 日），頁 261。
79　〈和蘭傳〉，《明史》卷 325，列傳 213，同註 57，頁 32605。
80　同註 56。頁 203-204。
81　同註 79，頁 32606。

撫徐學聚堅決反對荷蘭人占有澎湖，他認為這是自撤藩籬，會導致
荷蘭與日本相互勾結，貽害無窮。同時，如果讓荷蘭人占據澎湖，
也會嚴重影響福建的貿易和關稅。為此徐學聚一方面上疏皇帝，一
方面命令沿海各地加強防守，並派總兵施德政負責驅逐荷蘭侵略
者。[82]

　　10月，施德政派遣都司沈有容帶兵到澎湖，沈有容，字士弘，
號寧海，安徽宣城人，萬曆7年的武舉人，平生喜劍馬，精研兵法；
後入軍籍。先在北方遼薊一帶防邊，後到閩浙負責海防，以在閩海
時間較久。[83]沈有容奉命後，率兵艦20餘艘（一說50艘），帶著被
釋放的翻譯林玉，不改英雄本色，於北風濁浪排空的冬天，直抵澎
湖，親至荷蘭晤韋麻郎，明確表示不准通商，並要求韋麻郎立即撤
離。雙方劍拔弩張，氣氛緊張，大有一觸即發之勢。

　　《澎湖廳志》言：「會總兵施德政令都司沈有容將兵往諭，有容
負膽智，大聲論說，夷人露刃相詰，有容無所懼，盛氣與辯，酋心
折曰：我從不聞此言。時，撫按嚴禁奸民接濟，酋乃去。」[84]沈有
容的諭退侵澎荷蘭人，使得韋麻郎不得不於12月15日退走，近人
方豪譽為其畢生最大的功勳。[85]至今澎湖馬公仍存有「沈有容諭退
紅毛番韋麻郎碑」。[86]

　　韋麻郎的撤走，並不代表荷蘭人放棄了侵占澎湖的野心，因為
就地理位置言，澎湖的確十分優越。它的西面正對著當年大陸東南

---

[82] 陳孔立主編，《臺灣歷史綱要》（臺北：人間出版社出版，1997年9月初版），
　　頁33。

[83] 〈沈有容傳〉，《明史》卷270，列傳158，同註57，頁31891。

[84] 林豪，《澎湖廳志》第3冊（臺北：臺灣銀行經濟研究室編印，民國52年6
　　月出版），卷11，舊事，頁352。

[85] 方豪，〈沈有容在臺澎及附近的功績〉，同註28，頁121。

[86] 黃玉齋，〈元明兩代與臺澎〉，《臺灣文獻》第21卷第3期（民國59年9月），
　　頁81。

兩個重要的海上貿易商港月港和南澳港。占領澎湖就可以控制中國
商品的貨源，打開對華貿易的大門。其次，澎湖向北可航行到日本、
朝鮮各國，向南可抵達南洋各地，是太平洋西海岸航道的咽喉，有
利於掌握南北航路和遠東貿易。所以荷蘭殖民者雖然被迫從澎湖撤
退，但仍時時窺伺此一地區。

　　天啟 2 年（1622）6 月，荷蘭再度捲土重來，以雷約茲（Conelius
Reyertsz）為遠征艦隊司令，率領荷艦 12 艘、英艦 2 艘、侵略軍一
千名，再次侵入澎湖。29 日抵達澎湖島，7 月 11 日進入馬公港。[87]
8 月 1 日，入侵者荷蘭決定在澎湖風櫃尾築城據守。[88]雷約茲占領
澎湖後，旋派荷商梅德特（Hans Van Meldert）前往對岸，向守備
王夢熊呈文並請轉福建巡撫商周祚，要求通商。商周祚要他們撤
出澎湖，否則不與貿易。荷蘭見計未得逞，乃決定以武力強迫通
市。[89]

　　10 月，荷蘭以澎湖為基地，派軍官紐羅地（Van Nieuweroode）
率兵艦攻擊廈門，騷擾東南沿海，從而引起了明朝的嚴重不安。[90]天
啟 3 年（1623）7 月，南居益繼任福建巡撫，他一面下令沿海戒嚴，
任何人不得與荷蘭貿易，另一方面則整頓營伍，操練水師，積極準
備渡海以武力對付。[91]於此同時，荷蘭亦在澎湖大興土木，修築城
堡。他們驅使漁民做苦工，分別於風櫃尾、金龜頭、蒔裏、白沙、
漁翁、八罩諸島興建城堡，方形每邊約 56 公尺，設砲 29 門，以為

---

[87] 郭輝譯，《巴達維亞城日記》第 1 冊（臺北：臺灣省文獻委員會，民國 59 年
　　6 月），頁 8。
[88] 同上註，頁 9-11。
[89] 同上註，頁 12-13。
[90] 如福建巡撫商周祚奏：「紅夷自六月入我彭湖，專人求市，辭尚恭順。及見所
　　請不允，突駕五舟犯我六敖。六敖逼近漳浦，勢甚岌岌。」見《明季荷蘭人侵
　　據彭湖殘檔》（臺北：臺灣銀行經濟研究室編印，民國 51 年 8 月出版），頁 1。
[91] 同註 82，頁 35。

久據之計。[92]每天發的口糧不足半斤，「城堡未築成前，中國夫役一千五百人中，餓死了一千三百人。」[93]城堡築成後，又把剩下沒有死的人運到巴達維亞賣作奴隸。[94]中途死者殆半，這是荷蘭侵略者，對澎湖先民最殘忍最野蠻的行為。

天啟 4 年（1624）2 月 8 日，守備王夢熊率領舟師，從澎湖北部吉貝嶼登陸，經白沙島突入鎮海港，荷人不支，退守風櫃城。[95]5 月，南居益命令副將俞咨皋等到達澎湖，占領山崗，對荷蘭形成包圍之勢，雙方形成僵持。8 月，荷蘭新任艦隊司令宋克（Martins Sonck）眼見明朝兵艦佈滿海上，人數更增至萬人。[96]由於彼此實力相差懸殊，荷人亦瞭解情勢對其不利，乃決定接受中國海商李旦的斡旋，從澎湖撤走，福建當局則允許其到臺灣貿易。[97]經與俞咨皋達成協議後，荷蘭於 8 月 26 日開始拆城，撤離澎湖。[98]

荷蘭的兩度侵佔澎湖，經於使明朝知道澎湖的重要性，及失去澎湖在海防上的嚴重後果。所謂「彭湖盈盈一水，去興化一日水程，去漳、泉二郡只四、五十里。於此互市，而且因山為城，據海為池，可不為之寒心哉？且閩以魚船為利，往浙、往粵，市溫、潮米穀又不知幾十萬石；今夷據中流，魚船不通，米價騰貴，可虞一也。」[99]

---

[92] James W.Davidson, The Island of Formosa: Past and Present (Taipei: SMC. Publishing Inc.1992), PP13-14.

[93] 《明實錄閩海關係史料》（臺北：臺灣銀行經濟研究室編印，民國 60 年 10 月出版），頁 131-132。

[94] 蘇同炳，〈明天啟間荷蘭侵擾澎湖史事証補〉，《史聯雜誌》第 12 期（臺北：中華民國臺灣史蹟研究中心，民國 77 年 7 月），頁 40。

[95] 〈兩朝從信錄〉，同註 93，頁 135。

[96] 村上直次郎著，石萬壽譯，〈熱蘭遮城築城始末〉，《臺灣文獻》第 26 卷第 3 期（民國 64 年 9 月 27 日），頁 115。

[97] 包樂詩，〈明末澎湖史事探討〉，《臺灣文獻》第 24 卷第 3 期（民國 62 年 9 月 20 日），頁 49。

[98] 同註 96。

[99] 〈南京湖廣道御史游鳳翔奏〉，同註 90，頁 4。

又「狡夷犯順，占據澎湖，名為求市，大肆焚劫。自天啟二年發難以來，洋販不通，海運梗塞，漳、泉諸郡已坐困矣，而又加以亡命嘯聚，勾引嚮導，料羅、古雷各地方，夷實逼處，失事屢告，致廑廟堂南顧之憂，此全閩一大患害也。」[100]

職係之故，在荷蘭撤離澎湖後，明廷開始認真考慮澎湖防衛之事，福建巡撫南居益即主張固守澎湖，其在奏捷疏云：「惟是狡夷數十年流劫求市之念未歇，驅之使去，不能保其不來。備火舟，製大砲，嚴守彭湖，防禦內地，來則急擊，去勿窮追；俾進無所獲，退無巢穴可依，勝算在我，海氛可從此肅清矣。」[101]澎湖為漳、泉門戶，閩南藩籬重地之海防價值，始逐漸為明朝所重視。

（三）海上武裝集團的崛起

從 16 世紀的四〇年代開始，隨著大陸東南沿海商業資本的勃興，閩浙粵海上和臺澎地區相繼出現了許多強大的海上武裝集團，舊史一般咸稱之為「海寇」或「海盜」。這些武裝集團往往擁有數以百計的船艦，幾百、幾千乃至萬人以上的兵力以及許多精良的火器，縱橫海上，屢敗官軍。前後長達一百年，這在中國歷史上是前所未有的。[102]他們一般活動範圍大部分集中在閩、浙、粵三省海面流竄，只有在形勢對其極端不利時才會退到臺澎地區去，在那裡休養補充，等候時機，或者回航大陸，或者逃往東南亞。據各書記載，在16 世紀中葉到 17 世紀中葉的大約一百年間，在澎湖活動過的海上武裝集團有嘉靖 32 年，海寇窟穴澎湖。[103]

---

[100] 〈彭湖平夷功次殘稿（二）〉，同註90，頁 15。
[101] 〈福建巡撫南居益奏捷疏殘稿〉，同註90，頁 7。
[102] 同註29，頁 53-54。
[103] 懷蔭布纂，《泉州府志》（臺南：民國 53 年）卷 30，名宦，明泉州知府，童漢臣，頁 18。

　　翌年，漳賊許老亦結巢於澎湖。[104]而嘉靖 35 年（1556）的林道乾更是其中最著者。林道乾，廣東惠來人，曾與許朝光、吳平、曾一本、朱良寶聯合，多次攻掠閩粵沿海。[105]其後為總兵俞大猷所敗，乃於 42 年（1563）竄據澎湖，尋投東番。[106]俞率軍追至澎湖，不敢進，留偏師駐守。[107]

　　萬曆朝澎湖之海盜，除萬曆 4 年（1576）林道乾復聚大夥倭船百餘艘，乘風騷擾澎湖外。[108]最有名者為林鳳。林鳳，廣東饒平人，為與林道乾同時期之另一巨寇，萬曆元年（1573）勢已猖獗。[109]翌年，攻掠福建沿海，為總兵胡守仁所敗，林鳳「擁其黨萬人東走澎湖，福建總兵胡守仁追逐之。」[110]同年冬，林鳳自澎湖逃往東番魍港。[111]且率戰艦 62 艘，男丁三千人，婦女多人及工匠多名南航呂宋，攻擊西班牙佔領下之馬尼拉，惟未能佔領該地。[112]此外，萬曆 8 年（1580）海寇曾一本，亦曾勾結倭人屯於日本，往來剽掠。[113]天啟年間，聚集澎湖的海上武裝集團有天啟 5 年（1625）的顏思齊，往來臺、澎諸島，縱橫海上。[114]

---

[104] 王忬，〈奏復沿海逃亡軍士餘剩糧疏〉，見卜大同輯，《備倭圖記》，轉引自曹永和，《臺灣早期歷史研究》，同註 69，頁 140。

[105] 邱勝安，《臺灣史話》（臺北：黎明版，民國 81 年 6 月初版），頁 18。

[106] 張增信，〈明季東南海寇與巢外風氣〉，載張炎憲主編，《中國海洋發展史論文集》第 3 輯（臺北：中央研究院三民主義研究所，民國 77 年 12 月出版），頁 327。

[107] 高拱乾，《臺灣府志》第 1 冊（臺北：臺灣銀行經濟研究室編印，民國 49 年 2 月出版），頁 28。

[108] 同註 93，頁 75。

[109] 同上註。

[110] 同上註，頁 77。

[111] 同上註。

[112] 中村孝志著，賴永祥譯，〈近代史臺灣〉，見賴永祥著，《臺灣史研究──初集》，同註 75，頁 13。

[113] 王必昌，《重修臺灣縣志》（臺北：臺灣銀行經濟研究室編印，民國 50 年）卷 15，雜記，詳異兵燹，頁 549。

[114] 同註 5，頁 51。

　　然較著者則為劉香。劉香，一作劉香老，福建海澄人，實力在當時僅次於鄭芝龍，天啟 6 年（1626）與芝龍分手後，自率一股南下粵海活動，迅速擴展至萬餘人。天啟 14 年（1634）4 月，曾率艦 50 艘襲擊荷蘭占據下之熱蘭遮城，不克，退往打鼓、堯港，轉而進攻澎湖，截捕葡萄牙船舶，封鎮澳門，聲勢頗大，後為鄭芝龍所滅。[115]此外如萬曆 18 年（1590）左右，大海商林錦吾由福建往販澎湖，互市北港，所謂「奸民日往如鶩」。[116]其「泊北港之局，牢固不拔」。[117]崇禎元年（1628）海寇李魁奇亦蝟集澎湖，候劫呂宋船。[118]

　　綜述嘉靖、萬曆、天啟、崇禎四朝海上武裝集團的肆虐侵擾澎湖，很清楚的可以看出澎湖角色功能的轉變，先為海盜、倭奴往來停泊之歇腳處，繼而淪為盜賊逃亡聚集之淵藪，後且變為勾引接濟剽掠中國大陸沿海及東南亞之基地。至此，澎湖海防地位問題，又再度被朝廷提及。《皇朝經世文編》卷 353〈塗中丞軍務集錄〉記福建巡撫塗澤民致俞、李二總兵函，亦曾提到曾一本，認為一本可逃往之處，不外澎湖，臺灣和日本。函中又云：「此賊北來圖遁之地有三：一、彭湖；一、小琉球；一、倭國。彭湖死地，水米難繼，此策之下者也，為官兵數月之憂；小琉球可濟水米，夷人不從彼，惟自去自來，此策之中者也，為兩省數年之憂。若入倭國勾引，則既通水米，又得附從，為國家無窮之憂矣！」[119]

　　顧炎武的《天下郡國利病書》後來也中肯論述到：「彭湖一島，在漳、泉遠洋之外；鄰界東番，順風乘潮，自料羅開始，二晝夜始

---

[115] 同註 29，頁 57。
[116] 同註 106，頁 334。
[117] 陳第，〈東番記〉，見沈有容輯刻，《閩海贈言》，同註 24，頁 24-27。
[118] 同註 5，頁 51。
[119]〈塗中丞軍務集錄〉，載許孚遠等編，《皇明經世文編》（臺北：國聯圖書出版有限公司，民國 53 年）卷 353，頁 141。

至。山形平衍，東南約十五里，南北約二十里，周圍小嶼頗多。先年原有民居，隸以六巡司。國初徙其民而虛其地。自是長為盜賊假息淵藪，倭奴往來，停泊取水必經之要害。嘉、隆之際，萬曆初年，海寇曾一本、林鳳輩，嘗嘯聚往來，分艙入寇，至煩大舉搗之，始平。」[120]炎武之論，可謂具體點出明季澎湖角色之變化矣！也因此，終於促使明朝決定積極防澎之決心。陳仁錫的《皇明世法錄》云：「萬曆丁酉（1597），始議設遊兵，春冬往汛守，迨丁巳（1617）倭入犯龍門港，遂有長戍之令，兼增衝鋒遊兵以厚其勢。」[121]

顧祖禹之《讀史方輿紀要》也同樣記載：「萬曆二十年倭犯朝鮮。哨者云：將侵雞籠、淡水。雞籠密邇澎湖，於是議設兵戍險。二十五年增設遊兵，春冬汛守。四十五年倭人犯龍門港，遂有長戍之令，兼增衝鋒遊兵，以厚其勢。」[122]由上可見，明廷在澎湖的增防長戍之舉，是建立在澎湖不斷的遭遇倭寇、海盜、荷日等侵略的痛苦經驗上。

五、明代之防澎及其措施

明初自洪武年間「墟澎」後，第一次有軍隊至澎湖乃嘉靖42年（1563）俞大猷為追剿海盜林道乾，率師過澎湖，後因道乾遁臺灣，俞乃留偏師戍守澎湖，並不時派水師到鹿耳門外巡哨。[123]唯未幾，因道乾遠走大泥，澎湖之偏師亦罷。此後一直到萬曆20年（1592）間，只有每值汛期，才由每一個汛，撥船2隻到澎湖附近海域巡弋，

---

[120] 顧炎武，《天下郡國利病書》（臺北：商務版）第 26 冊，福建，頁 1303。

[121] 陳仁錫，《皇明世法錄》（臺北：學生書局，民國 54 年），第 4 冊，卷 75，海防，彭湖圖說，頁 11(9)-13(9)。

[122] 顧祖禹，《讀史方輿紀要》（臺北：新興書局，民國 45 年）卷 99，頁 4096。

[123] 同註 5，頁 52。

然這只是分哨性質。[124]萬曆 20 年後，鑒於澎湖海上多事，閩海風雲緊急，明廷決定防守澎湖，當時鎮以二遊，即一千六百人，列以 40 艘船。[125]

　　唯此種編制仍屬暫時性的，每於海事稍平後，駐守的明軍也就撤離了。24 年（1596）日本侵略朝鮮，明朝為確保東南海疆，巡撫金學曾，委分守張鼎司、都司鄧鍾至各汛地考察。以澎湖海防地位重要，建議在澎湖設遊兵，使寨和遊的正兵和奇兵可以相互配合，以收防範盜賊與海寇之蠢動。25 年（1597）的冬天，明正式於澎湖設遊兵，初為「一遊一總四哨，冬鳥船二十艘，日兵八百有奇。」[126]翌年又以一遊兵力嫌單薄，復增一遊，並使海壇、南日、浯嶼、浯銅、銅山、南澳諸寨遊，各抽哨官一人，領 3 艘船於汛期時到澎湖巡汛，以壯聲勢。[127]

　　惜後來因兵丁薪餉出了問題，防澎之士卒乃裁撤大半。萬曆 45 年（1617）倭人的再次入寇澎湖，使明廷打算經年戍守澎湖，特別加了 1 遊衝鋒兵以恢復原來二遊的軍事力量，然萬曆末，又因他故而裁掉八百人。[128]綜上可知，萬曆年間，明朝的守澎心態及防衛措施十分不穩定，兵數時多時少，防衛時守時不守，比較完整的防澎制度，一直要到南居益驅荷後才告穩定。[129]

　　荷人退據臺灣之後，澎湖在海防上之重要地位已毋庸置疑。時有閩人沈鈇者，於荷蘭東去臺灣後，嘗上書巡撫南居益，〈議建澎湖

---

[124] 林焜熿，《金門志》（臺北：中華叢書委員會，民國 45 年）卷 5，兵防志，明兵制，頁 79。

[125] 黃承玄，〈條議海防事宜疏〉，收入許孚遠等編，《皇明經世文編》（臺北：國聯圖書出版有限公司，民國 53 年）卷 479，頁 3。

[126] 林豪，《澎湖廳志》第 1 冊，同註 63，頁 136。

[127] 同註 5，頁 52。

[128] 沈定均纂，《漳州府志》（臺南：民國 53 年）卷 46，藝文 6，頁 13-18。

[129] 同註 127。

城堡置將屯兵永為重鎮書〉云：「謹陳為澎湖處置起基善後永固閩疆
事……若澎湖一島，雖僻居海外，實漳泉門戶也。莫道紅夷灣泊，
即自日本東西洋呂宋諸夷所必經焉。地最險要，山尤平坦，南有港
門直通西洋，紅夷築城據之。北有港門名鎮海港，官兵渡澎據之……
今欲使紅夷不敢去往澎湖城，諸夷不得往來澎湖港，其策有六：一
曰、專設游擊一員，鎮守湖內。二曰、招募精兵二千餘名，環守湖
外。三曰、造大船、製火器，備用防守。四曰、招集兵民，開墾山
海，以助糧食。五曰、議設公署營房，以爰官兵。六曰、議通東西
洋呂宋商船，以備緩急。」[130]

　　沈鈇此書不惟瞭然澎湖之海防地位，保澎湖即為保漳、泉，所
以朝廷應建城堡、置屯兵，永固閩疆。繼沈鈇後，天啟 5 年（1625）
4 月，太子太保兵部尚書趙等所條陳之澎湖善後事宜更為具體，節
錄其要點有三：（一）澎湖應專設遊擊一員，轄二遊兵、二把總。（二）
澎湖舊有兵額僅九百三十五名，須再增一千一百六十九名，共二千
一百零四名。計陸兵一千二百四十七名，水兵八百五十七名，船 49
隻。（三）澎湖最險要地點是媽宮和暗澳，兩山對峙，左為風櫃仔，
右為西安，水面相距只 570 餘丈。「而案山鼎立，其中最稱要害。此
夷向日據此，以與我爭者也。向為夷之所必爭，今為吾之所必守。」
所以主張在風櫃、西安、案山 3 處各築銃城 1 座。風櫃舊址，稍修
即可用；西安、案山兩座須新築銃臺，約共需銀 3 百餘兩。[131]

　　由於澎湖海防地位重要性之彰顯，明廷接受了兵部所提的這一
計劃，並委澎湖遊擊王夢熊負責築暗澳城及案山、西安銃城。[132]以

---

[130] 沈鈇，〈議建澎湖城堡置將屯兵永為重鎮書〉，林豪，《澎湖廳志》第 3 冊，
　　卷 13，藝文（中），同註 84，頁 407-408。
[131] 兵部題行，〈條陳彭湖善後事宜〉殘稿（2），見《明季荷蘭人侵據彭湖殘檔》，
　　同註 90，頁 20-23。
[132] 曹永和，〈澎湖之紅毛城與天啟明城〉，收入《澎湖開拓史學術研討會實錄》

加強澎湖的守備，從此移民日多。[133]然可惜的是，好景不常，天啟年間的這些措施，至崇禎初年又廢棄了，我們由崇禎年間盜賊在澎湖的猖獗情況，可見一斑。[134]

六、明鄭與澎湖

天啟、崇禎年間，東北女真崛起，連年入侵，明朝拙於應付，疲於奔命。自然無暇顧及東南海疆的澎湖群島，也因此，澎湖又再度淪為盜賊的巢穴。當時明朝既已無力控制澎湖，住在澎湖之商民，為了對付海賊的進犯，反而借助荷蘭的力量以抵禦之。[135]此舉表示明廷雖未放棄澎湖，但實際上澎湖已脫離了明朝的掌握。南明時代，澎湖幾乎又歸荷屬。[136]

永曆 13 年（1659），鄭成功曾派部下駐守澎湖，15 年 2 月，鄭成功由料羅出發到達澎湖，將軍隊分駐澎湖島嶼，成功本人則駐紮蒔裏，準備候風直下鹿耳門。[137]等待期間，成功巡視了澎湖諸島的形勢，立即知道澎湖的重要性，乃決定守澎湖。永曆 16 年（1662），成功歿後，其子鄭經繼承父業，於永曆 18 年（1664）春偕洪旭等人遍勘澎湖諸島，洪旭認為澎湖乃臺灣的門戶，上可通浙江、遼東、日本，下可到廣東、交趾、暹羅，應該要嚴加防守。鄭經接納洪氏之議，乃在媽祖宮設立營壘，中間建有砲臺，並派薛進思、戴捷、

（澎湖：澎湖縣立文化中心編印，民國 78 年 6 月出版），頁 148。

[133] 李紹章，《澎湖縣志》（上）（澎湖：澎湖縣政府出版，民國 49 年 4 月出版）卷 3，人民志，頁 89。

[134] 同註 5，頁 55。

[135] 同上註，頁 55-56。

[136] 同上註。

[137] 江日昇，《臺灣外紀》（臺北：臺灣銀行經濟研究室編印，民國 49 年）卷 11，順治 18 年，頁 194。

林陞等人鎮守，每 4 個月輪調 1 次，同年 4 月，且在澎湖正式設立安撫司。[138]

永曆 19 年（1665），鄭經聞施琅將攻臺、澎，為守住臺灣門戶澎湖，鄭經遣顏望忠守澎湖，並令洪旭抽各鎮屯田者十之三，及勇衛侍衛各半旅，約一萬人之眾，與大炷船 20 隻、烏船、趕繒船各 10 艘到澎湖去，且修復娘媽宮砲臺以迎敵。後因施琅大軍被風吹散未至，顏氏又將帶來澎湖之兵調回臺灣。次年陳永華以屯田為重，決定撤銷駐守澎湖之重兵，只留 1 鎮，澎湖防衛力量又趨薄弱。[139]

三藩亂時，鄭經與耿精忠聯合抗清，召兵修船，停泊澎湖以待命，康熙 19 年（1680）鄭經反清失敗，在大陸之地全失。不得已，先是與馮錫範等棲息澎湖，後返臺灣，但訝異的是竟然不留一兵一卒守澎湖。[140]康熙 20 年（1681）鄭經死，為了阻止清人趁機犯澎，鄭克塽嗣立後，立即遣董騰率船 15 隻前往澎湖設險。[141]後因探得清以施琅為福建水師提督，準備渡海攻臺，為恐澎湖防務空虛，馮錫範乃建議派劉國軒到澎湖戍守。[142]

康熙 22 年（1683）6 月 14 日，施琅率艦 6 百艘，兵士六萬人，大舉進犯澎湖。劉國軒亦細心戍守，除就原修砲臺加以整理外，還沿岸築壘，環繞 20 餘里，並以二萬兵守牛心灣、一萬守雞籠嶼，互為犄角。[143]

---

[138] 楊英，《從征實錄》（臺北：臺灣銀行經濟研究室編印，民國 47 年 11 月），頁 189。

[139] 同註 5，頁 58-59。

[140] 夏琳，《海紀輯要》（臺北：臺灣銀行經濟研究室編印，民國 47 年 6 月），頁 40。

[141] 川口長孺，《臺灣鄭氏紀事》（臺北：臺灣銀行經濟研究室編印，民國 47 年 1 月出版），頁 70。

[142] 郭廷以，《臺灣史事概說》（臺北：正中書局出版，民國 85 年 12 月重排本初版），頁 109-110。

[143] 同註 5，頁 60。

　　施琅何以選定澎湖為征臺之前哨呢？其故不外：第一、澎湖是
臺灣的門戶和咽喉，澎湖一打下，就可以逼近鄭軍，控制其通海之
路，促使鄭軍「不戰自潰」；如果鄭軍繼續頑抗，仍可以澎湖為基地，
或在海面封鎖，或竟登陸襲擊，進取退守，立於不敗之地。誠如事
後其所言：「澎湖一得，更知賊勢虛實。倘逆孽退守臺灣，死據要口，
我師暫屯澎湖，扼要吭、拊其背，逼近巢穴，內謀自應。」[144]

　　第二、澎湖是進攻臺灣的天然跳板，它位於臺灣海峽的中途而
偏東，西距金廈約 220 公里，航程七更，東抵臺南約 50 公里，航程
四更，清軍駛抵澎湖，已經完成了三分之二左右的渡海航程，可以
在那裏休整補充，養精蓄銳，相機進取。第三、澎湖有許多港灣可
以寄泊，而且島嶼分散，地勢低平，守軍防禦難周，也比港路險惡，
地形複雜的臺灣易於攻佔。[145]

　　施琅既知澎湖在軍事上、海防上之重要性，劉國軒豈能不知，
奈何因臺灣的糧餉不夠充裕，兼以劉國軒在佈署上有疏失，及劉
部的實力遠遜於施的諸多不利條件因素下，善戰如劉國軒者，終
不免先勝後敗，澎湖一失，鄭氏在臺灣之政權最後終於冰消瓦解
了。[146]

　　澎湖自古即以軍事重鎮見稱，明鄭的開府「東都」，更以澎湖
為屏障門戶，明鄭末期為防清兵來襲，劉國軒在澎湖築風櫃尾、四
角山、雞籠嶼、東峙、西峙、牛心灣、內外塹、西嶼頭、虎井、
桶盤各砲臺，於馬公置城一座，外加女牆、壕溝，安設砲位，星
羅棋佈，防備嚴密周全列陣以待敵，最後雖然兵敗納土以降，但

---

[144] 施琅，〈飛報澎湖大捷疏〉，《靖海紀事》（臺北：臺灣銀行經濟研究室編印，
　　民國 47 年 2 月），頁 27。
[145] 同註 29，頁 120。
[146] 同註 5，頁 60。

鄭氏對澎湖的防衛，多少影響了以後清代的防澎政策。且因屯戍重
兵設立營壘，對澎湖有了較全面性的開拓與經營，影響後來是極其
深遠的。

七、結論──兼述澎湖群島之海防價值

　　總結有明一代，澎湖海防地位之演變，吾人可以清楚的歸納其
特點有四：第一、就澎湖海防地位的變遷而言，明廷對澎湖海防地
位之認識與重視，是與其紛至沓來的外患侵略成正比。換言之，從
明初的「墟澎」到中期逐漸瞭解其重要性迄於末葉的防澎，澎湖海
防地位正經此三變，才逐漸加重。第二、就明代防澎的心態及措施
言之，明代的防澎主要之目的為鞏固東南海疆及嚴防海寇和外人的
入侵，只要海防告緊，外患騷擾，明朝對澎湖就採取較積極的防禦
政策；但若是海事弭平，閩海風雲暫歇，明朝對澎湖即以消極態度
待之，駐澎遊兵屢設屢裁，即為明證。

　　當然明朝雖知澎湖海防地位重要，但何以仍缺乏一套對澎湖長
久戍防之制度，一方面除朝廷鬆散之錯誤心態外，另一方面亦是澎
湖本身地理環境使然。近人李紹章於《澎湖縣志》即言：「明代澎湖
屢駐偏師遊兵，而又均未幾裁去，任由海寇盤據，足證當時海防之
失敗。惟其裁廢癥結，則在澎湖孤懸海外，兵少寡援，難以防守；
兵多食眾，又接濟不易。」[147]

　　李氏之言乃係事實，《金門志》亦曾記載貢生洪受的〈議建中軍
鎮料羅書〉云：「……澎湖去漳泉四百里，而礁澳險隘，海波洶湧……
浯洲（金門）則係漳泉門戶，地關民眾，雞犬相聞……又何舍內藏，
齎盜糧，而戍不耕之地（澎湖）哉。故就防守論，則澎難於浯，就

---

[147] 同註12，頁66。

要害論，則涫急於澎。」[148]此言頗能代表當時主張棄守澎湖的一般見解。

大體說來，明代防澎的措施，原是由水師按汛期一年兩次到澎湖汛守。（當時澎湖有 4 汛）；後來又加上陸軍，統以遊擊守澎湖。然較積極成防澎湖，則為天啟年間驅荷後的短短幾年。《明史》紀兵海防云：「天啟中，築城於澎湖。設游擊一，把總二，統兵三千，築砲臺以守……初為紅毛所據，至是因巡撫南居益言，乃奪而守之。」[149]

又《讀史方輿紀要》也說：「……總兵俞咨皋者，用間移紅毛夷於北港（臺灣），乃得復澎湖。議於穩澳山開築城基，通用大石疊砌，高丈有七，厚丈有八，東西留三門，直北設砲臺一座，內蓋衙宇營房，鑿井一口，戍守於此，以控制娘宮（馬公）。」[150]天啟年間，明朝肯在澎湖築城濬池，添設路將，增兵戍守，建銃臺議屯田，可見為了增防實邊，明廷對澎湖戍防之措施，已較前努力及用心了。

第三、就澎湖海防地位之重要性論之，澎湖北可通浙江、河北、遼東半島、更遠至日本；南達海南島、越南、呂宋，而扼守南北海上交通。向西控制與其互為犄角的廈門，向東屏蔽臺灣，為東南沿海海防之關鍵與臺灣防務的前哨，此外又擁有天然良港媽宮港，因此在軍事上的地位十分重要。[151]仔細分析澎湖海防地位之重要性，實建立在下列兩個條件下：一為航海指標的作用，澎湖雖然是蕞爾之地，但其地理位置確實優異，一如前述。

---

[148] 洪受，〈建中軍鎮料羅以勵寨遊議〉，同註 124，頁 99-100。

[149] 《明史》卷 91，志 67，兵 3，海防，同註 57，頁 29917。

[150] 顧祖禹，《讀史方輿紀要》（臺北：新興書局出版，民國 45 年）卷 99，澎湖嶼，頁 4096。

[151] 郭貴明，〈西臺古堡修護保存計劃補遺〉，見《澎湖開拓史學術研討會實錄》，同註 132，頁 51。

　　按澎湖的風向，春、夏時因受西南季風的影響多刮南風，這時由閩至澎的船必由大擔嶼或小擔嶼出海。[152]秋冬之季因受強烈東北季風影響，則多北風，船則由繚羅山、小嶝出海。[153]不論何季，基本上，船過黑水溝之後，應可看到西嶼頭、貓嶼、花嶼。[154]然後才敢繼續前進，否則就要返航回到原出發地停泊候風。故「凡舟由內地來者，望澎湖為指南；自臺去者，必寄泊澎湖以候風信，所以地僅彈丸，最稱扼要。」[155]

　　二為供避風、候風與泊舟之功能，易言之，澎湖具有航道要衝之作用。劉良璧重修《臺灣府志》曰：「今之往來船隻，必以澎湖為關津。從西嶼頭入，或寄泊峙內，或媽宮、或八罩、或鎮海嶼，然後渡東吉洋，凡四更船至臺灣，入鹿耳門。則澎湖乃臺灣之門戶。」[156]

　　另胡建偉的《澎湖紀略》亦云：「凡船隻到澎湖寄椗停泊者，當南風時，四、五、六、七、八月必於八罩、將軍澳停泊，北風時，九、十月至三月底，必於西嶼頭、內外塹灣泊。一有錯誤，船即不可保矣。惟媽宮一澳，無論南風，北風，俱可泊船。」[157]不特國內航線如此，本文前面所提及的，澎湖更是國際上東西洋航線的必經

---

[152] 朱仕玠，《小琉球漫誌》（臺北：臺灣銀行經濟研究室編印，民國 46 年 5 月出版）卷 1，泛海紀程，頁 7。

[153] 朱景英，《海東札記》（臺北：臺灣銀行經濟研究室編印，民國 47 年 5 月出版）卷 2，記洋澳，頁 12-16。

[154] 《清初海疆圖說》（臺北：臺灣銀行經濟研究室編印，民國 51 年 3 月出版），頁 112-115。

[155] 陳璸，《陳清端公文選》（臺北：臺灣銀行經濟研究室編印，民國 50 年 9 月出版），卷 3，條陳臺灣縣事宜，頁 1-11。

[156] 劉良璧，《重修福建臺灣府志》（臺北：臺灣銀行經濟研究室編印，民國 50 年 3 月出版），卷 3，山川（附）澎湖 30 澳，頁 59-60。

[157] 胡建偉，《澎湖紀略》（臺北：臺灣銀行經濟研究室編印，民國 50 年 7 月出版）卷 2，地理紀，海道，頁 17。

之地，尤其是西嶼頭、媽宮這兩個南北風均可停泊船的避風港，不僅是往來臺廈間船舶必泊之地，更提供了他們最安全的避風、候風的處所。

第四、就澎湖海防地位的影響而論，澎湖由於介在廈門和臺灣之間，又有天然良港的媽宮澳，自古以來，使得澎湖在海防上的地位十分重要。如果得到澎湖，不但可以控制臺、廈之間的交通，進一步且可掌握住整個南洋的航運，因此澎湖之得失，一向影響極為嚴重。清鮑復康的〈籌防芻言〉分析的甚好，其言曰：

> 澎湖四十九嶼，華離甌脫於汪洋巨浸之中。周迴約二百里，東面臺南，北背臺北，南暨粵東，西扼泉、廈，西北循興化，北拱福州，嶼嶼孤懸，實有防不勝防之勢，要其砥柱中流，為閩海之關鍵，臺廈之咽喉，實亦防之不得不防也。溯自隋唐迄明季，屢守屢棄，嘗無善經。然偽鄭闢臺，先踞於此；國朝滅偽鄭，一破澎湖而全臺自定。嗣後叛逆三、四起，隨以撲滅者，均賴澎湖未失，進止戰守得仍由之機勢也。[158]

周凱於《內自訟齋文選》也說到：「澎湖，大海一島，土地确瘠，魚釣為生者半，而海道險峻，扼臺灣之要衝，為全閩之外捍。有澎湖，則臺灣如在掌握中。」[159]林豪的《澎湖廳志》論述的更為具體：「臺，海疆也。澎湖蕞爾丸泥，點點海上，似無疆域之足言矣；然地據中流，若輔車之相倚。故凡海船過臺者，必視澎山為標準；……

---

[158] 鮑復康，〈籌防芻言〉，見林豪，《澎湖廳志》第 1 冊，卷 5，武備，海防，同註 63，頁 164。

[159] 周凱，《內自訟齋文選》(臺北：臺灣銀行經濟研究室編印，民國 49 年 5 月出版)，頁 8-10。

若臺灣有事，澎軍每就近援應……是故澎湖可守，則中外聲氣相接，呼應皆靈，而無睽隔要截之患……夫臺灣固沿海七省之藩籬，而澎湖則閩與臺之關鍵也……是故守閩必先守臺，守臺必兼守澎。蓋固澎即所以守臺，而因以衛閩也。」[160]

　　上引志書雖為清人之論，然並未改變澎湖於明朝時在海防上之重要性與影響性。因為基本上，從整個中國海防來觀察，澎湖扮演臺灣的門戶及中國南北洋海防之關鍵的角色是事實。依戰略來檢視，要守臺灣，就必須先守澎湖，欲保有海防，亦必須先保有澎湖。所以說，澎湖這種在中國東南海疆第一要害的海防地位與重要影響，迄於今日，仍未改變。

　　本文發表於「第一屆近代中國海防國際研討會」（香港：1998年6月）。後轉載於《硓𥑮石季刊》第17、18期（澎湖：澎湖縣立文化中心出版，民國87年9、12月）。

---

[160] 林豪，《澎湖廳志》第1冊，卷1，封域，同註63，頁49。

捌、中法戰爭與澎湖海防

一、前言

　　光緒 10 年（1884）的中法安南之役，對清廷及法國均有其重大之歷史意義。於清廷而言，此役為檢視其「自強運動」初步之成效；於法國言之，更是其圖謀以中南半島為根據地，繼續與英國角逐在亞洲霸權的關鍵之戰。中法戰爭為近代中國第三次對外戰爭，戰爭場面浩大，橫跨海陸兩棲作戰，法國除在中越邊境發動陸戰外，也在閩臺海域發動海戰。在「北黎事件」發生後，法因與中國交涉不得要領，法使巴德諾（Jules patenotre）曾於光緒 10 年 7 月 1 日（閏 5 月 9 日）自滬電法，主先據地為質，徐索償。[1]

　　法國因此擬定「據地為質」的戰略，在謝滿祿（De Semalle）致最後通牒於中國後，法海軍部即電孤拔（A.A.P.Courbet）令將所有軍艦，悉數調回福州、基隆，俟中國拒絕該項通牒時，即據兩地為質。[2]法國企圖佔領臺灣，並迫使清廷賠款之策。[3]故戰爭期間，法京巴黎新聞報界即傳法國政府有意佔領臺灣、海南島、舟山群島作為賠款之質押。[4]而臺灣之所以被看中，其因有四：首先為臺灣孤懸

---

[1]　轉引自邵循正，《中法越南關係始末》（臺北：文海出版社，出版時間不詳），頁 155。

[2]　同上註，頁 158。

[3]　吳汝綸編，《李文忠公全集》（臺北：華文出版社，民國 59 年）〈電稿〉〈寄粵督張振軒〉，頁 45。

[4]　同上註。又見龍章，《越南與中法戰爭》（臺北：商務印書館，1996 年），頁 210。許雪姬云：「法報促法軍占領瓊州、臺灣、舟山三島中之一，以做為中法開戰後索賠的抵押品。由於瓊州、舟山兩地均與英國勢力範圍的香港及長

海外，守禦薄弱，易於攻佔；其次為臺灣有豐富而質優的煤礦，可供法國軍艦之用；三則不會引起國際干涉；四則可以據為控制西太平洋的基地。[5]

　　欲攻臺灣，自不能不先拿下澎湖，此乃因澎湖為臺閩之咽喉，攻臺首戰必佔之地。王韜〈擬上當事論和戰書〉即談到：「其（指法國）擾臺灣，則必先踞澎湖，以為泊舟駐兵之地」。[6]而法國之所以佔領澎湖，除緣於澎湖無可取代的海防地位外，法國同時尚有幾點考量：即擁有澎湖，可以維持法軍對甬江的封鎖，監視清朝的米穀輸出，且亦可發揮對淡水方面小規模的封鎖。[7]另澎湖群島良好的港灣也會是提供法國艦隊較佳的軍事根據地。[8]蕭一山於《清代通史》即有「孤拔踞澎湖，欲久佔為軍港，並請北上攻佔旅順口，法政府不許。」之記載。[9]兼以當時澎湖的軍事佈署薄弱，容易攻取，而澎湖又確實可以扼守南北的海上交通。故光緒 11 年 1 月 7 日，法國政府遂下達攻佔澎湖的決策。[10]

　　本文之作，前言為簡述法國覬覦臺澎之目的外，重點放在澎湖與中法戰爭之關係。結構安排上，首先為介紹澎湖之海防地位與重

江流域相近，法國為了利用香港為其艦隊的補給站，不敢冒然開罪英國，因此臺灣乃成為法軍進攻的主要對象。」見其著，〈劉璈與中法戰爭〉，《臺灣風物》第 35 卷第 2 期（民國 74 年 6 月），頁 1。

5　陳碧笙，《臺灣人民歷史》（臺北：人間出版社，1996 年），頁 205-206。

6　佚名輯，《中法戰爭資料》（臺北：文海出版社，出版時間不祥），頁 56。

7　胥端甫，《劉銘傳抗法保臺史》（臺北：商務印書館，民國 56 年 2 月初版），頁 228。

8　E.Garnot 著‧黎烈文譯，《法軍侵臺始末》（臺北：臺灣銀行經濟研究室編印，民國 49 年 10 月出版），頁 16-17。又陳碧笙云：「法軍占據澎湖後，看到澎湖外護周密，內港寬闊，地位重要，決定把它建為法國在西太平洋的海軍基地，一部分建港材料已開始東運。」，同註 5，頁 216。

9　蕭一山，《清代通史》第 3 冊（臺北：商務印書館，民國 56 年 7 月 2 版），頁 1079-1080。

10　郭貴明，〈西臺古堡修護保存計劃補遺〉，收入《澎湖開拓史學術研討會實錄》（澎湖：澎湖縣立文化中心編印，民國 78 年 6 月出版），頁 55。

要性；其次則說明有清一代對澎湖之防戍政策；第三敘述中法戰爭前澎湖兵力之佈署；第四詳論雙方作戰之經過；最後分析戰後之影響以為結論。

二、澎湖之海防地位及重要性

澎湖群島因介於臺灣與大陸之間，扼臺海之咽喉，不僅為臺灣之門戶，且為大陸海防之外府。[11]清林豪於《澎湖廳志》即言：「臺廈門戶之澎湖，地位更是重要，自荷人據臺始，以至於清領澎湖，澎湖諸島始終受到重視，尤其是主島媽宮港，居中控制，形勢包藏，為群島之主；港內波平如鏡，可容千艘。……媽宮港無論風南、風北，皆可泊船，故駐箚鎮標。」[12]換言之，澎湖群島這種得天獨厚的海防地位，清廷是知之甚詳的，時軍機處即有：「澎湖為臺南門戶，無澎湖即無臺南，而臺北又豈能獨存！」之語。[13]

當然真正對澎湖海防地位有較深入了解者，仍以執掌兵符佈署防臺軍務或留心洋務之官員為主，如時為幫辦福建軍務，中法戰爭時奉命來臺招編隊伍準備與法作戰之楊岳斌即說到：「臣思欲籌守全臺，必先扼重澎湖前路，……查澎湖輔車全臺，犄角廈門，尤為閩洋關鍵。」[14]不僅如此，楊氏因體察到澎湖群島的海防地位，更建

---

[11] 林時對，《荷牐叢談》（臺北：臺灣銀行經濟研究室編印，民國 51 年出版），頁 155。〕

[12] 林豪，《澎湖廳志》第 1 冊（臺北：臺灣銀行經濟研究室編印，民國 52 年 6 月出版），頁 14。

[13] 〈軍機處交出詹事府右庶子龍湛霖和議難成敵情叵測請預行防範抄摺〉，見《法軍侵臺檔》第 3 冊（臺北：臺灣銀行經濟研究室編印，民國 53 年 3 月出版），頁 403。

[14] 楊岳斌，〈恭報抵臺籌辦情形摺〉見《楊勇愨公奏議》（臺北：臺灣銀行經濟研究室編印，民國 48 年 9 月出版），頁 34。

議朝廷「該地必得威重大員鎮守，擬請旨飭程文炳先赴澎湖，再相機渡臺。」[15]其理乃澎湖原為副將周善初帶營扼守，但「深恐孤注兵單，水陸無從援應，設有疏失，閩臺更危。」所以「必得一威重大員鎮守其地，再加深溝固壘、寬備軍械糧餉，永壯閩洋聲勢，時作臺南北聲援。」[16]嚴格言之，澎湖因地近大陸，早在明清時代，不僅已成為中國東南的海防重鎮，更居日本、中國、南洋航線上的要津。[17]其為閩臺門戶，亦為南北洋之要衝，兼具軍事上與交通上之海防地位可謂彰顯無遺。

澎湖這種兼具軍事上與交通上之重要海防角色，於中法戰爭期間，表現的更為突出及明顯。中法戰爭前後，朝廷真正主事者李鴻章對此即知之甚深，光緒 11 年（1885）7 月 2 日，李鴻章曾就澎湖在軍事上的角色言：「閩洋則以澎湖為最要，若澎湖為水師口岸，設塢儲煤，近護臺灣，兼控福廈，洵為得勢。」[18]鴻章接著又指出，澎湖如為水師口岸，不但拒險可守，進一步且可使「中外聲氣相接，呼應皆靈，而無睽隔要截之患」。所以說，就地理位置而言，臺灣固為沿海 7 省之藩籬，但若就軍事角色言之，澎湖則更是閩與臺之關鍵也。[19]

其實澎湖之海防地位，除扮演「臺、內往來咽喉之地」的軍事角色外，尚有另一重要性，即交通上中繼站或接濟站之樞紐任務。

---

[15] 〈軍機處交出前陝甘總督楊岳斌遵旨續陳電奏抄摺〉，見《法軍侵臺檔》第 4 冊，同註 13，頁 492。

[16] 楊岳斌甚賞識程文炳，曾言：「湖北提督臣程文炳，久歷戎行，威望夙著，屢奉旨催渡臺。該提臣一片血誠，急如星火，以臣愚妄之見，應請旨飭令提臣程文炳統率部營，暫先渡紮澎湖，督同該協廳嚴密佈置。一面相機策應全臺，有裨大局匪淺。」，見〈恭報抵臺籌辦情形摺〉，同註 14，頁 34-35。

[17] 楊麗祝、劉靜貞，〈清代澎湖海難事件之探討〉，同註 10，頁 280。

[18] 《洋務運動文獻彙編》第 3 冊（上海：人民出版社，1961 年），頁 567。

[19] 同註 12，頁 49。

此一樞紐特色，左宗棠於〈欽差大臣左宗棠咨呈請代奏餉械已設法解臺並澎湖失守及運兵困難情形〉電稿中已明言：「但慮澎湖一失，運道中梗，文報不通，實切憂惶。」[20]左宗棠的憂惶其實也反應在李鴻章的耽心上，即同樣深怕澎湖這一交通上中繼或接濟角色的喪失，對臺灣及滿清所帶來的重大影響。光緒 11 年（1885）正月 1 日，李鴻章寄譯署即坦承：「法在基隆兵已有四千，聞尚有續至。民團一潰氣餒，臺困日久，人心惶急。現在毛瑟鎗子、兩磅砲子俱乏。請旨敕南洋迅速設法運送澎湖接濟。臺北現缺鎗械，廣東運鎗上月未到，如有毛瑟鎗解臺，最為救急。臺南海口法封弛兩月，由澎湖轉運甚便。」[21]其中澎湖之「接濟」、「轉運」角色，李鴻章了解甚詳。澎湖一旦失守，臺南口運道日艱，清廷也是知道的很清楚。[22]但知道歸知道，奈何兵力不足以禦外侮，澎湖這種在軍事上及交通上之優異海防地位和防澎是為保臺之戰略價值，並無有效的發揮施展出來。[23]

三、清代對澎湖之防戍

清代對澎湖的經營，早先並不積極。臺澎收入版圖之初，即發生棄留問題，幸經施琅力爭方得保留。但此一時期清對臺澎的經營仍囿於為防臺而治臺的海防政策，以防範、鎮壓臺灣島內的反清運

---

[20] 〈欽差大臣左宗棠咨呈請代奏餉械已設法解臺並澎湖失守及運兵困難情形電稿〉，見《法軍侵臺檔》第 3 冊，同註 13，頁 411。

[21] 見《李文忠公選集》第 4 冊（臺北：臺灣銀行經濟研究室編印，民國 50 年 12 月出版），〈寄譯署〉，頁 479。

[22] 見〈閩督楊來電並致譯署、南洋、粵督〉〈電稿〉楊昌濬言：「澎湖十五已失守，不惟臺南口以後運道愈難。」同上註，頁 499。

[23] 許雪姬，〈歷代對澎湖群島的認識〉，《史學集刊》第 11 期（民國 68 年 5 月），頁 174。

動及維持治安為考量，因此其佈防著重在廈門、澎湖、安平三地，以為重鎮之所在。[24]清代對澎湖的防戍，始於康熙 23 年（1684）4月，靖海侯施琅於〈恭陳臺灣棄留疏〉建議：「內地溢設之官兵，盡可陸續汰減，以之分防臺灣、澎湖兩處。臺灣設總兵官一員，水師副將一員，陸師參將二員，兵二千名；澎湖設水師副將一員，兵二千名。」[25]此為內標遣戍臺、澎之肇始。

　　當時清在澎湖設有水師左右 2 營駐防，計有副將一員，遊擊二員，中軍守備二員，千總四員，把總一員，千把五員，步戰守兵共2610 名，戰船 36 艘。墩臺 2，一在媽祖宮山巔，一在澎湖西嶼頭山巔，其中又以媽宮澳為中心。[26]康熙 57 年（1718）清又在澎湖大規模修築砲臺，這次的修築砲臺遍及澎湖各要衝口岸，共計築砲臺 12座，安砲 45 尊，其中西嶼所在內塹澳有砲臺 1 座，安砲 3 尊，墩臺1 座；外塹澳亦砲臺 1 座，安砲 3 尊。[27]此一時期為清代在澎湖砲位最多之時期，由此凸顯清初對澎湖防務之重視，以監控臺灣軍事。[28]

　　此外，清亦依元、明舊制，在澎湖置巡檢司，設巡檢，隸臺灣府臺灣縣。[29]清初澎湖巡檢司衙署設在文澳，巡檢司管理澎湖 11 澳、75 社的事務，以及協鎮交辦的事項。[30]雍正 5 年（1727），清廷以澎

---

[24] 卓克華，〈清代澎湖海防經營與西嶼東臺的歷史研究〉（上），《硓𥑮石季刊》第 5 期（民國 85 年 12 月）（澎湖：澎湖縣立文化中心出版），頁 46。

[25] 施琅，〈恭陳臺灣棄留書〉，《靖海紀事》（臺北：臺灣銀行經濟研究室編印，民國 47 年 2 月出版），頁 59-62。

[26] 周元文，《重修臺灣府志》（臺北：臺銀文叢第 66 種）卷 4，〈武備志水路營制〉，頁 89-91。

[27] 陳文達，《臺灣縣志》（臺北：臺銀文叢第 103 種）卷 4，〈武備志〉（澎湖砲臺、墩臺），頁 113-114。

[28] 同註 24。

[29] 崑岡等編，《欽定大清會典事例》（上海：商務印書館，宣統 2 年）卷 551，〈兵部官制〉（臺灣綠營），頁 113。

[30] 周宗賢，〈澎湖諸砲臺建置始末〉，《淡江學報》第 33 期（民國 83 年 3 月），頁 54。

湖為臺灣門戶，稽查海舶，監放兵餉、錢糧倉儲皆巡檢之責，而巡
檢職微，不足彈壓海疆，因此廢巡檢，特設澎湖海防糧捕廳。[31]以
通判任之，在武備方面亦大為加強。時清廷派駐全臺的兵力約為一
萬，其中的一半（五千）是水師，水師中的二千兵即專防澎湖，故
總的來說，清初對澎湖之防戍還算是相當重視的。[32]

　　雍乾以降，至咸豐年間止，基本上，澎湖之防戍汛位與兵力均
變動不大。迄於同治初年，澎湖防戍才有一次較大的改變。同治 8
年（1869），朝廷舉行裁兵加餉新章。澎湖水師裁左右兩營各遊擊一
人，改設都司各一人；另裁各守備一人、各千總一人、右營把總二
人，實存左營步戰守兵四百零二名，右營三百六十名。[33]而兩營巡
哨制度亦改革，每年自正月起至 6 月止為上班，屬總兵統巡，帶兵
船 6 隻出洋督緝。兩營都司分巡，各駕兵船 1 隻。兩營千把總專巡、
兩營外委協巡，各駕兵船 1 隻，分段巡輯。自 7 月至 12 月底則為下
班。秋季屬左營都司統巡，冬季屬右營都司統巡。但總帶 2 營各兵
船 6 隻，各該 3 個月之期。兩營千把總分巡、兩營千把總專巡、外
委協巡，各駕兵船 1 隻，分段巡輯。[34]

　　平情言之，同治年間，澎湖水師營務之變革，巡洋改為分段巡
輯，可專責成，而無彼此推諉之弊，立意不可謂不佳。惟兵力單薄，
綠營水師的大量裁減，固然是因為班兵營制長期窳敗有以致之，但
只裁減而不增補，亦可看出清廷之輕率態度。以澎湖在海防上之關
鍵地位，7 百餘名的單薄兵力，巡江捕盜，維持治安已不可得，又

---

[31] 同註 29，卷 26，〈臺灣事例〉，頁 9。又《雍正硃批奏摺選輯》第 1 冊，頁
　　118-119。

[32] 胡建偉，《澎湖紀略》第 1 冊（臺北：臺灣銀行經濟研究室編印，民國 50 年
　　7 月出版），頁 126。

[33] 《清穆宗實錄選輯》（臺北：臺灣銀行經濟研究室編印，民國 52 年 11 月出
　　版），頁 119。

[34] 同註 12，頁 158。

如何能有效抵禦外寇，保疆固土呢？諷刺的是，此一不滿千人之兵
數，迄於澎湖淪法陷日止，未再加增。[35]

水師營務如此，陸上戍防兵力更糟。有清一代，戍防澎湖之兵
力以班兵為主，所謂班兵，乃指海外臺、澎的戍兵，由內地抽調更
戍。澎湖的將弁兵丁均調自閩、粵2省，由廈門水師，海壇、南澳、
金門鎮標，閩安協標，烽火門營、銅山營抽調而來。到澎後，分撥
兩營操防戍守，軍裝器械俱全。[36]

清有澎湖二百餘年間，雖未有大規模的亂事發生，但澎湖的班
兵亦因武備的長期廢弛而窳敗不堪，故時有募兵之議。[37]光緒10年
（1884）中法戰爭時，澎湖防務吃緊，通判鄭膺杰曾募水勇四百名，
並諭令士紳郭鶚翔、蔡玉成等舉辦民團，皆自備資斧，以資守望。[38]
由上述澎湖募兵情況可知，綠營水師已無力防禦澎湖，而清廷又始
終反對改班兵行召募制。逢兵家有事時，只得臨時召募土勇作戰，
平日訓練不精，遇敵自然潰敗，此可由中法戰爭及其後的中日之戰
得到應證。

四、中法戰前澎湖兵力之佈署

澎湖海防經營，歷經康、雍、乾、嘉四朝，基本上並無太大的
變動。清之重點始終放在防制內亂與海盜騷擾，完全不知「海權」
為何物，也未真正想要建立一支強大海軍。道、咸二朝，清朝在鴉
片戰爭和英法之役相繼失敗後，逐漸知道海防的重要性。尤以道光

---

[35] 黃小平，〈清代澎湖經營之研究〉，《大陸雜誌》，第50卷第4期（民國67年
4月），頁18。
[36] 同註32，頁120-122。
[37] 同註35，頁16。
[38] 林豪，《澎湖廳志》第3冊，同註12，頁366-367。

以降，西方列強挾其船堅利砲，自海上打開了中國的門戶，也打破了中國長期以來重陸防而輕海防的傳統。於此同時，也改變了臺灣的地位與重要性，臺灣一躍而成為中國東南沿海的門戶。此後，清廷漸漸地重視臺灣，也加強了臺灣的建設。[39]換言之，這是清朝在臺澎海防經營中，由「防臺變」轉為「防外夷」的一個契機。同治13年（1874）日軍侵犯臺灣，清廷一面令船政大臣沈葆楨督師入臺，一面由總理衙門和日本交涉，形勢十分緊張。事情結束後，清廷鑒於日本野心之可怕，不但開始籌備海防，同時也加強對臺灣防務的重視。[40]

當然，在重視臺防之際，更不可忽視的即為澎湖，蓋澎湖位於海峽中間，為臺、廈之樞紐，也是捍衛臺灣的前哨。周凱於《內自訟齋文選》書中即言：「澎湖，大海一島……海道險峻，扼臺灣之要衝，為全閩之外捍。有澎湖，則臺灣如在掌握中。」[41]澎湖四面環海，為海防最重之地已不言可喻。[42]而其與臺灣之唇齒關係，更使其為敵我攻防必爭之要地。澎湖雖然四面環海，但因受氣候與地形的影響，也並非處處都可輕易登陸。但是汛口就不一樣了，它是容易被侵入的，所以守澎湖就是要防守汛口，這些汛口由千總或把總來統領，每個汛有汛兵，有砲臺，有煙墩以及戰船的配備。當中的砲臺更被認為守口守岸扼敵於海上的利器。[43]

---

[39] 同註24，頁50。

[40] 蘇梅芳，〈同光年間臺灣海防與中法戰爭〉，見王壽南主編，《中國近代現代史論集》（臺北：商務印書館，民國74年8月初版）第8編，〈自強運動（三）〉（軍事），頁651-652。

[41] 周凱，《內自訟齋文選》（臺北：臺灣銀行經濟研究室編印，民國49年5月出版），頁8-10。

[42] 唐贊袞，《臺陽見聞錄》第1冊（臺北：臺灣銀行經濟研究室編印，民國47年11月出版），〈建置〉，頁1。

[43] 同註30，頁58。

　　清朝時候,臺灣的海口砲臺計有安平、旂後、滬尾、基隆、澎湖等 5 處。[44]並稱為臺灣海防的 5 大口,其與臺灣之存亡息息相關。[45]而此臺澎 5 口均已設置砲臺,但在光緒九年(1883)因法越構兵而諭令南北洋加強防務的時候,卻仍感到臺灣海防的困難。因為「臺灣孤懸海外,四傍無依。西併澎湖,周圍約三千餘里,無險可扼,隨處皆可登岸。設有外侮,斷非專設砲臺於安平、旂後、滬尾、基隆、澎湖數海口所能扼守。」[46]

　　確實如此,臺灣的窘境反應至澎湖如出一轍。中法戰前,清廷於澎湖之築砲臺,首推光緒 9 年,通判李嘉棠築砲臺於西嶼。西嶼內外塹為澎湖口門第一要害,至是李築 2 砲臺,役竣,極為堅穩。[47]查西嶼砲臺,即今之西臺古堡也。西臺古堡於光緒 9 年,由當時的澎湖通判李嘉棠奉文華殿大學士李鴻章之命興建,雖然砲臺堅穩,卻因來不及購買新式大砲,而未能安砲配兵。[48]林豪言:「惜未能安砲配兵,而海氛遽作。時論追憾於守者之調派太疏,非苛論也。」[49]

　　就戰略位置而言,其實清於西嶼築砲臺是一項正確之舉,緣澎湖居臺、廈之間,而西嶼尤為要衝。蓋當時風信靡常,則官商船舶,莫不就西嶼以為依息也。[50]西嶼之重要性,林豪於《澎湖廳志》敘之甚詳,其云:「臺灣補東南之缺,而澎湖為之樞。澎湖當臺廈之交,而西嶼為之障。廈居乾而臺在巽。自廈而東者,則左西嶼而轉以抵

[44] 劉璈,《巡臺退思錄》第 1 冊(臺北:臺灣銀行經濟研究室編印,民國 47 年 8 月出版),頁 9。

[45] 同註 30,頁 51。

[46] 同註 44,頁 10。

[47] 同註 38,頁 365。

[48] 同註 10,頁 52。

[49] 同註 47。

[50] 蔣元樞,〈創建西嶼塔燈碑記〉,見林豪,《澎湖廳志》第 3 冊,同註 38,頁 433。

臺。自臺而西者,則右西嶼而轉以抵廈。官民商船之來往,稍遇飛廉之乖迕,群望西嶼以為依歸焉。」[51]

　　就因西嶼於澎湖海防之險要位置,故清廷亦甚為重視。閩浙總督何璟等於光緒9年上呈的〈籌辦閩防續募勇營疏〉說到:「澎湖為臺內往來咽喉之地,舊有金龜山、新城兩處砲臺,見經鎮道議在西岸之西嶼、東岸之蛇頭,進口要隘,各建砲臺,藉資守禦;已飭令妥速辦理。」[52]劉璈於光緒10年(1884)正月上呈的〈稟覆統籌臺防大致情形由〉亦言到:「澎湖應建西嶼、蛇頭兩砲臺及倉廠軍裝所並營房各工程,已於去臘撥解銀兩,移飭協廳趕辦。」[53]

　　劉璈為一勇於任事之官吏,中法戰前,其負責佈署南臺灣之防務,曾親詣澎湖和當地文武妥議,欲在澎湖建倉庫以存煤、穀,並決定擇西嶼、蛇頭兩處,先建砲臺兩座。但因適值澎湖通判新舊交接,雖鳩工庀材,告竣究需時日而無法即時完工,且添購砲位,尤屬緩不濟急,所以中法戰時,澎湖西嶼砲臺發揮有限,委實令人遺憾。[54]

　　除西嶼砲臺外,澎湖另一更重要之戰略據點即為馬公,媽宮港為一自馬公半島金櫃頭與風櫃尾半島蛇頭山之間,向內拓展成之小海灣。即顧祖禹《讀史方輿紀要》所云:「隘口不可方舟,內澳可容千艘」。此外,不論澎湖群島刮的是南風,還是北風,都可以在此港停泊。更重要的是,外圍的西嶼可控守澎湖內海。基於上述諸項自然地利,海防重點放在馬公港(媽宮港)及內海海域是必然的。[55]媽宮港為澎湖群島的主島,居中控制,形勢包藏,戰略地位重要,妥

[51] 謝維祺,〈重建西嶼燈塔落成碑記〉,同上註,頁435。
[52] 何璟,〈籌辦閩防續募勇營疏〉,見王雲五編,《道咸同光四朝奏議選輯(臺北:商務印書館,民國59年),頁361。
[53] 劉璈,《巡臺退思錄》第3冊(臺北:臺灣銀行經濟研究室編印,民國47年8月出版),頁254-255。
[54] 同上註。
[55] 同註30,頁67-68。

為布置，則關係福、廈與臺灣殊鉅，故清廷對媽宮港之防務亦甚用心。澎湖本島之主要砲臺，大多集中於媽宮，其中規模較大者有金龜頭、新城、大城北等砲臺，每砲臺並安裝巨砲，以供禦敵之用。[56]

　　堅固的砲臺雖為捍衛臺澎海疆的屏障，但巡弋海上的輪船（兵船）更是打擊敵人，保護臺澎的利器。尤以臺澎兩地唇齒相依，對此海上孤舟之防務，尤其是各重要港口，自偏重於水師輪船之派駐，以達到巡迴海疆抵禦外侮之目的。[57]臺澎水師營制於康熙年間即成定制。《清會典》〈事例卷〉記載：「澎湖水師二營（左、右），臺灣水師三營（左、右、中）分撥兵船，每月會哨一次。」[58]

　　清制澎湖水師左右兩營共分配戰船 18 隻，這些船均為舊式的木殼戰鑑，較之洋船則顯見低小，要安放千斤以上的砲位，負荷難勝，船身砲力亦不足以取勝，全賴水師弁兵之操練，以期克敵。[59]為謀與洋人之新式船艦相抗衡，同治 6 年（1867）清廷下令添設船隻，其中福建臺灣鎮在澎湖添設廣艇 1 隻。[60]此外，澎湖 1 協戰船，於同治 10 年（1871）左、右兩營均曾自廣東、廈門訂造銅底大拖罾船以為防守，但至光緒年間僅供應此類船隻 1 艘而已。[61]澎營重地為媽宮，媽宮汛一向由左右兩營戰船駐守，即「左營例派兵二百五十名，戰船八隻駐防；右營例派戰守兵三百三十二名，戰船九隻駐防。」[62]總共 17 隻戰船駐守媽宮汛，平情言之，比之安平、雞籠（基隆）、

---

56 同上註，頁 65-69。
57 同註 40，頁 645-646。
58 《清會典事例》（三），卷 632，頁 13396。又見《清會典》，〈臺灣事例〉第 2
　　冊，頁 152。
59 姚瑩，《中復堂選集》第 1 冊（臺北：臺灣銀行經濟研究室編印，民國 49 年
　　9 月出版），頁 62-63。
60 《清會典》，〈臺灣事例〉第 2 冊，頁 189。
61 同註 40，頁 646。
62 同註 12，頁 147-148、156-157。

滬尾在數量及兵力上並不為少，然這些木殼式的舊式船艦，仍殊難與西洋之鐵殼戰船相抗，此一劣勢，於中法戰時更是明顯。[63]

臺灣之安全，有賴於澎湖，而澎湖諸島「地形散漫，可以登陸之處甚多」，「無水師而僅恃陸兵，恐難守也。」[64]這是胡適的父親胡傳（鐵花）於中法戰後親履澎湖之觀感。其實何止胡傳有此看法，中法戰爭時，負臺灣防務佈署之劉璈，見解更是深刻。自光緒 9 年（1883）10 月起，到光緒 10 年（1884）閏 5 月 4 日止，這一段時間的臺防，可說完全由劉璈來負責籌劃。[65]關於澎湖防務，劉璈曾言：「臺澎防務，非藉得力輪船、戰艦，緩急難恃，……夫轉運捍禦，固以輪船戰艦為功；守口衛船，尤藉各口砲臺之力。」[66]劉璈曾派萬年清輪船大副葉步雲前往香港購小輪船 3 艘，一駐澎湖；一駐臺南；一駐臺北，以利臺灣全島及閩臺之間的交通運輸。[67]又曾擬以萬年清換浙江寧波之超武輪，並請調行駛靈便，吃水 1 丈 8 尺，宜海不宜江的開濟快船移駐澎湖。[68]光緒 10 年正月 9 日，劉璈於〈稟請撥換輪船由〉力陳：「臺澎為七省門戶，可否仰懇咨請量移數隻（蚊子船），於臺澎地方，擇要駐防，以資穩固之處。」[69]奈何朝中重臣如左宗棠、李鴻章等均以所請困難，未予准行。[70]中法戰時，清於

---

[63] 同註 40，頁 647。

[64] 胡傳，《臺灣日記與稟啟》第 1 冊（臺北：臺灣銀行經濟研究室編印，民國 49 年 3 月出版），頁 66。

[65] 同註 3，頁 3。

[66] 劉璈，〈稟覆籌議移駐各情由〉，見其著，《巡臺退思錄》第 1 冊（臺北：臺灣銀行經濟研究室編印，民國 47 年 8 月出版），頁 11。

[67] 劉璈，〈會詳澎湖安平滬尾三口各添小火輪一號以責巡緝由〉（光緒 10 年閏 5 月初 4 日），同註 53，頁 265。

[68] 同註 66，頁 12。

[69] 劉璈，〈稟請撥換輪船由〉（光緒 10 年正月初 9 日），同註 53，頁 241。

[70] 南洋大臣左宗棠批：「開濟快船已派駐江陰，蚊子船江南僅數隻，何能撥赴臺防？」；北洋大臣李鴻章批：「蚊子砲船，本屬守口利器；惟北洋僅購數隻，

澎之防務佈署，空有砲臺，或無安砲、或砲力不足；徒有水師，或
乏輪船、或威力不夠，如此配置，中法甫一開戰，焉能不敗。

　　同治日本侵臺以後，清對澎湖的戰略地位是有較深之認識，也
因此開始積極的防衛澎湖。關於陸上之防戍，因為採用了缺點甚多
且行之有年的班兵制，使整個的防戍政策出現了嚴重的弊端。由於
駐澎班兵的腐化及不堪一戰，同治 5 年（1866）左宗棠以練營兵丁
不能收一戰之效，因兵冗餉薄所致，建議朝廷裁兵加餉，就餉練兵。
至 7 年間，澎湖各營裁撤 4、5 成，而加餉倍數。澎湖兩營額名二千
名，屢經裁撤，至是僅存七百餘名。然澎湖島嶼環列，汛地甚多，
配汛配船，出差領餉之外，所餘無幾，尤不敷調派。[71]中法戰前，
清廷開始感受到澎湖守備的危機，加派軍隊火速援澎。《述報法兵侵
臺紀事殘輯》一書云：「聞中國當道現以澎湖諸島乃臺灣門戶，深恐
為法人所得，特添派重兵前往駐守。前數日，復有輪船由福州載兵
一千一百名前往澎湖派守砲臺，以重邊防焉。」[72]

　　既使清有加派士兵援澎之舉，時澎湖依劉璈之意，劃歸前路，
統軍 3 千名，由澎湖副將蘇吉良統率。[73]此三千人，原只有兵力七
百，砲勇百餘人，另加綏靖及蘇吉良招募的 2 營，水勇四百，只
有二千人，尚不足一千人。[74]後由清增補之，才湊足三千人。而統
領亦由安平協副將周善初調赴前路以代蘇吉良。[75]現歸納前述之砲

現餉巡防各要口，不敷分布，無可移撥。」同上註，頁 243。
[71] 同註 12，〈兵制〉，頁 142。
[72] 《述報法兵侵臺紀事殘輯》第 2 冊（臺北：臺灣銀行經濟研究室編印，民國
　　57 年 12 月出版），頁 203。
[73] 劉璈，〈詳覆遵議籌佈全臺防務大概情形應否奏咨分行以資預備由〉，同註
　　53，頁 220-222。
[74] 劉璈，〈詳遵飭統籌分路添募勇數由〉（光緒 9 年 12 月 20 日），同註 53，頁
　　229-231。
[75] 劉璈，〈詳明移覆臺灣鎮帶赴中路防布各軍由〉（光緒 9 年 12 月 28 日），同
　　註 53，頁 237。

臺、水師及陸上之戍防，將中法戰前清在澎湖之軍事佈署，詳列如下：

（一）砲臺

澎湖砲臺共 5 座，內西嶼砲臺無砲；此外另有小垵嶼臨時砲臺 1 座，媽宮堡壘二個。總兵力約 8 營之譜，總計不過三千人，最高統領為代理副將周善初。[76]

（二）砲臺配置

(1) 拱北砲臺——未詳。

(2) 西嶼砲臺——無砲。

(3) 媽宮北砲臺——未詳。

(4) 媽宮南砲臺——隔港口與北砲臺相對立，備有 22 生（Cm）的滑腔砲 2 門，14 生（Cm）的滑腔砲 2 門。

(5) 四角嶼砲臺——備有 19 生（Cm）的中國式砲 2 門，14 生（Cm）的英國式砲 2 門，10 生（Cm）的中國式砲 1 門，14 生（Cm）的歐式砲 1 門，均屬舊砲，幾同廢物。

(6) 小垵嶼砲臺——備有 20 生（Cm）的中國式砲 1 門，14 生（Cm）的安式旋條砲 2 門（得與西北南砲臺交射十字火）。

另外在媽宮市街北方，尚配置幾處砲壘，計有：

(1) 七砲眼裝甲砲壘——裝備安式 10 生（Cm）砲 3 門，其前方砲座上備有安式 23 生（Cm）的砲 1 門，及 14 生（Cm）的 Vouz 旋條砲 1 門。

(2) 穹窖砲壘（三眼砲）——備砲不明。

---

[76] 同註 7，頁 71。

(3)突出部砲壘——備有 14 生（Cm）的 Vouz 旋條砲 2 門，16
生（Cm）的 Vouz 旋條砲 1 門。

(4)島內砲擊用土砲壘——備有 16 生（Cm）的滑腔砲 1 門，13
生（Cm）的滑腔砲 2 門及 10 生（Cm）的滑腔砲 2 門。

上述諸砲壘或砲臺，均設有塹壕營舍，駐紮正規兵。[77]

（三）兵力佈署

(1)媽宮及附近——代理澎湖副將周善初。
管帶澎湖練兵都司鄭漁。
管帶綏靖前營守備馮楚燊（帶臺州勇，守大城北）。
管帶德義中營同知關鎮岳（帶粵勇守東衛）。
管帶德義後營通判梁岳英。

(2)良文港（一說文澳）——通判鄭膺杰（水勇 4 百）。

(3)媽宮南砲臺（即金龜頭砲臺）——遊擊梁璟夫（粵勇 2 百名）。

(4)豬母水澳——管帶綏靖副中營副將——陳得勝（帶臺勇守豬
母水、蒔裏一帶，為前敵）。

(5)砲臺附近——練勇若干逸名。[78]

另西嶼雖有砲臺，並無一兵一砲，媽宮港口之蛇頭、四角仔小
嶼，皆各築砲園，分兵為守。[79]

（四）水師

船隻——17 艘。
兵員——五百八十人。[80]

---

[77] 同上註，頁 72。
[78] 同上註，頁 73。
[79] 同註 38，卷 11，〈紀兵〉，頁 365。
[80] 同註 40，頁 647。

上述諸項，即中法戰前，清於澎湖兵力佈署之梗概也。而其中兵員不足、船隻不夠、砲力不強之種種窘況，亦可觀之甚明矣！

五、戰爭之經過

中法戰爭爆發後，法軍攻臺，由於基隆地區守軍勇猛，難以得逞。雖用封鎖臺灣之策，亦不見效。法水師提督孤拔（A.A.P.Courbet）以臺灣戰事持久，法軍進展困難，防守亦不易，遂欲佔領澎湖群島。[81]法欲染指澎湖，其實早有預謀，葉振輝於〈中法戰爭澎湖之役〉一文中即言：「中法戰爭前一年，法國軍艦便已經在澎湖海域活動。中法戰爭期間，法國海軍攻占澎湖，想必經過一年以上的籌劃，並非事出無因，或倉促的軍事行動。」[82]而孤拔既以澎湖為險要之地，想要長期佔領作為法軍東洋軍港。[83]乃召利士比（J.Lespes）至鎮海口繼續封鎖外，自己則率軍艦前往澎湖，時法政府已續派大小軍艦8艘由海軍准將劉業（Rieunier）率領來華。孤拔得於3月28日（2月12日）率軍艦5艘（一說7艘）抵澎湖。[84]

[81] 呂實強等編，《中法越南交涉檔》（臺北：中央研究院近代史研究所出版，民國51年）第5冊，第1536號文件，頁2741-2743。

[82] 葉振輝，〈中法戰爭澎湖之役〉，《硓𥑮石季刊》，第20期（民國89年9月）（澎湖：澎湖縣立文化中心出版），頁36。

[83] Davidson, "The island of Formosa: past and present" (London, 1903), P.240.

[84] 有關法國侵澎艦隊數目，有多種說法，葉振輝教授言：「來犯的法國艦隊，由一艘運輸艦、二艘鐵甲艦、三艘巡洋艦、和從北臺灣海面調來的另二艘組成，總共八艘。」見葉振輝，〈中法戰爭澎湖之役〉，同註82，頁39。又黃中堅亦云：「孤拔中將動員四艘裝甲艦、十六艘巡洋艦、七艘砲艦、二艘通報艦、二艘補給艦，二艘水雷艇等共三十五艘，封鎖澎湖。」見氏著，《海上絲路澎湖灣》（高雄：復文書局出版，民國84年），頁77-78。而本文則據湯姆茲，《印度支那征服史》（巴黎：1934年），頁225-227。

　　光緒 11 年（1885）2 月 12 日，法國船艦 5 艘進泊烏崁海面。
13 日黎明，法艦 2 艘由西嶼直攻媽宮，1 艦中砲離去；法又續添 3
艦圍攻新城砲臺，清營官梁璟夫抵抗兩小時許，砲臺卒被轟毀。法
國釋放舢舨船圖謀佔領新城及金龜頭兩處陣地。時澎湖副將周善初
正督率德義後營管帶梁岳英紮砲臺後之深溝壓岸抵禦；法舢舨駛
回。其後法又以 3 艦攻四角山、蛇山等地，另有 4 艦攻金龜頭外之
露天砲臺；臺基不久因砲緊而垮。[85]

　　當時情況危急，代理澎湖副將周善初復調德義中營管帶關鎮
岳、綏靖前營管帶馮楚燊、綏靖副中營管帶陳得勝等分扼校場、烏
崁山、觀音亭等處，通判鄭膺杰則督水軍協同德義後營幫帶劉燦瑩
由紅毛城抄擊；雙方相持竟日，互有傷亡。是夜，法國改以大砲對
轟我砲臺；隨後又放舢舨 10 餘條漫海而來。守將梁岳英、馮楚燊、
梁璟夫等人各督砲勇還擊，擊沉法舢舨 1 條，鏖戰良久，而法艦也
不斷施放各種砲彈，至天明始息。[86]

　　14 日清晨，法 3 艦猛攻四角山、蛇頭山土臺，砲臺旋即坍塌；
兩山既失，小垵山遂不能守。周善初雖督率各軍堅守金龜頭、新城
一帶，與法軍力戰一晝夜。唯法艦火力強大，新城、金龜頭各臺終
被轟毀，摧毀後，法速放 10 餘號舢舨肉搏來攻，經梁岳英擊退。未
幾，法又佈署 4 艦，2 艦直逼媽宮港內、2 艦泊觀音亭港口，三面夾
攻；守軍卒不能支，乃退紮署東之東衛山。

　　蒔裏地形險要，且無砲臺，法乃於 13 日分調舢舨約四、五百
人乘夜來襲；經陳得勝伏擊，傷斃數十名。14 日，法 2 艦駛進豬母

---

[85] 〈督辦福建軍務左宗棠等奏查明澎湖失事文武員弁下落請旨懲處摺〉，見《清
　　季外交史料選輯》第 2 冊（臺北：臺灣銀行經濟研究室編印，民國 53 年 7
　　月出版），頁 188。
[86] 同上註，頁 188-189。

水，復用舢舨運兵七、八百人，意圖上岸。守將陳得勝、關鎮岳分道攻勦，梁岳英派幫帶劉燦瑩由上路夾擊，血戰半日，法軍乃退回原船。

2月15日，法國艦隊選定豬母水等處，分四路登岸。陳得勝時紮大城山，率所部中路迎敵；副將周善初親率綏靖後營幫帶單錦春、參將陳尚志並馮楚燊全隊，由大城山進發；梁岳英、關鎮岳兩路，一由東衛迎勦；一由大城山西衝出。惜大城山四面平坦，無險可守，法又以精良火砲橫衝直擊，所向披靡。守軍朱朝安、蘇德等人力戰陣亡；關鎮岳、陳得勝受重傷。是時，梁璟夫部勇由西溪進攻，周善初見敵勢兇悍，急揮軍摧其中堅，通判鄭膺杰則督各軍由湖西抄出，右營都司鄭漁、舉人郭鶚翔等分帶果毅軍及團練由湖西、港底抄出，血戰四時，以軍火用罄，收隊回營；此役計陣亡員弁勇三百餘名，傷近四百名。而法國則乘勝追擊，速調艦9艘進據烏崁、雙頭掛各崗，修立土壘、安配大砲，對大城山、東衛山各營轟擊，彈如雨下，糧臺、軍裝局均不能保。諸將以死傷過多，退駐北山之中墩、灣貝，未幾媽宮淪陷，全島失守。[87]

澎湖諸島，外蔽全臺、內固全廈，歷來視為險要。[88]法攻澎時，嘗言清軍未發一砲，守軍不備，由上述雙方作戰之經過可知並非事實。[89]總計此役，法方稱法軍死五，傷十二；清軍則死三百餘，傷四

---

[87] 同上註。

[88] 劉銘傳，〈遵籌澎防請飭部撥款摺〉，見《劉壯肅公奏議》（臺北：臺灣銀行經濟研究室編印，民國47年出版），卷5，〈設防略〉，頁243。

[89] 林豪於《澎湖廳志》記載：「夷隊嚴整，由雞母塢如牆而至」。陳得勝早就率領所部，列陣前進至井垵，「敵砲由頭上飛過」，得勝令守軍仰臥地上，靜待法軍第二十七中隊迫近，開槍齊擊。又說：「敵陣亂，我軍乘勢急擊，仆其大旂，敵潰至海濱，我軍追奔里餘，將麾之入水矣；夷酋遙望我後無繼者，急令別隊應援，得勝分兵接戰，殺傷過當。」林豪之記載容或有誇大之嫌，但云清軍未發一砲，守軍不備，恐亦失當。同註38，頁366。

百。唯法攻澎之際，正值法軍在鎮南關、諒山潰敗，巴黎人心大震，故孤拔澎湖之勝，並沒引起太多注意。[90]法軍自 2 月 15 日攻陷澎湖到 6 月 12 日撤出止，澎湖陷法約四個月，為時雖然不久，但澎湖的歷史文物遭法軍劫走或毀於砲火者甚多，誠為澎湖史上的一大浩劫。[91]

六、結論——戰後之影響

　　中法戰役，澎湖失守，箇中原因固然很多，基本上，由上述攻守情況可知，守軍尚有若干戰鬥之心，敗是敗在地方文武官員缺乏鬥志，不負責任的弱點，絕對是失敗的主因之一。如澎湖之戰伊始，副將周善初即頻頻露出怯戰態度。此即左宗棠、劉銘傳一再上書彈劾的「此次澎湖失事，該文武未能竭力固守，致被法兵攻陷，實屬咎無可解。」[92]這種失事員弁「威力不行，應援不力，卒致僨事」[93]的心態終致澎湖淪陷。地方官員如此，主其事者對澎湖之態度亦不無可議之處，茲以負責臺灣防務的劉璈為例，劉璈曾主張放棄澎湖，其言：「澎湖便於泊船，兼有煤礦；第風沙四遍、百物不生，窮島孤懸，尤易坐困。一繫臺前、一繫臺後，棄之均較基隆為輕。」[94]故請將澎湖一島及臺灣後山割於德國。[95]劉璈此舉成為日後劉銘傳彈

---

[90] 龍章，《越南與中法戰爭》（臺北：商務印書館，1996 年 9 月初版），頁 329。

[91] 同註 30，頁 54-55。「法軍從占領的第五天起，開始釘死清兵遺棄的大砲，破壞廟宇，並毀去港底的火藥局，本欲燒湖東、湖西兩地營積之糧食，因人民懇求而止。」見井田麟鹿，《澎湖風土記》（東京：昭和 44 年，1969 年），頁 101。

[92] 劉銘傳，〈澎湖法兵退去查明失守各員分別處分摺〉（光緒 11 年 6 月 17 日），見《劉壯肅公奏議》，同註 88，頁 434。

[93] 同註 38，頁 367。

[94] 〈臺道劉璈奏請與德國立互助盟約以保全臺片〉，見《清季外交史料選輯》第 2 冊，同註 85，頁 128。

[95] 劉銘傳，《劉壯肅公奏議》，同註 88，頁 662。

劾他的罪狀之一，對時務了解如此之深的劉璈，對澎湖都抱此心態，遑論澎湖地方上淺見之官員，故於中法戰時，其不負責任，缺乏鬥志之心理便不足怪也。

無論如何，中法之戰，澎湖之失守，其影響仍鉅，要而言之有三：

第一：促成中法之議和。澎湖之失，正值清於桂、越得勝之時，清本可以乘勝追擊，逼法撤退，及聞澎湖之失，議和之聲乃起，恐澎湖失事，波及臺灣。所謂「臺事自澎湖不守，大局日危；既無用武之方，兼有饑譁之害。」[96]又云：「蓋清廷以法人不得志於越，又以海軍騷擾沿海各地，佔據澎湖島，勢甚猖獗。因允英人調停，與法議和。」[97]而李鴻章更藉澎湖失守，積極主和者，其言：「澎湖為全臺門戶，澎已被踞，臺將不保，若失臺後更無轉圜之方，不獨長日人之覬覦，竊用憂煎。」[98]又云：「現在桂甫復諒，法即據澎，馮、王若不乘勝即收，不惟全局敗壞，且恐孤軍深入，戰事益無把握。縱再有進步，越地終非我有，而全臺隸我版圖，援斷餉絕，一失難復。彼時和戰兩難，更將何以為計？」[99]由於鴻章以為澎湖既失，臺灣必不可保，當藉諒山一勝之威，與締和約，則法人必不再要求。朝廷遽納其議，立命停戰。[100]所以說，澎湖的失陷於法，是促使清朝怕波及到臺灣，而堅決主張即時與法締約議和之主要關鍵。

---

[96] 〈總辦全臺糧臺沈前藩司應奎致閩省善後局公函〉，見《法軍侵臺檔》第 4 冊（臺北：臺灣銀行經濟研究室編印，民國 53 年 3 月出版），頁 513。

[97] 李健兒，《劉永福傳》（臺北：文海出版社，出版時間不詳），頁 167。

[98] 李鴻章，〈述日使議辦各節〉（2 月 19 日），見《李文忠公選集》第 4 冊，同註 21，頁 490。

[99] 李鴻章，〈寄粵督張香帥〉（2 月 25 日），見《李文忠公選集》第 4 冊，同上註，頁 493。

[100] 羅惇曧，〈中法兵事本末〉，見左舜生選輯，《中國近百年史資料初編》（臺北：中華書局，民國 72 年 5 月臺 3 版），頁 356。

　　第二：加強清朝對澎湖防務之重視。澎湖雖然在中法戰爭時淪陷，但事後清廷反更能了解海上多事之秋，澎湖為閩、臺之門戶咽喉，但孤懸海上，四面受敵，非特設重鎮，不足以資守禦。[101]故在軍制上需要加以改進，原因為澎湖副將，分量不夠；其次海島的指揮要排除多方的牽制，所以需要改設總兵以資守禦。楊昌濬與劉銘傳有〈籌議澎湖海壇鎮協互調事宜奏疏〉說到：『奏為籌議澎湖海壇鎮協互調事宜，謹繕清單，恭摺復陳，仰祈聖鑒事。竊照光緒十二年三月二十四日奉上諭：劉銘傳奏：澎湖為閩臺門戶，非特設重鎮，不足以資守禦。楊昌濬與該撫意見相同。擬將澎湖副將與海壇鎮對調，仍歸總督管轄等語。即著會同籌議具奏，等因欽此。臣等當將改設行省各事宜，一並會該部[102]具陳。奉旨「該部奏議，欽此！」旋准部咨議復，澎湖改設重鎮，方足資統攝而靖地方。該督等所請：將澎湖副將與海壇鎮對調，似應准如所請。』[103]

　　劉銘傳、楊昌濬之奏疏得到朝廷之准許，此舉更可凸顯清朝對澎湖在臺灣海峽之戰略地位，所謂「澎湖一島，非獨全臺門戶，實亦南北洋關鍵要區，守臺必先守澎，保南北洋亦須以澎廈為筦鑰，……此澎廈設防，實關全局，非僅為臺灣計也。」[104]而防澎必先得人，劉銘傳獨具慧眼，相當賞識及倚重海壇總兵吳宏洛的經驗能力與對外洋火器的熟悉，遂奏請其與澎湖副將互調，充任澎湖總

---

[101] 劉銘傳，〈籌議澎湖海壇鎮協互調事宜奏疏〉，見《劉壯肅公奏議》第 2 冊，同註 88，頁 190。

[102] 同上註。

[103] 同上註。另見吳振芝、陳捷先，〈澎湖歷史文獻之搜集與調查〉，《史蹟勘考》，第 9 期（民國 70 年），頁 41。

[104] 曹永和，〈澎湖之紅毛城與天啟明城〉，收入《澎湖開拓史學術研討會實錄》（澎湖：澎湖縣立文化中心編印，民國 78 年 6 月出版），頁 133。

兵。[105]負責澎湖的防戍,從此澎湖在軍事體制上,與臺灣總兵相垺,形成一獨立的軍事單位。

第三:媽宮建城。中法戰爭影響最大者,當屬媽宮之建城。光緒15年(1889)5月,劉銘傳有〈澎湖建城立案片〉,敘其原委云:「光緒十一年法船退後,臣同前督臣楊昌濬會籌防務,相度其間,昌濬即有建城之議。澎地紳民,亦屢稟請建城垣。臣令澎湖鎮總兵吳宏洛詳細察勘,定於媽宮地方憑海築城,聯絡砲臺,以資捍衛。稟請於上年興工。」[106]而在光緒15年10月,媽宮城池終於竣工。[107]有了城池,更需要配以砲臺以資防禦,中法戰時,澎湖雖然失守,但事後其地位及防禦仍很受劉銘傳的重視,劉銘傳認為媽宮港可以泊兵輪,如果有砲臺就可以固守,當時澎湖的砲臺都已不合格,必須加以整修,並買後膛勝利大砲才能有所裨益。[108]

朝廷鑒於中法之戰澎湖被佔,贊成劉銘傳之看法,遂於光緒12年(1886)3月,向英商議購31尊新式後膛鋼砲,並雇洋匠鮑恩士(Bowens)仿照西法,添製砲臺10座。全省所添造及補修砲臺位置及座數,計澎湖3座,基隆、滬尾、安平各2座,旂後4座。[109]其實在澎湖修砲臺是相當困難的,原因是澎湖的土質鬆軟,且以沙石居多,不能承載巨砲震力,因此連築砲所需的泥土都得由外地運來。[110]時劉銘傳還得專門派海鏡號供澎湖差遣以造砲臺和築城之用。[111]

---

[105] 郭貴明,〈西臺古堡修護保存計畫補遺〉,同註10,頁51。

[106] 劉銘傳,〈澎湖建城立案片〉,同註101,頁293。

[107] 林豪,《澎湖廳志》第1冊,同註12,〈城池條〉,頁55。

[108] 劉銘傳,〈請撥援臺洋款數百萬趕速辦防片〉,同註106,頁201。

[109] 許雪姬,《明清兩代國人對澎湖群島的認識及防戍》(臺北:國立臺灣大學歷史研究所碩士論文,民國67年6月),頁73。

[110] 劉銘傳,〈遵籌澎防請飭部撥款摺〉,見《劉壯肅公奏議》卷5,〈設防略〉,同註101,頁1。

[111] 同註109。

　　劉銘傳於澎湖共築砲臺四座，媽宮 2 座、西嶼 2 座，均於光緒 15 年（1889）修好。胡傳於光緒 18 年（1892）7 月 18 日到澎湖去考察時，在他的日記中提到了西嶼的外灣砲臺（西砲臺）、內灣砲臺（東砲臺），其視察之後對澎湖砲臺有如下之結論「查該處所築砲臺，地勢均頗為扼要。」[112]

　　總之，中法戰後，清廷勵精圖治，以澎湖為由閩赴臺之要隘，扼紮勁旅，認真操練，方足以資緩急。[113]故加強澎湖防務，不僅修築砲臺，增強防禦工事，又命總兵吳宏洛興修媽宮城，經歷兩年完成。此外，將海壇鎮總兵和澎湖副將對調，在軍事上不僅凸顯澎湖海防地位的重要性，也慮及到一旦澎湖被敵遮斷救援線時，仍能獨立自保。[114]這一連串的措施，可以說明清廷在中法戰後，充分體會到澎湖的重要性，以及為防列強覬覦澎湖的用心之舉。

本文發表於「第二屆近代中國海防國際研討會」（香港：2002 年 6 月 6～8 日）。後出專書論文集，《我武維揚——近代中國海軍史新論》（香港：海防博物館編製，2004 年 3 月）；亦轉載於《光武學報》第 26 期（民國 91 年 6 月）。

---

[112] 胡傳，《臺灣日記與稟啟》第 1 冊（臺北：臺灣銀行經濟研究室編印，民國 49 年 3 月出版），頁 54-55。
[113] 林豪，《澎湖廳志》第 1 冊，同註 12，頁 8。
[114] 同註 30，頁 68。

玖、解嚴以來臺灣文學史論述的統獨大戰
——陳芳明 vs 陳映真

一、前言——臺灣文學統獨論戰之背景

　　20 世紀七〇年代，臺灣文壇曾爆發一場轟轟烈烈的「鄉土文學論戰」，但因論戰雙方「一人一把號，各吹各的調」，在彼此毫無交集的情況下，仍無疾而終的落幕，且並未解決當時論戰的焦點——臺灣文學屬性的問題。反而如陳映真所言：「七〇年代論爭所欲解決的問題，不但沒有得到解決，反而迎來了全面反動、全國倒退和全面保守的局面」。[1]

　　是否全面反動、保守，姑且不論，但隨著在政治上本土政權的確立，伴隨著臺灣意識的高漲，連帶著也鼓舞著臺灣文學臺獨論述的昂揚，這是不爭的事實。八〇年代起，臺灣文學領域逐漸颳起了一陣全面反中國的文學論述，中國認同的民族意識，被臺灣人國民意識所取代，在葉石濤、張良澤、彭瑞金、陳芳明等文學評論者不遺餘力的鼓吹下，臺灣文學中的「文學臺獨」論述，在政治力的推波助瀾及大環境的轉趨有利因素下，在臺灣文壇已成一股來勢洶洶不可輕忽的力量。[2]

　　臺灣文學臺獨論述是伴隨政治臺獨的成長而發展的，尤其在海外臺獨力量歸隊，本土政黨民進黨成立後，臺獨的勢力益發不可擋。

---

[1]　陳映真，〈向內戰・冷戰意識形態挑戰〉，《聯合文學》第 14 卷第 2 期（1997年 12 月），頁 76。

[2]　趙遐秋、呂正惠主編，《臺灣新文學思潮史綱》（臺北：人間版，2002 年 6月初版），頁 378。

在那個動盪的年代，國民黨的官方意識形態逐漸崩解，臺獨的力量則透過各種管道，無孔不入的將觸角伸入臺灣社會各階層，這當中藉由意識形態、文化思想來論述分離主義是最有效的方法。[3]也因此，從八〇年代始，臺灣島內圍繞著「臺灣結」與「中國結」、「臺灣意識」和「中國意識」、「統一」及「獨立」的論述爭議，成為那個詭譎多變年代最熱門話題的焦點。[4]

二、臺灣結與中國結的論辯

　　文學臺獨的論戰始於民國 73 年，因〈龍的傳人〉作曲者侯德健赴北京進修而起的。這年 6 月《前進週刊》刊登了楊祖珺的文章〈巨龍、巨龍，你瞎了眼〉，對侯德健的「愛國的孩子」作了批判的反諷。楊祖珺說：「我看到他（侯德健）心裏對自我的期許及要求，從小在歷史課本中看到的中國，長大社會中宣傳工具裏的中國，絕對不會因為『龍的傳人』一首歌走紅，就撫平了這愛國孩子的心靈。說得更嚴格點，『龍的傳人』只是侯德健在學時代，輾轉反側深思不解的中國，『龍的傳人』是他揣測，希望、擔憂的中國。」[5]

　　楊祖珺文章點出困擾臺灣絕大多數青年的「中國意識」問題，及挖苦侯德健投奔中國的「愛國之舉」。楊文甫一披露，立即引起統派大將陳映真的不滿，針對楊文，陳映真發表了〈向著更寬廣的歷史視野〉來回應，並對〈龍的傳人〉這首歌廣為流傳而熱烈的愛國激

---

[3]　古繼堂主編，《簡明臺灣文學史》（臺北：人間版，2003 年 7 月初版），頁
　　552-553。

[4]　施敏輝編，《臺灣意識論戰選集──臺灣結與中國結的總決算》（臺北：前衛
　　版，1988 年 9 月出版），頁 1-7。

[5]　楊祖珺，〈巨龍、巨龍，你瞎了眼〉，《前進週刊》（民國 73 年 6 月）。

情，表達深情地傾訴他心中緣於「中國情結」而迸發的愛國激情。[6]
陳映真文章一出，立即遭到圍剿，並被冠上是無可救藥的「中國結」
的「漢族沙文主義」、「愛國沙文主義」與「中國民族主義」者。[7]

論爭很快的激化起來，首先是陳樹鴻的文章〈臺灣意識——黨
外民主運動的基石〉，陳文特別強調：「正如臺灣鄉土文學運動是要
在臺灣實體的客觀存在上建立起一個反映現實的文學世界一樣，黨
外的臺灣民主運動也是要在同樣的客觀存在上，建立起一個相對應
的民主政治。而推進它的原動力則是以臺灣意識，針對否定臺灣現
實的非民主體制的批判。」接著又說：「否定了臺灣現實意識的政治，
也必定要導致不民主的。……所以把政治落實於臺灣，鞏固臺灣意
識，才是對抗『中共威脅』的最有效武器！」[8]

陳文論述最大的盲點在於是否懷抱「中國意識」者，一定是反
民主或不民主呢？如果只有「臺灣意識」才是民主？其他都不民主？
這是否意味此論述本身就具有霸權的不民主心態呢？其粗糙的以二
分法將「中國意識」等同於不民主，主張為了民主就必須排除「中
國意識」，此說法頗值得商榷。緊接著陳映真透過與戴國煇的對談，
批判「臺灣結」是「恐共」、反共的表現，實際上是臺灣島內分離主
義的「臺獨」勢力對大陸的抗拒，並明確表示其背後有臺獨理念在

---

[6] 陳映真說：「幾年前，偶然在電視上聽見這首歌〈龍的傳人〉，漫不經心地看
著字幕打出來的歌辭，在不知不覺間受到深深的吸引。聽完整首歌，胸中喉
裏，竟梗著一股酸熱。『啊！有這樣的歌麼？』我不禁在心中呼叫起來。」陳
映真，〈向著更寬廣的歷史視野……〉，施敏輝編，《臺灣意識論戰選集——
臺灣結與中國結的總決算》，同註4，頁32。

[7] 蔡義敏，〈試論陳映真的『中國結』——『父祖之國』如何奔流於新生的血
液中？〉，施敏輝編，《臺灣意識論戰選集——臺灣結與中國結的總決算》，
同上註，頁39-51。

[8] 陳樹鴻，〈臺灣意識——黨外民主運動的基石〉，施敏輝編，《臺灣意識論戰
選集——臺灣結與中國結的總決算》，同註4，頁191-205。

支撐，和臺灣緣於六〇年代興起的資產階級的理念。說穿了「這實在是階級的問題，而不是什麼『民族』的問題」。[9]

於此同時，陳芳明也以宋冬陽筆名發表〈現階段臺灣文學本土化的問題〉來為文學臺獨聲援，陳芳明從臺灣文學切入，回顧了八〇年代以來臺灣思想界、文學界有關臺灣意識的論戰，對陳映真等人的主張進行了強力批判。[10]當時《夏潮論壇》上的〈臺灣的大解剖〉專輯，即是因陳芳明此長文而起。與《夏潮》針鋒相對的是《臺灣年代》，它特別推出〈臺灣人不要「中國意識」〉專輯，發表林濁水〈《夏潮論壇》反「臺灣人意識」論的崩解〉、高伊哥的〈臺灣歷史意識問題〉來痛斥《夏潮》的「中國意識」與「中國情結」。[11]不久，《八〇年代》也加入抨擊《夏潮》的行列，在諸多反中國意識文章中，有一特點值得注意，即開始美化日本殖民臺灣，對臺灣現代化開發的重要影響，換言之，把「崇日」情結兜攬到臺獨的思想體系來。[12]

《夏潮》在島內不僅遭圍剿，在美國的《美麗島週報》也隔海砲轟，加入論戰陣營。這場以「臺灣結」與「中國結」；「臺灣意識」和「中國意識」為切入口的大辯駁，文學臺獨主義者，不但痛勦陳映真、戴國輝，最主要也是藉機鼓動風潮，檢驗臺獨論述在島內市場的接受程度。[13]而反觀以陳映真為首的《夏潮》立場，仍是秉持「中國民族

---

9 葉芸芸整理，〈戴國輝・陳映真對談「臺灣人意識」、「臺灣民族」的虛相與真相〉，施敏輝編，《臺灣意識論戰選集——臺灣結與中國結的總決算》，同註4，頁77-97。

10 宋冬陽，〈現階段臺灣文學本土化的問題〉，施敏輝編，《臺灣意識論戰選集——臺灣結與中國結的總決算》，同註4，頁207-249。

11 林濁水、高依哥諸文，俱見施敏輝編，《臺灣意識論戰選集——臺灣結與中國結的總決算》，一書。

12 趙遐秋・呂正惠主編，《臺灣新文學思潮史綱》，同註2，頁388。

13 《美麗島週報》主編為陳芳明，他以施敏輝化名撰寫〈注視島內一場「臺灣意識」的論戰〉、〈臺灣向前走——再論島內「臺灣意識」的論戰〉等一系列文章，批判陳映真和《夏潮雜誌》，該文俱見施敏輝編，《臺灣意識論戰選集——臺灣結與中國結的總決算》，同註4，頁1-30。

主義」的立場,「對於中國歷史、文化和人民抱著極深的認同和感情」,「願意跳出唯臺灣論的島氣,學習從全中國、全亞洲和世界的構圖中去凝視中國(連帶地是臺灣)的出路」。[14]這場論爭一直延續到「解嚴」後,激烈程度才稍微減退。臺獨勢力的新分離主義,又進入另一階段。

九〇年代後,隨著李登輝的上臺,國民黨政權迅速本土化,其後「兩國論」的拋出,更不掩飾其變相臺獨的立場。[15]而時為最大在野黨的民進黨,於民國 80 年 10 月在黨綱寫下「建立主權獨立自主的臺灣共和國暨制定新憲法,應交由臺灣人以公民投票方式選擇決定」的所謂〈臺灣前途決議文〉。[16]民國 81 年 5 月「刑法第一百條」的廢除,使鼓吹和從事非暴力的臺獨活動合法化。兩千年政黨輪替,民進黨的陳水扁上臺後,便公開拋棄「一個中國」原則,整個臺灣政治格局的大變動,使得原本的「臺灣意識」形態,漸被「臺灣主體性」之說所取代。[17]

以文學場域而言,民國 80 年陳芳明在〈朝向臺灣史觀的建立〉文中,提出在臺灣史建構「臺灣主體性」的概念,並主張在臺灣文學中亦是如此。[18]這種不願將臺灣文學視為中國文學一支的文藝思潮,從八〇年代延伸而來,到九〇年代又更進一步發展,於此氛圍下,理所當然地激化臺灣新文學思潮領域的統、獨大戰。

---

[14] 陳映真作品集 12,《西川滿與臺灣文學》(臺北:人間版,1998 年),頁 35-40。

[15] 鄒景雯採訪記錄,《李登輝執政告白實錄》(臺北:印刻出版,2001 年 5 月初版),頁 227-238。

[16] 〈民進黨一〇〇七臺灣主權決議文原案〉、〈臺灣共和國憲法草案〉,俱見林濁水,《路是這樣走出來的〈文獻篇〉》(臺北:前衛版,1991 年 10 月初版),頁 73-74、頁 103-124。

[17] 有關臺灣主體性之論述,可參考李永熾、李喬、莊萬壽等撰,《臺灣主體性的建構》(臺北:群策會李登輝學校出版,2004 年 5 月 1 版)一書,有頗為詳盡之探討。

[18] 陳芳明,〈朝向臺灣史觀的建立〉,陳芳明,《探索臺灣史觀》(臺北:自立版,民國 81 年 9 月 1 版),頁 10-25。

　　臺灣文學主體論，最早的淵源可追溯自民國 54 年，復出文壇的葉石濤在《文星》發表了〈臺灣的鄉土文學〉一文，該文提出從理論解釋「鄉土文學」的概念問題。民國 66 年 5 月「鄉土文學論戰」方酣之際，葉石濤在《夏潮》又撰寫〈臺灣鄉土文學史導論〉，從鄉土中衍生出「臺灣人意識」的問題。葉石濤將臺灣人意識推演到「臺灣的文化民族主義」，雖然認同臺灣人在民族學上是漢民族，但在長期變遷下，早已發展出和中國分離，屬於臺灣自己的「文化的民族主義」。[19]

　　葉石濤的文章甫一披露，隨即遭到陳映真的批判，陳映真強調「臺灣新文學在表現整個中國追求國家獨立、民族自由的精神歷程中，不可否認地是整個中國近代新文學的一部分」。[20]陳映真隨後即以「民族文學」為準的，極力頌揚「三十年來在臺灣成長起來的中國文學」，並稱許這些作家「使用了具有中國風格的文字形式、美好的中國語言，表現了世居在臺灣的中國同胞的具體社會生活，以及在這生活中的歡笑和悲苦；勝利和挫折……。」[21]陳映真的批判，葉石濤並不示弱，71 年 1 月，他糾合鄭炯明、曾貴海、陳坤崙、施明元等人於高雄創辦了《文學界》雜誌，鄭重其事的認為臺灣文學離「自主性」的道路尚有一段路要走，希望臺灣作家作品要勇敢的去反映臺灣這塊美麗土地的真實形象。[22]

　　葉石濤的宣言，立即獲得海外臺獨文學評論家陳芳明的聲援，陳芳明欣喜若狂的歡呼臺灣本土文學終於與「本土政治結合起來」，

[19] 葉石濤，〈臺灣鄉土文學史導論〉，見尉天驄編，《鄉土文學討論集》（臺北：遠景版，民國 67 年 4 月初版），頁 69-92。

[20] 陳映真，〈文學來自社會反映社會〉，陳映真作品集 11，《中國結》，（臺北：人間版，1998 年），頁 9-24。

[21] 陳映真，〈建立民族文學的風格〉，陳映真作品集 11，《中國結》，同上註，頁 25-32。

[22] 葉石濤，〈《文學界》創刊號編後記〉，葉石濤，《文學回憶錄》（臺北：遠景版，民國 71 年），頁 141-143。

而邁向一新的里程碑。陳芳明積極肯定葉石濤臺灣文學本土性、自主性的論述，認為在文學史上是極為重要的發展。陳芳明甚至樂觀預估「臺灣民族文學的孕育誕生乃是必然的」，它斬釘截鐵的說：「把臺灣文學視為中國文學的一部分，是錯誤的」，至此，陳芳明的「文學臺獨」主張已十分明確的表露出來。[23]

　　總之，在解嚴前夕，圍繞在臺灣文學屬性的論辯，兩種文學思潮的鬥爭已是壁壘分明了。一邊是以陳映真為代表的「臺灣文學係中國文學之一環論」；另一邊是葉石濤、陳芳明為首的建構「臺灣文學主體性」的論述。[24]此南轅北轍的兩種主張嚴重對立，雙方各有其支持者，如詹宏志、呂正惠等認同陳映真之說；李喬、彭瑞金、高天生之流則附和葉石濤、陳芳明的看法。[25]從七〇年代延燒迄今仍方興未艾，形成於 20 世紀末臺灣文學的統、獨大論戰。後來，旅美作家陳若曦曾試圖化解兩派之歧見，然彼此仍堅持己見，已無調和的空間了。[26]

　　民國 75 年因為臺灣作家李昂與鄭愁予在國際文壇遭到歧視事件，引發了《臺灣文藝》推出臺灣作家定位問題之探討。[27]向陽、李敏勇、羊子喬等本土作家紛紛撰文，強調臺灣作家認同臺灣，寫出臺灣特殊面貌的重要性。否則既不寫臺灣情事，又不被中國認同，最後成了可悲可嘆進退失據的邊緣作家。[28]此事件之所以掀起波

---

[23] 陳芳明，〈擁抱臺灣的心靈——《文學界》和《臺灣文藝》出版的歷史意義〉，陳芳明，《鞭傷之島》（臺北：自立版，民國 78 年 7 月 1 版），頁 3-14。

[24] 趙遐秋・呂正惠主編，《臺灣新文學思潮史綱》，同註 2，頁 399-400。

[25] 彭瑞金，《臺灣新文學運動 40 年》（臺北：自立版，民國 80 年 3 月 1 版），頁 199-204。

[26] 民國 71 年 3 月陳若曦應《臺灣時報》之邀回臺，在高雄主持了一場南北作家座談會，適值結合南臺灣文藝界人士組成的《文學界》創刊不久，南北作家對立之說甚囂塵上，因此在座談會上，陳若曦呼籲臺灣作家團結一致，唯已甚為困難。彭瑞金，《臺灣新文學運動 40 年》，頁 201。

[27] 李昂，〈臺灣作家的定位——記「現代中國文學大同世界」〉，《中國時報》（民國 75 年 8 月 21 日）。

[28] 因李昂之文掀起臺灣作家定位之探討，李敏勇、向陽、羊子喬等諸文，發表

瀾，是因為龍應台的一篇文章而起。龍應台在〈臺灣作家哪裡去？〉文章中，認為臺灣作家在國際社會備受歧視，絕大部分的責任是在國民黨政府的外交關係及中國正統觀，把問題焦點鎖在臺灣的「國家定位」上。[29]藉此機會，具臺獨意識的本土作家決定順水推舟以「臺灣國際地位」問題，回應「中國立場」的挑戰。例如李昂就直接訴求「臺灣文學劣勢一定存在，因為臺灣在國際上一直是『名不正、言不順』」。所以臺灣作家以後要用什麼稱呼在國際上定位，恐怕是政府、文化官員，乃至作家應當認真思考的問題。[30]

　　李昂拋出的議題，立即得到陳芳明的響應，陳芳明在《臺灣新文化》發表〈跨過文學批評的禁區〉，把「臺灣文學」、「臺灣作家定位」的問題與臺灣前途糾結在一起，進一步認定「臺灣文學」反映臺灣這個「經濟生活共同體」實質和「中國定位」是如何隔閡不入。因此陳芳明不客氣的批評，臺灣文學中的「中國」，根本是虛構性與虛偽性。[31]隨著臺灣意識的高漲，臺灣人急於「出頭天」的渴望，在政治解禁的情況下，九〇年代後，文學臺獨勢力達到登峰造極的地步。

三、陳芳明 vs 陳映真

　　在大環境轉趨有利的情況下，旅美臺獨大將陳芳明發表一系列鼓吹文學臺獨的文章，如〈是撰寫臺灣文學史的時候了〉、〈在中國的臺灣文學與在臺灣的中國文學〉等，凸顯陳芳明是葉石濤之後，執「文學臺獨」的牛耳地位。[32]在上述幾篇文章裡，藉由文學史的

　　於〈臺灣作家的定位專輯〉，《臺灣文藝》104 期（民國 76 年 1 月）。

[29] 龍應台，〈臺灣作家哪裡去？〉，《中國時報》（民國 76 年 4 月 27 日）。

[30] 李昂於〈臺灣作家哪裡去？座談會〉中的發言，《臺灣文藝》106 期（民國 76 年 7 月）。

[31] 陳芳明，〈跨過文學批評的禁區〉，《臺灣新文化》13 期（民國 76 年 10 月）。

[32] 陳芳明，〈是撰寫臺灣文學史的時候了〉，《自立早報》（民國 77 年 2 月 13-14

編寫問題，陳芳明繼續鼓吹「臺灣沒有產生過中國文學」，攻擊「臺灣文學是中國文學的一部分」的統派主張，強調臺灣文學與中國文學分離獨立的事實。陳芳明是以移民社會的角度來詮釋其理論，他說「臺灣是移民社會，中國移民到了臺灣以後，無不是以全新的『臺灣人心態在開墾、生活的，他們的經濟、生活方式逐漸因地域、環境的條件與中國隔離而形成他們的特色』」。[33]準此而論，在與中國隔離的臺灣社會所產生的臺灣文學，當然與中國文學是互不隸屬的。

陳芳明的文學臺獨論述，得到生力軍彭瑞金的強力奧援，彭瑞金特別還提出「臺灣民族文學」的概念，並以「臺灣民族」的理念，強調建構「臺灣民族文學」的重要性。[34]彭瑞金的論調得到林央敏、宋澤萊等人的支持，他們提出的「臺灣民族文學」，就是要和中國文學劃清界線，他們最後的目標是要建立一個優良的「新民族文化」、「新民族文學」，此目標的前提則是奠基於與臺灣命運的契合。[35]

新生代彭瑞金的高擎文學臺獨大纛，立即獲得老驥伏櫪葉石濤的強而有力聲援，葉氏接連撰寫了《沒有土地‧那有文學》、《走向臺灣文學》、《臺灣文學的悲情》等著作，開始明確宣揚文學臺獨的理念。[36]

日）。陳芳明，〈在中國的臺灣文學與在臺灣的中國文學〉，《民進報》革新版第 9 期（民國 77 年 5 月 7 日）。

[33] 陳芳明，〈臺灣文學的侷限與延長──與彭瑞金對談文學史的撰寫〉，陳芳明，《鞭傷之島》，同註 23，頁 358-359。

[34] 彭瑞金，〈臺灣民族運動與臺灣民族文學〉，彭瑞金，《臺灣文學探索》（臺北：前衛版，1995 年 1 月初版），頁 13-38。

[35] 該二氏響應彭瑞金之文，見林央敏，〈臺灣新民族文學的誕生〉，《臺灣時報》（民國 77 年 5 月 3～4 日）。林央敏，〈臺灣新民族文學補遺──臺灣文學答客問〉，《臺灣時報》（民國 77 年 7 月 9～11 日）。及宋澤萊發表「臺灣民族」三講〉、〈躍升中的「臺灣民族論」〉二文，俱見宋澤萊，《臺灣人的自我追尋》（臺北：前衛版，1988 年 5 月 1 版）一書中。

[36] 葉石濤，《沒有土地‧那有文學》（臺北：遠景版，民國 74 年 6 月初版）、《走向臺灣文學》（臺北：自立版，1990 年 3 月初版）、《臺灣文學的悲情》（高雄：派色文化出版，民國 79 年 1 月初版）。詳見〈葉石濤生平大事年表〉，陳明

葉石濤強調「臺灣人屬於漢民族卻不是中國人，有日本國籍卻不是
大和民族」，所以說到最後「臺灣是臺灣人的臺灣」、「臺灣是主權獨
立的國家」、「臺灣和中國是兩個不同的國家，制度不同、生活觀念
不同，歷史境遇和文化內容迥然相異」。[37]葉石濤並回擊「陳映真等
新民族派作家是……民族主義者，他們是中國民族主義者，並不認
同臺灣為弱小新興民族的國家」。[38]

當然這場文學統、獨大論戰的殿軍仍是陳芳明，在世紀交替之
際，陳芳明在《聯合文學》連載其〈臺灣新文學史〉時，又挑起了
文壇統、獨兩派的激烈論戰。[39]先是民國 88 年 8 月，陳芳明在《聯
合文學》發表〈臺灣新文學史的建構與分期〉一文，陳芳明稱其史
觀為「後殖民史觀」，他指出臺灣新文學運動從發生到現在，穿越了
殖民、再殖民與後殖民等三個階段。殖民時期指 1895 至 1945 年的
日本帝國主義的統治時期；再殖民時期「則是始於 1945 年國民政府
的接收臺灣，止於 1987 年戒嚴體制的終結」；至於後殖民時期，「當
以 1987 年 7 月的解除戒嚴令為象徵性的開端」。[40]這一史觀之所以
特別，是陳芳明發明了「再殖民」一詞，且將此再殖民含攝在國府
統治臺灣到解嚴以前的這一個時期。[41]

柔，《我的勞動是寫作——葉石濤傳》（臺北：時報版，2004 年 7 月初版），
頁 246-247。

[37] 葉石濤，〈戰後臺灣文學的自主意識〉，《臺灣新聞報·西子灣》（民國 84 年 8
月 12 日）。

[38] 葉石濤，〈臺灣文學史上的鄉土文學論爭〉（下），《臺灣新聞報·西子灣》（民
國 84 年 10 月 28 日）。

[39] 〈「文學臺獨」惡性發展的歷史〉，曾慶瑞·趙遐秋合著，《臺獨派的臺灣文
學論批判》（臺北：人間版，2003 年 7 月初版），頁 68-69。

[40] 陳芳明，〈臺灣新文學史的建構與分期〉，《聯合文學》178 期（1999 年
8 月）。

[41] 朱雙一，《臺灣文學思潮與淵源》（臺北：海峽學術出版社出版，2005 年 2
月出版），頁 315。

　　陳芳明除批判國府的「戒嚴體制」外，也痛斥國府強行灌輸的「中華民族主義」。陳芳明說：「就像大和民族主義對整個社會的肆虐，戰後瀰漫於島上的中華民族主義，也是透過嚴密的教育體制與龐大的宣傳機器而達到囚禁作家心靈的目標。這樣的民族主義，並非建基於自主性、自發性的認同，而是出自官方強制性、脅迫性的片面灌輸」。[42]接著，陳芳明將臺灣作家因對民族主義的認同分歧而歸納為兩類：一為接受政府文藝政策指導，以文學形式支援反共政策，宣揚民族主義，此為官方之文學；另一為抗拒中華民族主義，他們創造的文學，以反映臺灣社會的生活實況為素材，對威權體制採批判態度，此屬於民間之文學。[43]換言之，陳芳明以認同民族主義與否來二分官方或民間文學，作為其貫穿戰後臺灣文學史的主軸，雖頗富創造性，但亦有其盲點所在。

　　陳芳明論述中最具爭議性的是「殖民」、「後殖民」之概念問題，在社會科學領域中，「殖民」一詞是有其特定含義的，故使用時宜遵守邏輯上的「同一律」，方能為學術界所接受。一般而言，「殖民」這個概念，係指資本主義發達國家為掠奪資源、榨取財富，採用軍事征服之手段對落後地區加以佔據的行為。它基本上有三個前提，一是其行為主體是某個資本主義強國；二為它是向海外擴張，侵略他國，為奪取資源為目的；三為在其殖民統治下，殖民地被剝削壓榨，導致經濟凋敝，民生貧困。準此而論，國府治下的臺灣，明顯是不符合「殖民地」標準的。[44]

　　陳芳明之所以將國府治臺期間比擬為「再殖民時期」，原因是國府在臺灣實施統治嚴苛的「戒嚴體制」，他認為這種近乎軍事控制的

---

[42] 陳芳明，〈臺灣新文學史的建構與分期〉，同註40。
[43] 同上註。
[44] 朱雙一，《臺灣文學思潮與淵源》，同註41，頁316。

權力支配方式，較諸日本殖民體制毫不遜色。所以說從歷史發展的
觀點來看，將此階段視為「再殖民時期」並不為過。問題是「戒嚴」、
「統治嚴苛」能否等同「殖民」，恐怕仍有待斟酌。[45]其實陳芳明何
嘗不知這些概念是有區隔的，基本上，陳芳明此舉尚有另一層用意，
「殖民」本有一個民族侵略另一個民族，一個國家對另一個國家侵
略之意涵。用殖民一詞含概解嚴前國府治臺這一段，顯然有將國府
視為外來政權侵略霸佔臺灣之意味，如此一來，將臺灣民眾反抗國
民黨的鬥爭，提昇至擺脫殖民統治，爭取民族或國家的「獨立」鬥
爭，符合其政治臺獨的企盼。[46]

　　陳芳明文章發表後，陳映真隨即在89年7月的《聯合文學》發表
〈以意識形態代替科學知識的災難〉一文加以批駁其濫用「殖民」一
詞之不當。[47]8月份的《聯合文學》陳芳明不甘示弱的以〈馬克思主義
有那麼嚴重嗎？〉回敬了陳映真的批評。尤其在創作文學的語言上，
陳芳明說：「臺灣新文學運動者自始就是以日文、中國白話文、臺灣話
三種語言從事文學創作」。其中，用臺灣話書寫致使臺灣「與中國社會
有了極大的隔閡」，陳芳明還說，「國民政府在臺灣『不僅繼承』了『甚
至還予以系統化、制度化』了『日本殖民者對臺灣社會內部語言文化
進行高度壓制與排斥』的『荒謬的國語政策』。依賴於這種『國語政
策』，中國的『強勢的中原文化才能夠透過宣傳媒體、教育制度與警
察機構等等管道而建立了霸權論述』。而這種存在於臺灣的霸權論
述，與日據時期的殖民論述『正好形成了一個微妙的共犯結構』」。[48]

---

[45] 陳芳明，〈臺灣新文學史的建構與分期〉，同註40。朱雙一，《臺灣文學思潮
　　與淵源》，同註41，頁316-317。

[46] 朱雙一，《臺灣文學思潮與淵源》，同註41，頁317-318。

[47] 陳映真，〈以意識形態代替科學知識的災難——批評陳芳明先生的「臺灣新
　　文學史的建構與分期」〉，《聯合文學》189期（2000年7月）。

[48] 陳芳明，〈馬克思主義有那麼嚴重嗎？〉，《聯合文學》190期（2000年8月）。

對此，因著陳芳明的「多語言文學」的說法，陳映真指出陳芳明所說臺語遭到歧視是有陰謀的，他其實是指「中國國語」對臺灣地區「閩南」和「客家」兩種漢語方言的「壓迫」，從而暴露了陳芳明妄圖把通行於臺灣地區的漢語閩南方言、客家方言說成是和漢語、日語一樣獨立的民族語言，以證明臺灣是分離於中國之外的獨立國家。[49]

其實閩南語固然是福建南方的方言，但在臺灣它已是絕大部分福佬人的共通語言，它有其主體性，未必一定要附屬於國語的語言霸權下。但陳芳明刻意說明國府是如何的壓迫宰制臺語，也有言過其實處，因為當時在教育體制內固然強迫人人要說國語，但在廣大的臺灣民間社會，政府並沒有用公權力強行制止臺語之流通。且陳映真還舉日本、法國、韓國為例，說明世界各國為了維護「國語的中央集權的統一」，普遍強制推行某種針對方言的特殊文化政策。國府治臺後的「國語政策」亦為這種文化政策的體現，這種世界各現代民族國家都做的事，何來「殖民統治」的「語言文化歧視」呢？所以，陳映真認為陳芳明別有用心，故意泡製一種臺灣話來，把臺灣人講臺灣話和中國人說國語看作是絕對對立的鬥爭，從而證明此鬥爭不僅是語言的，而且甚至是文學、民族乃至國家的對立鬥爭。[50]

9月的《聯合文學》，陳映真再度出擊，寫了〈關於臺灣「社會性質」的進一步討論〉，痛批陳芳明對臺灣社會性質認識之膚淺與謬誤。陳映真攻擊陳芳明的焦點集中在其「社會性質」上，陳映真特別舉出「228事件」期間，倒在血泊中的宋斐如在1946年元旦於《人民導報》的〈發刊詞〉；及其後的〈如何改進臺灣文化教育〉證明，

---

[49] 陳映真，〈關於「臺灣社會性質」的進一步討論——答陳芳明先生〉，《聯合文學》191期（2000年9月）。

[50] 陳映真，〈關於「臺灣社會性質」的進一步討論——答陳芳明先生〉，同上註。

戰後當時臺灣的知識份子，提出要改變日據臺灣時「文化畸形發展」
的局面，「教育臺胞成為中國人」，「隨祖國的進步而進步」。對於宋
斐如、蘇新、賴明弘、王白淵等思想鬥士而言，要克服日據時期殖
民地文化的影響，唯一之途只有回歸中國，做主體的中國人。[51]

　　即便在民國 36 年至 38 年，臺灣《新生報》的〈橋〉副刊發生
一場「如何建設臺灣新文學」爭論時，歐陽明、楊逵、林曙光、田
兵，甚至包括後來走向獨派的葉石濤，都強調建設臺灣新文學的課
題和建設中國新文學的課題相關聯，強調臺灣文學始終是「中國文
學的戰鬥的分支」，臺灣文學工作者是中國新文學工作者的「一個戰
鬥隊伍」。到了七〇年代鄉土文學論戰時期，葉石濤、王拓等人仍迭
次宣稱「臺灣文學是中國文學的一環」，即使是陳芳明自己，也是到
鄉土文學論戰前後才和中國文學 Say「Good Bye」。而楊逵在〈橋〉
副刊的文藝爭論中，以及民國 38 年發表的〈和平宣言〉中，也屢屢
疾言反對臺灣獨立論或臺灣託管論。[52]總之，針對陳芳明所謂外來
中國對臺灣再殖民統治的說法，臺灣文學與中國文學分離說，陳映
真是費力最多，以大批資料史實予以強烈批判的。

　　10 月，同樣在《聯合文學》，陳芳明再拋出〈當臺灣文學戴上
馬克思面具〉一文，嚴厲譴責陳映真對他的批判是「在宣洩他的中
國民族主義情緒」，用馬克思主義「作為面具，來巧飾他中國民族主
義的統派意識形態」，虛掩其「統派立場」。[53]12 月，陳映真以論戰
已經失焦，不願再繼續糾纏下去，乃寫了〈陳芳明歷史三階段論和
臺灣新文學史論可以休矣！〉以示「論戰結束」。陳映真指出：「陳

---

[51]　同上註。

[52]　「如何建設臺灣新文學」之論戰，可詳見陳映真・曾健民編，《1947～1949
　　臺灣文學問題論議集》（臺北：人間版，1999 年 9 月初版）一書，有頗為詳
　　盡之探討。

[53]　陳芳明，〈當臺灣文學戴上馬克思面具〉，《聯合文學》192 期（2000 年 10 月）。

芳明有關日據以降『殖民地』社會──『再殖民』社會──『後殖民』社會『三大社會性質』推移的『理論』，既完全不合乎陳芳明不懂而又硬裝懂得的，馬克思主義歷史唯物主義有關社會生產方式性質（＝社會性質）理論和原則，也經不起一般理論對知識、方法論、邏輯等要素的即便是最鬆懈的考驗。因此，不能不說，陳芳明『歷史三大階段』論，所謂『後殖民史觀』不論從馬克思主義的生產方式論、或其他一般理論的基本要求看，都是破產的理論和史觀」，「因此以破產的、知識上站不住腳的『三階段』去『建構』和『書寫』的、他的『臺灣新文學史』之破滅，也是必然之事」。[54]

四、結論

　　樹欲靜而風不止，《聯合文學》上的二陳統、獨論戰，雖暫告一段落。然而，只要臺灣還不能成為一個正常國家，只要政治上的統、獨爭議仍在，只要國家認同的問題一日不解決，文學上的統、獨論戰就會持續下去，且情勢還會更趨激烈，更錯綜複雜。其實，這無關對錯，而是因著政治信仰所導致的對臺灣文學的信念，唯一的問題是，那方的論述能較吻合臺灣歷史發展的現象；那方的分析能貼切臺灣人民的情感；那方的說詞能獲得臺灣人民的支持，此一問題，短時間可能還無法得到圓滿解決。

　　本文發表於《北臺灣通識學報》第 3 期（民國 96 年 5 月）。

---

[54] 陳映真，〈陳芳明歷史三階段論和臺灣新文學史論可以休矣！〉，《聯合文學》194 期（2000 年 12 月）。

拾、第三勢力在兩岸交流之角色分析

一、前言

第三勢力，英文譯名為（The Third Force）意指政治運動中的第三股勢力。既有第三股勢力，其前提則必有第一股勢力和第二股勢力，且其兩股勢力均佔較大的政治優勢；壟斷較多之政治資源。但在一個政治多元化的國家中，任何政治上的主流或非主流力量，也不盡然為大家所接受，因此在兩股勢力的空隙間，即出現了所謂的「灰色地帶」；又言中間地帶，此中間地帶乃為第三勢力活動滋長的空間。

一般而言，既使是英美兩黨制的國家，在政治上仍有其他小黨派的結盟與活動，只是這些小黨雖能合法存在，但因缺乏群眾基礎，不能影響到選舉及政治決策。[1] 這些小黨派，我們常將其泛稱為第三勢力。基本上，第三勢力並不是一個政黨，也不是一個界定清楚的名詞。因為所謂的政黨，係指一群具有共同利益或政治理想者所組成的固定性團體。

其目標與功能在匯集黨的利益與意見，透過一定的程序制定黨綱、提出政策、表達政黨的政治主張、反映黨員的利益，藉以獲得大眾認同。並配合組織動員，在選舉中爭取選民支持，以獲致執政機會。進而組織政府，行使政治權力，來推動政策，落實政見，實現政黨的政治理想，增進參與者的共同利益。[2]

---

[1] 彭懷恩，《臺灣政黨體系的分析》（臺北：洞察出版社，民國 78 年 3 月初版），頁 5。

[2] 張瑞猛等著，〈政黨決策過程〉，載《政黨政治與臺灣民主化》（臺北：財團

　　若以如此嚴謹的定義來看第三勢力,第三勢力充其量只是一個派系聯盟型的組織。派系聯盟型的組織結構是公開接受或默認派系的存在,並建立各派系活動之運作規範,透過派系間的討論、諮商與妥協,而形成整體的決策。[3]目前在海峽兩岸的第三勢力,實際言之,連上述最起碼的條件均尚未具備,稱第三勢力恐怕只是在政治現實中一籠統中性的泛稱名詞。

　　因為在大陸,除了共產黨外,所謂的「民主黨派」實構不成一股政治上的力量;臺灣這邊,要談第三勢力的界定,可由多種角度視之。如果我們為第三勢力作消極的定義:凡是對國民黨有相當程度不滿而又不能認同民進黨主張之人士,均屬於第三勢力,則其人數不少,粗略估計應有 3 至 4 成的民眾屬於此類。至於積極的定義可以有兩個:其一是國民黨、民進黨以外,能得到一定程度的群眾認同,而足以與前二黨抗衡,且有運作能力的政治團體。

　　另一個定義是:對當前政局有清晰明確、且有別於國民黨、民進黨的主張,並能提供具體可行政策方針的一群政治人物。無論使用那一個積極定義來衡量,目前在臺灣,包括朱高正的中華社會民主黨在內,所存在的第三勢力,都只是一個徘徊在政治核心的邊緣力量而已。[4]

　　然邊緣力量並非毫無力量可言,假如我們將第三勢力的範圍含蓋面擴大,凡在野黨派、民間團體、政治菁英、社會秀異份子等,也算是第三勢力的話,則這股力量就非同小可,不可等閒視之了。我們甚至可視其為政治上的第三股影響力(The Third Influence),此

　　法人民主文教基金會,民國 80 年 11 月出版),頁 95。
[3]　同上註,頁 109。
[4]　謝學賢,〈我們須要怎樣的第三勢力〉,《中國先驅》第 2 號(民國 76 年 8 月),
　　頁 6。

影響力最基本的作用，至少可以為民眾提供另一種政治選擇。本文對第三勢力的定義即採後者，換言之，即以中間力量或第三股影響力來界定。

至於第三勢力在兩岸交流中所扮演的角色，是近幾年的新生事務，在兩岸關係的發展與相互交流方面，或多或少已起了一定程度的推動作用。這些作用及其帶來的影響，在社會各階層及政治當局，也存在著不同的看法和評價。但作為一重要角色，第三勢力似已找到其發展的舞臺空間，其所發揮的作用已是一不爭的事實。

本文即由四個面向及角度，來分析第三勢力在兩岸交流中的各種角色，最後並總結第三勢力在此角色的侷限性，而此一侷限性又與知識份子有關，故亦兼論以知識份子為主體的第三勢力，在現實政治中的悲劇命運。

二、第三勢力扮演溝通談判的角色

1990 年 5 月 20 日，李登輝先生就任中華民國第 8 任總統，在就職演說中，李登輝明確的對臺灣方面今後的大陸政策內容與走向，做了重要宣告：只要中共推行民主政治及自由經濟制度、放棄在海峽使用武力、不阻撓我們站在一個中國的前提下開展對外關係，中華民國願以對等地位與中共研討國家統一事宜。[5]

國府為表現誠意，緊接著在 1990 年 10 月 7 日成立「國家統一委員會」。1991 年 2 月 23 日，國家統一委員會通過了《國家統一綱領》，肯定的揭示海峽兩岸應共同建立民主、自由、均富、統一的中國。《國統綱領》更進而宣布統一過程分期，近程為交流互惠、中程

---

[5] 〈李登輝就任中華民國第 8 任總統演說〉，《聯合報》（民國 79 年 5 月 20 日）。

是互信合作、遠程則係協商統一等三階段。[6]至此，臺灣方面對於國家統一的態度和方向已然相當明確。

　　統一是最終的目標和不變的原則，但對確保臺灣的安全和民眾的福祉卻是首要的前提。基於此一原則和前提的考量下，於是才產生逐一階段性的交流、了解、縮短差距、建立共識到中國統一。換言之，在臺灣的立場是：中國統一是必然且可行的，但其時機與方式，首應顧及到臺灣地區人民的權益。在安全與福祉、理性與和平、對等與互惠的原則下，分階段逐步達成。[7]

　　但相對於臺灣，中共在面對臺灣問題的處理態度上，從 1979 年元旦由中共「全國人民代表大會常務委員會」名義，發表〈告臺灣同胞書〉中提出「三通」。[8]到 1981 年 9 月 30 日葉劍英提出所謂的「葉九條」。[9]再進而由鄧小平在 1982 年 10 月提出「一國兩制」的構想。[10]中共的態度始終很少改變，即要求先行接觸，建立任何形式的交流均可，但在政治問題上，要確認中共是中國唯一合法政權。統一的共識須建立在這一前提之下，只要這點能夠確認，其餘的一切均可再做協商，同時仍強調不放棄武力的進犯與威脅。

　　由於雙方在現階段的兩岸關係上，仍有相當多明顯的歧見，如中共至今仍堅持的四項基本原則，在國際間繼續孤立臺灣，對《國統綱領》迄無善意回應，不肯放棄以武力為最後解決之工具。臺灣方面則仍堅拒「三通」、維持「三不」原則、拒絕「一國兩制」及黨

6　《國家統一委員會第三次委員會議記錄》（臺北：國家統一委員會幕僚小組編印，民國 80 年 2 月 23 日），頁 126-128。

7　同上註。

8　〈中共對臺政策的變與不變〉，《中共問題資料週刊》448 期（臺北：中共問題資料雜誌社編印，民國 79 年 12 月 24 日），頁 4。

9　同上註。

10　鄧小平，〈一國兩制的構想是能夠行得通的〉，《建設有中國特色的社會主義》（香港：三聯書店，1987 年 4 月 2 版），頁 50。

對黨談判，使得兩岸關係的發展，呈現僵局的情況。中共當局立場不肯變，實際上是肇因於對臺灣現實認知的不足；臺灣不敢面對現實，也是「恐共」的心理作祟。

其實，今日海峽兩岸對峙的局面，已是無可否認之事，謀求統一之道，首在中共承認「分裂中國」之事實，而臺灣乃一不折不扣存在於國際社會的政治實體。至於黨對黨談判，國府當局之所以不肯，係因臺灣正邁入多黨制的民主政治，不能單以一黨為談判對象。且若堅持以國民黨為談判唯一對手，恐國民黨也無法全權代表二千萬臺灣民意走向談判桌。此外，中共提議的黨對黨談判，國府仍認為中共有矮化臺灣為地方政府的嫌疑。

雙方僵持的盲點既然在此，為打破這種不前不進、不後不退的局面，第三勢力可先行扮演一溝通談判的角色，實際上這角色也早就在進行。試舉一例為證：1990 年 7 月，由中共「中國和平統一促進會」主辦，邀請臺灣的「中國統一聯盟」在香港召開的「海峽兩岸關係學術研討會」，就是一個很好的起步。「中國和平統一促進會」正式成立於 1988 年 9 月，是中共以民間組織形式推動統一的機構。

據悉，該會是由大陸 23 個人民團體所發起，其中包括 8 個「民主黨派」。其主要任務是廣泛聯繫大陸、臺灣、香港、澳門和海外各界人士及相關的民間團體，共同探索統一的途徑，促進海峽兩岸對話、談判及推動統一的進程。其次尚努力推進海峽兩岸人民之間的探親、旅遊、經貿往來、科技、教育、學術、文化、藝術、體育等各方面的交流發展。[11]這樣的一個團體，就成員組織來看，雖屬非官方的民間團體，但以國、共兩黨而言，也算是一股第三勢力了。

---

[11] 《大陸情勢論叢》（臺北：中共問題資料雜誌社編印，民國 80 年 6 月再版），頁 349。

至於臺灣的「中國統一聯盟」，則成立於 1988 年 4 月，它是由《中華雜誌》與「夏潮聯誼會」為積極推展中國統一運動所組成的團體。在島內，它倒是頗具第三勢力的地位，其意識形態明顯，迥異於國民黨與民進黨，它既不認同民進黨的「臺獨」分離意識；也不苟同國民黨口號式的中國統一。其宗旨是以促進民族內部的團結與和平，建設民主統一的國家為目的。[12]

「統聯」這樣的組織，在島內不僅是統派的大本營，於臺灣的國民黨、民進黨而論，也被視為典型的第三勢力。兩個如此的第三勢力，為謀中國的和平統一，先行展開溝通、談判、對話，於海峽兩岸加強彼此的瞭解與認識，實大有裨益。然很遺憾的是，臺灣國府當局於事後，居然不明事理的抨擊此為中共掌握主動，用以造成香港為「兩岸談判基地」的地位，以間接的溝通管道，從事對臺統戰的陰謀。[13]

更荒謬的是，明顯的剝奪第三勢力扮演居間溝通談判的角色。須知，欲中國統一，有賴於兩岸之交流，不必計較是否中共之統戰，也無需凡事扣上一頂統戰的大帽子。該做的就去做，該談判就談判，更何況談判並非投降，只要談判的目的，有助於謀求全中國人民的福祉，非求一黨一派之私，有何不可。因此我們以為，第三勢力一定要無畏橫逆，堅決爭取談判溝通之參與，絕對不能讓國、共兩黨包辦中國政治。

三、第三勢力扮演兩岸對話的角色

海峽兩岸分隔半世紀，長期的隔閡，形成了兩個在意識形態、政治制度及經濟生活方面均截然不同的世界。雖然這種分隔和差異，並不蘊涵著不可能統一，統一只是方式和時間問題，但眼前擺

---

[12] 《中國統一聯盟簡介》（臺北：中國統一聯盟印製，民國 80 年 9 月）。
[13] 同註 11。

在海峽兩岸最難解的結，莫過於中共對臺獨的疑慮及臺灣對「一國兩制」的抗拒。對於這兩個問題的處理，兩岸政府雖時有「隔海對話」；甚至被民進黨指責為「隔海唱和」。

但這種間接的對話方式，對雙方意圖的了解，效果並不彰。也因此在某些情況的需要下，第三勢力成了兩岸對話或傳話的最佳角色。這種對話的角色，小自個人的傳話，大到民間團體或在野黨派的談判均屬。如 1984 年鄧小平向美國西東大學楊力宇教授提出「六點」和談建議；及 1988 年熊玠所帶來的中共高層傳話，甚至同年胡秋原先生與大陸李先念、鄧穎超的對話均是。基本上，這種對話對於縮短雙方認知差距，增加彼此的瞭解互信，不無裨益。

比如以上述的「臺獨」和「一國兩制」為例，當民進黨通過《臺獨條款》前後，中共透過國家主席楊尚昆、「國務院臺辦」副主任唐樹備，分別發表了絕不坐視「臺獨」發展的言論。於此同時，臺灣國府當局上自總統，下至民間團體，亦公開指責「臺獨」禍國殃民的言論。兩岸政府對「臺獨」問題都直接間接表明了彼此的態度，而這種表態更透過第三勢力，不管是個人或團體及各種管道或媒體，向對方傳達各自的訊息，對於立場的澄清頗有相當的作用。

相對的情形，在兩岸對於「一國兩制」及臺灣國際生存空間的問題上，亦出現了第三勢力扮演「對話」角色的情況。例如，中共說中國只有一個，臺灣是中國的一部分，「中華人民共和國」是中國唯一合法的政府，中共一再的重述此一立場。而國府當局也一再的聲明承認一個中國，但中國的統一必須奠定在民主、自由、富強的基礎上，同時也要顧及到二千萬同胞的利益與福祉。

中共說，「一國兩制」並不是你吃掉我，我吃掉你；你搞你的資本主義，我搞我的社會主義。[14]中國統一後，臺灣仍可維持現有體

---

[14] 邱漢誠，〈中共「一國兩制」策略形成的歷史背景〉，《中國大陸研究》第 35

制。臺灣則指此為中共的統戰陰謀；中共說，臺灣沒有生存空間的
問題，臺灣則一再表明要擁有國際生活空間，並提出彈性外交、務
實外交的做法；中共則指責臺灣在搞「一中一臺」、「兩個中國」。諸
如此類這種無休止的「對話」，透過第三勢力，無疑的，更可反應其
角色的特殊性。雖然問題仍在，但對話總代表著動口，動口總比動
手好，第三勢力似乎在一定程度上，提供了一個動口的平臺。

　　值得一提的是，第三勢力扮演「傳話」或「對話」的角色是否
適當，基本上就其本身而言，這倒不是問題之所在，比較尷尬的是，
第三勢力在扮演兩岸政府之間你來我往的對話過程中，如何既不失
立場，又同時能擁有己身立論的中介角色。

四、第三勢力扮演直接參與者的角色

　　第三勢力作為一個主體，成為促進與進行兩岸交流的實體，其
角色無疑已超越了作為中介對話的中性角色，當然此情況也許會引
發外界對第三勢力是否踰越其角色定位之質疑。但在目前海峽兩岸
關係尚未完全正常化的情況下，第三勢力扮演直接參與者的角色恐
難避免，揆其因有三：

　　第一：中共與國民黨之間的對話，雖已有逐漸朝向固定模式，
甚至制定化的趨勢。但在現階段距離正式溝通與談判還很遙遠，且
這種變相的對話，仍很難瞭解雙方決策者的意思與企圖。因此在這
段過渡時期，第三勢力將很難避免充當雙方中間人的角色，其實，
這也是第三勢力本身就具有的功能及歷史使命。[15]

　　卷第 5 期（民國 81 年 5 月），頁 80-88。

[15] 陳芳明，〈海峽新階段的舊關係〉，陳芳明著，《在時代分合的路口》（臺北：
　　前衛版，1989 年 7 月 2 版），頁 215。

　　第二：第三勢力雖常遭人定位為中間角色，代表中間路線的一股政治勢力。換言之，一般人常以政治上之失勢者視為第三勢力。但政治是會改變的，環境是會改觀的，任何一股政治力量，絕對不可能只甘於居第三勢力，而不企求成為第一或第二勢力。因此基於實際上的需要，在海峽兩岸隔絕半世紀之久後，一旦開放，為拓展自己的政治空間，只有積極扮演直接參與者的角色，以爭取將來在海峽兩岸有更大的發言空間。

　　第三：平情而言，就這幾年來的兩岸關係，第三勢力對國、共雙方在中國統一這個大問題上的政策是不滿意的，國、共兩黨均刻意在有條件的情況下預設立場。如中共的「一國兩制」；臺灣的《國統綱領》，也因此彼此的僵局始終未能打開。為求突破此一瓶頸，第三勢力常扮演一吃力不討好的角色。第三勢力為凸顯國、共雙方這種不合理的虛矯身段，勇於打破禁忌，先行直接談判，雖遭抨擊詬病，但卻明確的表達了第三勢力在兩岸交流中的自主角色。

五、第三勢力扮演整合民意的角色

　　整合與反映雙方民意，是目前第三勢力在海峽兩岸關係事務上，可以著力的一個角色。透過民意的整合，可以提供給兩岸政府執政者一個決策與執行的參考，對兩岸交流的發展，具有相當的促進作用。基本上，第三勢力可以拋開國、共兩黨既有的意識形態及歷史包袱，在整合與反映民意上，較有自由寬敞的發揮空間與超然客觀的標準。

　　也因此，其能較國、共兩黨更確切的掌握民間對兩岸關係發展的期望與要求，甚至進而凝聚民意，促使雙方調整其政策。以本文前節所述「一國兩制」及「臺獨」問題而言，國、共雙方對此問題

的考量與兩岸民間對此問題的看法，存在著相當大的認知差距。中共當局不解，何以臺灣對「一國兩制」特別排斥，殊不知「一國兩制」之模式，是 1979 年以來中共為處理香港、臺灣和澳門等地區的統一問題而提出的一個構想。尤其在中共與英國就香港問題達成協議後，「一國兩制」之鼓吹更是響徹雲霄，中共的意圖很明顯，香港問題既然能在「一國兩制」下順利解決，「臺灣問題」何嘗不能以香港模式謀求統一。

1984 年 6 月，鄧小平曾對香港知名人士鍾士元等說：「一國兩制」的具體意義就是在中華人民共和國內，大陸十億人口實行社會主義制度；港澳、臺灣等地實行資本主義制度。[16]這是中共最高領導人對「一國兩制」所下最簡潔明白的定義，但它的理論內容卻不清楚。1985 年，「中國社會科學院」政治研究所所長嚴家其對「一國兩制」作了一個最嚴謹的理論界定。嚴家其說：「一國兩制的涵義是，一個國家根據自己憲法、法律的明文規定，在這個國家的部分地區實行不同於其他地區的政治、經濟和社會制度。但這些地區的政府是這個國家的地方性政府，不能行使國家的主權。」[17]

表面上看來，「一國兩制」似乎很合理，因為中共和臺灣的國府當局，均只承認一個中國。既然臺灣採資本主義，而中共信仰社會主義，各採其主義而有兩種不同制度好像是理所當然，順理成章且無可厚非。然表面上之合理不一定能解決政治上現實之難題。[18]基本上，臺灣國府當局之所以拒絕「一國兩制」，其理由不外乎有三：

---

16 翁松燃，〈「一國兩制」芻論〉，見張富美編，《臺灣問題討論集》（臺北：前衛版，1989 年 11 月 3 版），頁 89。

17 嚴家其，〈「一國兩制」和中國統一的途徑〉，《政治學研究季刊》（1985 年第 2 期），頁 1-7。

18 凌瑜郎，〈再論「一國兩制」無法適用在國共和談〉，見瞿文伯、魏萼主編，《中國：和平統一的道路？》（臺北：前景出版社印行，1990 年 6 月初版），頁 22。

一是中共所謂的「一國」，是指「中華人民共和國」，而非中華民國。在這種安排下，中華民國在統一後立刻變成一個「特別行政區」，亦即國旗、國號、國歌將被迫取消。二是中共所謂社會主義和資本主義制度並存的說法，只是一種過渡性的安排，國府並不相信其真實性，因為根據中共憲法：「社會主義制度是中華人民共和國的根本制度」。在「中華人民共和國」之內的特別行政區，怎能容許實行社會主義之外另一種制度的存在。三是如果按照「一國兩制」的模式統一，將使不合歷史潮流的共產主義思想和制度，危害到島上中國人的福祉。[19]

此外，目前阻礙統一的不只是臺灣執行當局，臺灣人民對中國大陸多年來的反覆變化存在著恐懼。一則因為他們對中國大陸存在著陌生感，二則他們對中共以往壓迫異己，政治壟斷存在著畏懼，三則中國內地人民生活水準低落，令他們懷疑中共的領導能力，唯恐統一會威脅了他們目前的經濟生活。[20]

至於「臺獨」，始終是存在於國、共之間的敏感問題，就中共而言，其對臺政策的基本考慮是維護中共成為中國的唯一合法性代表。基於這一點而發展出其對臺的各項工作方法，任何方法的基本底線就是中共主權的完整性。任何明確宣告打破這項底線的作為，中共都絕對不能容忍，「臺獨」在中共的認知上，正完全符合了這個條件。

就臺灣而論，臺灣獨立的心態有一部分是來自對中共統治的畏懼。[21]國府最高當局李登輝曾說：臺獨的產生其實不是來自內部，

19 吳安家，〈政府宣布終止動員戡亂時期的海峽兩岸關係〉，見趙春山編著，《大陸政策與兩岸關係》（臺北：財團法人民主文教基金會，民國 80 年 11 月），頁 246。
20 廖光生，〈從臺灣的歷史傳統看中、臺關係的發展〉，見張富美編，《臺灣問題討論集》（臺北：前衛版，1989 年 11 月 3 版），頁 71。
21 朱新民，〈開展兩岸關係到統一之路沒有時間表〉，《臺灣日報》（民國 80 年 5

而是因為中共在國際上孤立我們而產生的。[22]因此「臺獨」問題，有一大部分關鍵，端視中共的政策而定，中共倘能愈朝民主化、自由化的開放政策發展，「臺獨」的立論在臺灣就愈沒有力量；反之，中共在內政上愈封閉保守，在對臺政策上愈囂張甚至不惜使用武力，「臺獨」的聲勢就愈大，附和者就愈眾。

「臺獨」運動現已是兩岸關係中鬆緊的機制，「臺獨」勢力在臺灣愈發展，愈易造成中共的疑慮和臺灣內部的衝突。[23]所以中共既然對「臺獨」有疑慮，最根本的解決之道就是中共放棄在國際間孤立臺灣，不要以武力作為解決的最後工具。如此即使不能完全化解「臺獨」的聲浪，但至少使主張「臺獨」者失去一個可以煽動訴求的重點，這對遏止「臺獨」勢力的擴張，必有相當的壓制作用。[24]針對上述兩個難解的結，其中產生的原因，有不少是雙方觀念差距所致，但是兩岸政府現所擬定的政策，往往又不能完全反映民意的需求，甚至出現民間的腳步在前，政府的政策修正追趕於後的窘境。此種情況的民意整合，第三勢力又責無旁貸的負起了整合反映兩岸民意的角色。

六、結論

1990 年元旦，中共總書記江澤民發表談話，在談到兩岸關係時說：我們已經提出，中國共產黨和中國國民黨派出代表進行接觸，

月 2 日）。

[22] 〈李總統記者會〉，《中國時報》（民國 80 年 4 月 30 日）。

[23] 高哲翰，〈兩岸關係發展取向的剖析〉，《理論與政策》第 6 卷第 3 期（民國 81 年 4 月），頁 42-43。

[24] 〈中共何以不肯放棄對臺使用武力！〉，見楊選堂主編，《聯合報與國家現代化》（下）（臺北：聯經版，民國 80 年 9 月初版），頁 1229。

以便創造條件，就正式結束兩岸敵對狀態，早日實現兩岸直接三通，雙向交流，逐步實現和平統一進行談判。[25]其實中共的立場，只是強調江澤民在 1990 年 6 月 11 日的另一次談話。江說：我們主張由中國共產黨和中國國民黨兩黨對等商談，這是從兩黨目前的地位、作用等現實情況出發的，也是為了避開臺灣方面感到不方便的問題。

　　同時，我們也一貫重視兩岸其他黨派、團體和各界人士，在實現祖國統一大業中的作用。在兩黨商談之前，同各個黨派、團體切磋議案，共商國是；在商談之中，及時通報情況，交換意見；甚至在參加會議的代表中，也可以吸收其他黨派、團體代表性的人士。[26]由江澤民的談話看來，中共當局雖仍以國民黨為談判的主要對手，但也不反對其他政治團體的參與。換言之，第三勢力在中國統一及兩岸關係事務上，仍有相當大的施展空間。

　　筆者以為，只要是有利於中國統一，都該秉持誠心與互信去試著進行談判。我們認為國民黨應該利用目前經濟的優越資本，同中共坐下來好好商談中國前途問題，幫助中共揚棄共產主義，建設一個具有中國文化特色的社會主義制度。我們實在不了解，以前冷戰時代，美俄世仇都可坐下來談，國、共兩黨同是中國人，為何不能談。既然現階段不能談，第三勢力可先談，唯在談判時，第三勢力中立的角色宜拿捏得好，否則可能造成雙方的誤解及反效果。

　　例如在臺灣，有人將第三勢力劃為「統一派」或「祖國派」，言下之意有暗諷第三勢力與中共唱和或趕搭統一巴士，但有多少人真正瞭解第三勢力之用心良苦。既使第三勢力要求統一，也是以民主、

---

[25] 同註 11，頁 254。

[26] 趙春山，〈變動中的海峽兩岸關係〉，見趙春山編著，《大陸政策與兩岸關係》（臺北：財團法人民主文教基金會，民國 80 年 11 月），頁 12。

自由、和平為前提下的統一，這份苦心孤詣，很遺憾的被國民黨與民進黨給刻意的污衊了。

　　海峽兩岸隔絕半世紀所衍生的問題很多，兼以國、共雙方在問題的考量下，因觸及甚多政治禁忌而裹足不前，所以能扮演其中橋樑角色者，莫過於第三勢力。但第三勢力在先天上也有其侷限性，以致於其能發揮的影響力有限。第三勢力的侷限性有四：

　　第一：角色的模糊，第三勢力雖然標榜有別於國、共兩黨，甚至民進黨外的一股政治勢力，走的是不偏不倚的中間路線。其屬性是客觀中立的，但這只是主觀的認定及理想，一落實到政治面時，很難說能維持不變。因此有人批評第三勢力是一群投機的騎牆派。所以在扮演兩岸交流溝通談判的角色時，臺灣方面的第三勢力，千萬不可讓中共誤以為只是利用中共而攀緣附勢，或被視為只是臺灣泡沫團體或失意政客的政治秀。同樣的道理，大陸方面的第三勢力，亦宜有充分的自主權，別讓臺灣國府當局認為，只是替中共鼓吹「一國兩制」的傳聲筒。

　　第二：政治資源缺乏，因為海峽兩岸的第三勢力所擁有的政治資源有限，所以一般而言，第三勢力對於中國統一及兩岸交流，比較能夠發生影響力的，目前仍在兩岸非政治議題的交往上。如學術、文化、體育交流、探親、旅遊等，至於政治關係上，雖然有所提議溝通，但因本身不是政治主流力量，故在政治層面上的影響力終究有限。唯第三勢力倘能妥為運用有利時機，引導雙方對話，仍有可能創造一番作為。

　　第三：結構的脆弱，目前第三勢力的結構型態，是以派系聯盟式的組織為主，這種聯盟式的組合方式，先天上有其脆弱性，因為容易造成分離主義及山頭主義。基此而言，第三勢力的結構型態，應該採單一式的組織，而不是混合式的組織。也就是說，每一第三

勢力的成員，均以個人的身分，參加組織，從事組織。不是以任何黨派、任何團體的全部或一部分來參加的。此外，第三勢力的結構實質，應該有可以共同信守的某種限度的約束性與相當嚴格的紀律；應該有原則上可以共同遵行的基本信念和主張，以作行動之標的。

另因第三勢力是多重黨派的組合，內部統合不易，凝聚共識困難，對於其特定的內容與所代表的事實則尚未範型，所以其角色較模糊不清。這種模糊不清的角色，使第三勢力在拓展社會基礎上遭遇很大的困難。因為它缺乏公共政策，目標不明確，缺乏決定政策之一貫性及統一性。美國密西根大學政治系教授（Samuel T. Eldersveld）說：政黨最重要的功能是決定政策。隨著民主化的發展，民意的塑造對政黨選舉時獲得選票有著密切的關係。

政黨政治即是民意政治的意涵，而表現在民意政治上，最具代表的指標，即為公共政策的制定。依此而言，第三勢力顯然尚未符合政黨的條件。也因如此，第三勢力要由一個菁英式的結盟，轉化成草根性的政黨，在社會基礎上似嫌薄弱。其結果亦肇下第三勢力在參與政治和社會事務上影響力的不足。而這種不足，有一大部分的原因，即第三勢力在先天上組織結構的脆弱性所致，此亦第三勢力侷限性之所在。

第四：屬性的限制，基本上，海峽兩岸的第三勢力均以知識份子為主體，知識份子在中國常扮演一個「關心他個人身處的社會及時代的批評者與代言人」的角色。[27]此角色尤以表現在政治的批評上最明顯。如果知識份子在社會上有立足之資，它就有較大的批判自由；如果在政治之外，尚有抗衡政治的憑藉，則其批判的自由將

---

[27] See Crane Brinton, "The Anatomy of Revolution" (New York. Vintage Book, Revised & Expanded. 1965.) PP.42。

更大。[28]此種政治批判自由的權力，外緣因素來自於社會對知識份子超然性、客觀性、中立性之角色期許；內緣因素則來自當一群知識份子所秉持的思想觀念遙遙領先社會的發展進度時，他們即很容易成為傳統文化和社會現象乃至於政治現實的批判者，甚至革命者。[29]

職是之故，就政治立場言，知識份子在傳統政治中常以「第三勢力」或「中間勢力」的角色出現。但在中國現代政治舞臺上，知識份子卻常遭到「同化」的命運。何故？那是因為知識份子在政治上雖然獲得了參與的機會，在政治與社會事務上扮演某種角色，但是，並不意味政治權利的分配；或者，雖然獲得政治權利的分配，也不意味參與理想的實現。

在這種情況下，知識份子的參與成了分沾一些政治權力而遷就於現實。這有兩種形態，一是成了政治現實結構的一份子；一是成了對政治現實的妥協。這兩種形態，都是知識份子參與者的被政治現實同化。當然，這種同化並不是毫無積極意義的，可慮的是，知識份子在被同化的過程中嚐到了權力、權利與名譽的滋味，而放棄了對於參與理想的追求。

當知識份子在現實政治社會中，因此而享受到權力、分配到權利、進入統治階層或成為現實政治與社會的知名人物時，知識份子便會察覺到，這些收穫，事實上是一種妥協的代價，是一種交易；有所得必有所付出，有所妥協。否則，這些獲得的便會立即喪失。因而，所謂「權力常使人腐化」的現象與後果產生了。知識份子不只耽於權力、權利與名望而放棄了參與理想，甚至為了保持所獲得

---

[28]　金耀基，《中國現代化與知識分子》（臺北：時報版，民國 71 年 11 月出版），頁 62。

[29]　陳國祥，《青年呼聲》（臺北：四季版，民國 68 年 9 月 1 版），頁 172。

的，進一步擴大與升高所獲得的，而成了「新階級」，既寄附於現實政治權力，復成為辯護與維護者。

其實，中國的知識份子一直強調某種參與而保持獨立人格與理想的信念。但是，除非排斥的反應特別強烈而無可妥協，否則，知識份子被同化倒成了常態。[30]由過去「民盟」的悲劇，便可應驗此一特點。現在以知識份子為主體的第三勢力又面臨到此一角色定位的問題，深盼海峽兩岸的第三勢力在扮演中介角色的同時，能明確了解自己的立場及己身的定位。

本文發表於「第二屆海峽兩岸關係研討會」（香港：1992 年 7 月 8 ～11 日）。

---

[30] 楊選堂，〈知識份子的政治參與〉，《中國論壇》第 15 卷第 1 期（民國 71 年 10 月 10 日），頁 4。

拾壹、同為「北大人」
——記胡適與李璜的情誼

一、前言

　　民國 6 年夏，胡適應蔡元培邀，放著博士學位還沒真正到手，即風塵僕僕趕赴北大就任，爾後歷院長、校長等職，成了終身以北大為傲的「北大人」。而李璜呢？這位青年黨的領袖，國家主義的大將，於民國 13 年偕曾琦回國後，先是在武昌大學任教，民國 14 年亦應聘至北大，講授西洋史，與胡適成了同事，同為「北大人」。胡適，一生交遊滿天下，上至王公巨室，下到販夫走卒，到處都是「我的朋友胡適之」，喊的滿天震響，甚至成了一句揶揄的話。

　　胡適好交友，友朋也確實多，然基本上，仍以教育、學術界為主，大陸學者沈衛威，謂其為以胡適為首的「文人集團」。[1]當然，胡適也有不少政界的朋友，包括在朝在野黨派都有。胡適和蔣介石、汪精衛、宋子文等國民黨高層，都有若干公私情誼與恩怨。胡適終生道義支持蔣，但對蔣之威權獨裁，亦常嚴辭批評之；而蔣對胡適也始終尊而不親，讓胡適一人擁有言論自由，妝點門面弄弄樣子而已。與汪之關係，雖曾一度在對日立場上，雙方想法接近，惜汪最終下海，胡適一向秉持大是大非的原則，當然與其分道揚鑣。而對宋子文這位國舅，胡適自然是不敢恭維，尤其胡在駐美大使期間，更是受了宋不少氣。

---

[1] 沈衛威，《升起與失落——胡適派文人集團引論》(臺北：風雲時代出版，2000 年 6 月初版)。

　　至於胡適與在野黨派領袖的關係，旅美史學家李又寧博士，於近二十年來，一直對推廣胡適研究與搜集相關史料相當用心。十餘年前，李氏在紐約主編「胡適研究會叢書」，且出版一系列有關胡適與其親族朋友的專書。87 年 2 月，李氏在其主編的《胡適與民主人士》一書中，收錄了楊天石等人所寫的胡適與柳亞子、郭沫若、陶行知、梁漱溟、張君勱、章士釗、王造時等七人的論文，其中包括民社黨的黨魁張君勱，惜青年黨的領袖與胡適的關係仍付之闕如。[2]

二、同為「北大人」——胡、李的交誼往返

　　眾人皆知，青年黨的領袖為曾琦、左舜生與李璜，即所謂的「曾、左、李」三巨頭。三人中以李璜與胡適的交誼最深，關係也最厚。這可能與胡適終身標誌的「北大人」有關，一日為「北大人」，終身即為北大的一份子，胡適常以此自豪。而李璜曾於民國 14、5 年間，在北大史學系任教，講授西洋史，故胡適亦常呼其為「北大人」，有此淵源，雙方關係自然容易建立起來。但其實李璜至北大任教時，胡適已暫離北大赴歐旅遊，故彼此並未真正謀面。此事，李璜在其《學鈍室回憶錄》即載：「我在北大教書的一年（民十四），並未晤見適之，因他於民十四的十月就去了上海，民十五便由上海赴歐洲旅行去了。我是於民十七在上海始認識適之，從此交往不絕。」[3]

　　彼時，胡適與李璜雖然緣慳一面，但胡適對李璜的才學已相當欣賞，並無任何門戶之見，誠如李璜所言：「適之為人，性格開朗，雖自己的思路是本於美國的實驗主義，然而並不排斥在歐洲大陸德

---

[2] 李又寧主編，《胡適與民主人士》（紐約：天外出版社印行，1998 年 2 月出版）。

[3] 李璜，《學鈍室回憶錄》上卷（香港：明報月刊社出版，1979 年 10 月初版），頁 193。

法兩國留學而略有成就的學人，一視同仁，十分合作。」[4]舉例而言，
民國 15 年夏，中華教育文化基金董事會決定在中國邊省設立 4 個講
座，李璜積極向中基會總幹事任鴻雋（叔永）要求擔任成都大學的
社會學和教育學講座。但據李璜說：「叔永是一個謹慎人，對我這個
不大務正業而愛惹是非的教授不大放心，遲疑不決，去電適之詢問
可否；而適之立刻回電，稱『人選最妥』。於是我纔得著講座聘書，
回川任教，免了次年張大元帥的大刀威脅。」[5]由此可見，尚未與李
璜識荊的胡適，對其是如何的信任。尤其是，李璜國家主義派的政
黨背景，胡適毫不芥蒂，一切以才學專業為考量，更令李璜直到晚
年仍感佩於心。

　　當然，李璜與胡適真正晤面，並進而有所往來，還是始於民國
17 年，當時胡適與羅隆基、梁實秋、徐志摩、聞一多等人正在上海
辦《新月》雜誌。[6]而李璜則於民國 16 年，在上海主持青年黨中央
黨部，其後又與張君勱合辦《新路》雜誌，抨擊共產黨的流寇主義
與國民黨的一黨專政。[7]基本上，《新路》理念與《新月》相近，此
即為雙方接近，提供了精神上的投契基礎。

　　至於雙方真正認識的時間，胡適日記並未刊載，李璜則回憶為
該年夏天。李璜說：「民國十七年夏末於上海張君勱處，認識其弟禹
九，後又因禹九請客，得晤見胡適之、潘光旦、徐志摩、劉英士、
梁實秋、邵洵美諸人。適之其時在吳淞中國公學當校長；我與他雖

---

[4]　同上註。

[5]　李璜，〈我的朋友胡適之〉，《祖國》37 卷 17 期，頁 225。

[6]　《新月》雜誌創辦於民國 17 年 3 月 10 日，見梁實秋，〈憶「新月」〉，梁實
　　秋，《文學因緣》（臺北：文星版，民國 54 年 8 月再版），頁 291-303。

[7]　民國 16 年 10 月，李璜於上海金井羊處，偶遇張君勱，最後 2 人於上海共同
　　創辦《新路》雜誌，於民國 17 年 2 月創刊，較《新月》早一個月。陳正茂，
　　〈一黨專政下的清流──記「新路」雜誌〉，《全民半月刊》第 12 卷第 2 期
　　（民國 80 年 7 月 25 日），頁 4-6。

是北大的老同事，但並未會過面，但他看過我的談歷史學方法的文章，引為同調，相見甚歡。其時適之與禹九、儲安平諸人正在上海辦《新月》雜誌，且經營一間新月書店，每週「新月派」中人必有一次聚會，適之也請我去參加這一聚會，計有三、四次。適之要我為《新月》雜誌寫文。我已知當適之歸國過日本時曾發表〈論孫文哲學〉，已使國民黨當權者對他感到不滿；我便推辭，我有「異黨該死」的罪名，文章發表出來，於《新月》的往外埠發行不利。適之認為介紹法國的歷史學方法的文字無妨，再三約定，我只得寫了一篇長文，介紹法國涂爾幹派的對古史研究的社會學方法，並及於法國漢學家用此方法對中國古史的研究貢獻。文分三期在《新月》上發表出來。我其初只署的一個「幼春」，而適之認為《新月》貨真價實，從來無假，乃由他添上木旁用我真名「幼椿」二字發表，尚未發生問題。」[8]

　　李璜又回憶說：「他與我雖是民十四年在北大的同事，彼時大家忙於講授，往還不多，並不覺得他在那時候，便留意到我在北大史學系學生晚會所演講的 Durkhemien School 的研究古史的社會學方法、直至民十八，他在上海辦新月雜誌時，他請我參加並作文；我表示我的政治色彩太濃厚，於他的『新月』不利。他說：『我不是要你談政治，我是要你將 Durkhemien 的社會學方法論用的古史這方面的成績拿出來讓大家知道，並且要求你寫得不枯燥，對研究中國古史的學人給予他們一個社會學的新觀點。』因此，我曾用『古中國的舞蹈及其故事』的題目，在新月發表過好幾篇文章，後來在上海中華書局出單行本，現在經『秦火』後，已絕版了。」[9]

---

[8]　李璜，《學鈍室回憶錄》上卷，同註3，頁238。

[9]　李璜，〈敬悼胡適之先生〉，馮愛群編輯，《胡適之先生紀念集》（臺北：學生書局印行，民國62年9月再版），頁158。

　　由上述兩段引文看來，胡適與李璜似乎是一見如故，且同為北大人，胡適早已讀過李璜的文章，尤其是李璜以法國社會學理論來闡述古史的做法，想來是深得胡適肯定與認同的。唯查《新月》雜誌目錄，與李璜的回憶有些許出入，《新月》上，李璜只發表過兩篇文章，即〈法國支那學者格拉勒的治學方法〉（署名幼春），《新月》第 2 卷第 8 號（民國 18 年 10 月 10 日）與〈法國支那學小史〉（署名幼椿譯），《新月》第 2 卷第 9 號（民國 18 年 11 月 10 日）。有意思的是《新月》雜誌在李璜投稿後，開始陸續有其他青年黨人的文章登載其上，如茅以思（左幹忱），〈打靶的人〉，《新月》第 2 卷第 11 號（民國 19 年 1 月 10 日）、陳翊林（陳啟天），〈社會標準與控制〉，《新月》第 3 卷第 1 號（民國 19 年 3 月 10 日），及盧隱、劉大杰等青年黨人譯作，是否與李璜有關，頗值玩味。[10]

　　另方面，檢閱胡適日記，開始有確切日期和李璜交往，是在民國 18 年 6 月 16 日。當天胡適日記寫著：「平社聚餐，到的只有實秋、志摩、努生、劉英士幾個人，幾不成會。任叔永昨天從北京來，我邀他加入。飯後三點，我同梁、羅兩君去尋李幼椿先生談，一直談到晚上十點鐘。幼椿是國家主義派的一個首領，曾在北大教過歷史。這一天談話最要之點有幾點：（一）、我說，你們的標語是「打倒一黨專政的國民黨」，你們主張多黨政治，但多黨政治的根據有二：（1）少數黨已成一種實力，使政府黨不能不承認。凡政府黨皆不願承認反對黨，其承認都是因為反對黨已成勢力，不得已而承認的。（2）多黨政治是多黨共存，雖相反對，而不相仇視。若甲黨以「打倒乙黨」為標語，則不能期望乙黨之承認其共存。（二）、國家主義者似總不免帶點為中國固有文化辯護的氣味，此是我最不贊成的。幼椿

---

[10] 見《新月》目錄，唐沅、韓之友等編，《中國現代文學期刊目錄匯編》（天津：人民出版社出版，1986 年 3 月出版），頁 885-901。

先生態度很好，我們談話很公開，很爽快。他勸我多作根本問題的
文章，他嫌我太膽小。其實我只是害羞，只是懶散。」[11]

　　這天日記透露出一點有趣現象，即從長談的情形看來，胡適與
李璜的交情，應該已到相當不錯的地步，否則李璜不至於唐突到嫌
胡適膽小；而胡適也不客氣的直接批評青年黨的政黨理念；與其個
人不贊成國家主義的立場。晤談後半個月，即 7 月 1 日，胡適又寫
信給李璜與常燕生二人，針對該黨若干雜誌，捕風捉影、道聽塗說，
不負責任的報導，提出嚴厲批判。信中提到：「……國家主義者所出
報章，《醒獅》、《長風》都是很有身分的。但其餘的小雜誌，如《探
海燈》，如《黑旋風》，……等，態度實在不好，風格實在不高。這
種態度並不足以作戰，只足以養成一種卑污的心理習慣；凡足以污
辱反對黨的，便不必考問證據，不必揣度情理，皆信以為真，皆樂
為宣傳。更下一步，則必至於故意捏造故實了。如《探海燈》詩中
說蔡子民『多金』，便是輕信無稽之言；如說『蔣蔡聯宗』便是捏造
故實了。我以為，這種懶散下流不思想的心理習慣，我們應該認為
最大敵人。寧可寬恕幾個政治上的敵人，萬不可容縱這個思想上的
敵人。因為在這種惡劣根性之上，決不會有好政治出來，決不會有
高文明起來……。」[12]

　　所謂愛深責切，《醒獅》創刊於民國 13 年 10 月 10 日，為青年
黨的機關報，水準素質均高；《長風》月刊於民國 18 年，創於上海，
左舜生、常燕生常撰文其上，內容水平亦高。《探海燈》為 3 日刊，
是青年黨香港總支部所辦，暢行於港、粵一帶，常刊登一些未經求

---

[11] 曹伯言整理，《胡適日記全集》第 5 冊（1929 年）（臺北：聯經版，2004 年 5
　　月初版），頁 639。
[12] 〈胡適致李幼春、常燕生〉，見梁錫華選註，《胡適秘藏書信選》（正篇）（臺
　　北：遠景版，民國 71 年 12 月初版），頁 34-35。

證的小道消息，胡適能見此刊物，足見其閱讀之廣博。[13]至於《黑旋風》刊物，以筆者研究青年黨多年，尚不知青年黨有此刊物，因此有可能是胡適的誤認。胡適於此信函中，不留情面的給予批判，雙方設若交情不夠深，胡適也不用如此苦口婆心的規勸青年黨，惜李璜回憶錄，並未說到接此信後，如何處理與感受。

民國19年一年，胡適與李璜仍往還不斷，胡適日記中有多處提到李璜，如民國19年8月27日言：「幼椿、慰慈、夢旦來談」。[14]四天後，即8月31日又記載：「在覺林吃飯，幼春談及譚延闓給人寫條幅，曾寫這首詩：『煉汞燒丹四十年，至今猶在藥爐前。不知子晉緣何事，學會吹簫便得仙？』譚三先生的感慨不少！此詩不知是誰作的，頗有風趣。」[15]10月19日：胡適與張子高、丁在君、趙元任、傅孟真、陳寅恪、姜立夫、胡經甫、胡步曾、任叔永等人，參加由歐美同學會所邀請的編譯委員會同人聚餐。此次餐會是要決定國內高等教育用書、譯書的問題。各個學科所建議之用書，都是一時之選，且水準極高，最後還要經由胡適、傅孟真、陳寅恪等專業史家審核通過才可。胡適負責歷史學門，在決定選用西洋史中的法國史部分，胡適擬用李璜所推薦的 Albert Malet：Nowvelle Historie de France（1924）一書為選譯底本，當時陳寅恪等大師原本有意見，但胡適仍擬從李璜所開法國史書目，可見李璜在法國史的專業知識，是深受胡適所肯定的。[16]

胡適不僅同意李璜所開法國史書目，並且委請李璜翻譯，以為一般大學所用。此事李璜曾有如實之回憶，「適之先生在民十九接受

[13] 周謙沖，〈歲暮念闓生，難忘「探海燈」〉，《民主潮半月刊》第31卷第1期（民國70年1月16日），頁25。
[14] 《胡適日記全集》第6冊（1930年），同註11，頁237。
[15] 同上註，頁250。
[16] 同上註，頁340。

了中華文化基金會新設編譯委員會之聘，去北平之後，還寄給我一大冊法國史的法文名著，請我翻譯，我只譯了兩章，『九一八』事變一來，並加以淞滬抗日，我便捲入抗日義勇軍中，原書與譯稿都弄掉了，真正對不住他的好意！」[17]

三、雪中送炭——胡適的義助李璜

胡適與李璜交誼，最戲劇性的一幕發生在民國 22 年，時「9‧18」變起，當局基於「攘外必先安內」的考量，幾乎沒有抵抗的讓白山黑水的東北，瞬間淪入日本的鐵蹄之下。青年黨義憤填膺，秉持著「野戰抗日」的宗旨，由李璜所領導的青年黨游擊隊與「東北義勇軍」，不時的游擊偷襲日軍。其後，政府與日本達成「塘沽協定」，轉而開始取締抗日義軍，李璜即在此情況下，遭到通緝四處躲藏，最後在即將被逮捕前夕，幸得胡適幫助掩護，才有驚無險的安然脫困。

此事經緯，李璜曾有如下追憶，民國 22 年，「塘沽協定」簽訂後，政府在日本壓力下，開始捉拿抗日義勇軍首領，兄弟（即李璜，時在北平）亦為當局追緝的目標之一。6 月 4 日，兄弟在同志王慎盧處，知警察已找上門，只有趕快想辦法脫身。但當時身上只有一兩元錢，根本不知如何是好，突然想到之前胡適有約姐夫張真如（四川人，美國密西根大學與英國牛津大學雙料博士，娶李璜胞姊李琦——留學法國習西畫）和李琦去他家吃飯，也順便約了兄弟之事，

---

17 李璜，〈敬悼胡適之先生〉，馮愛群編輯，《胡適之先生紀念集》，同註 9，頁 158。另有一說，是沒有時間翻譯，李璜說：民國 21 年 10 月：胡適所主持中華教育文化基金會中的編譯所，還請我翻譯一部法國名著《法國史》，不過我沒有時間翻譯而已。顯見李璜對此事可能記憶有若干出入。李璜，《學鈍室回憶錄》上卷，同註 3，頁 287。

乃急中生智，迅奔米庫胡同胡適家躲避，因為胡適家裏絕對不會被軍警懷疑有抗日行動的。最後在胡適金錢贊助與細心策劃下，搭胡適的包車，賄賂加煤工人，躲藏於車頭煤卡之內（李璜戲稱「雅座」）安然脫險至天津。李璜說：「在危難中，像適之這種熱心幫忙，而且幫得很有辦法的朋友，真是難得之至。」[18]

　　基本上，胡適與李璜密切往來時間，大概只有在民國 17 年至 22 年這五年間，以後雙方各奔東西，來往就不那麼頻繁，晤面也大多在重要集會的正式場合。如民國 26 年 8 月 14 日，政府決定在國防最高會議中設國防參議會，聘請各黨派及社會名流為國防參議員，最初為十二名，繼增至二十五名。第 1 次國防參議會開會，由汪精衛主席，到者有張君勱、胡適、張伯苓、梁漱溟、黃炎培、曾琦、李璜、周佛海、周恩來等。[19]又民國 34 年 4 月 25 日，聯合國會議在舊金山開幕，出席者 50 國，我國首席代表宋子文；胡適與顧維鈞、王寵惠、魏道明、吳貽芳、李璜（青年黨）、張君勱（國社黨）、董必武（共產黨）、胡霖等為代表，施肇基為高等顧問，赴美與會。[20]

---

[18] 李璜，《學鈍室回憶錄》上卷，同註 3，頁 299。另胡頌平在胡適年譜中也提到，民國 22 年 6 月 4 日：青年黨的李璜因抗日行動被憲警偵緝，他自比「望門投止」的張儉，到了先生家裏躲避。先生給他一個裝有 30 元銀洋的長節圓筒，叫他到車站買了月臺票進去。再到車頭交給加煤的工人，工人會把他掩護出境的。李璜照先生的話做去，果然脫險到了天津。見胡頌平編著，《胡適之先生年譜長編初稿》第 4 冊（臺北：聯經版，民國 79 年 11 月第 3 次印行），頁 1160。

[19] 李璜，《學鈍室回憶錄》下卷（香港：明報月刊社出版，1982 年元月初版），頁 431。

[20] 胡頌平編著，《胡適之先生年譜長編初稿》第 5 冊，同註 18，頁 1883。民國 34 年 4 月，國府要在這次國際會議席上，擺出各黨各派均有的一個真正民主國家姿態，去符合美國對我這個四召集國之一的希望，所以發表李璜為舊金山聯合國制憲大會中國代表團 10 個代表之一員。時代表團成員為，青年黨：李璜、民社黨：張君勱、無黨無派：胡適、胡霖、吳貽芳、共產黨：董必武、政府代表：宋子文、王寵惠、顧維鈞、魏道明。李璜，《學鈍室回憶錄》下

　　胡適與李璜，久別重逢，自然暢敘一番，期間，胡適向李璜表示，其心臟病亟待休息，而《水經註》的研究工作也放不下，要不是有我們諸位各黨各派，他才來捧場；否則他絕不會從東部遠道來跑這一趟的。言下對宋子文的皇親國戚派頭，似尚有餘痛在心。[21]

　　大會結束後，李璜於 9 月 24 日至紐約，與邱大年（椿）、李聖策、李國欽、李爌洒、胡適遊。李璜頭痛失眠，還是胡適介紹他的醫生姜森（Dr.Jeanson）為其檢查醫治。胡適更勸李璜暫時不要歸國，把政治放下，還是回到書本中來，有如在法國時專以社會學方法治中國史學，比之政治較有所成就。李璜晚年寫道，今日回思適之在紐約告我之言，真良友也。[22]民國 46 年，李璜在紐約治病，檢查身體，又承胡適為其介紹醫生，並每週親來問訊 1 次，李璜說，胡適之熱情異常，可感之至！[23]

　　紐約一別，未幾，胡適回臺出任中央研究院院長，期間發生雷震的「自由中國事件」與「中國民主黨」的胎死腹中，使得晚年的胡適，更感悽愴孤寂。而李璜所領導的青年黨，來臺後更是四分五裂，派系林立、紛擾不休，亦使無力整頓的李璜，只能困居香江一隅，教書為生苦悶至極。時代的巨變，造成同為「北大人」胡適與李璜難得心境的一致，這或許是命運的捉弄與時代的無奈。

卷，同註 19，頁 537-538。

[21] 李璜說，胡適只在開幕時出席 1 次，新聞記者會出席 1 次，前十日的大會偶然出席，此後也不再見人。閉幕大會簽名憲章，胡與宋子文亦缺席，中國代表團僅 8 人簽名。李璜，《學鈍室回憶錄》下卷，同註 19，頁 542、553。

[22] 同上註，頁 557-558。於此同時，民國 34 年 9 月 15 日，張君勱有信致胡適提到：「金山別後，彼此各自東西，頗以不克傾譚為恨。乃聞重民言，重慶『新華日報』上載我與李璜介紹公入民主同盟之謠，豈徒被介紹人絕無所聞，而介紹人自身亦覺此等消息來自天外。」此事雖是空穴來風，然亦可以反證李璜與胡適關係之密切。〈張君勱致胡適〉，梁錫華選註，《胡適秘藏書信選》（續篇），同註 12，頁 804。

[23] 同註 9。

四、結論——李璜之評價

胡適是位天生的熱心者，對裨益世界、國家、社會、朋友的事物，無不熱心。他在民國 18 年 9 月 4 日致周作人函內，說梁任公是「熱病者」，而他自己也差不多：「受病之源在於一個『熱』字。」[24]胡適又何嘗不是如此，他的腦筋是儲滿理性的，但心底下永遠翻滾著一腔熱情。也因為胡適熱心的對待李璜，讓李璜終生感念在心。當然，李璜的高度推崇胡適及其思想，不是因為胡適曾有恩於他，而是出自雙方對民主自由理念的契合。李璜贊許胡適，說他是自「五四」以來，在中國的啟蒙運動中，最能將科學的懷疑思想與求證精神普及於中國知識界的一位學者。[25]

李璜並評價新文化運動的兩大旗手——陳獨秀與胡適，他說，陳獨秀所主辦之《新青年》雜誌，確實是新文化運動的先導。但在思想改造方面，如脫出家庭制度及其倫理思想的闡揚，胡適在《新青年》雜誌上所發表的文字，是比陳獨秀更為有力。李璜認為，如胡適在《新青年》4 卷 6 號，所主編的「易卜生專號」上，其〈易卜生主義〉一文，及其譯載的〈娜拉〉與〈國民公敵〉等篇，都給予當時及後來的青年人拋棄家庭以及婦女解放的影響至大。

又胡適在民國 8 年提出的「大膽假設，小心求證」的科學方法，無疑的是使青年知識界不但不再去隨便信從傳統的人物及其學說，而且可使有志於學者去求所以自立之道。李璜認為這些都非陳獨秀只是文筆勃茂，固多所主張，而大半衝動與籠統的篇章之所能及。

---

[24] 〈胡適致周作人〉，梁錫華選註，《胡適秘藏書信選》（續篇），同註 12，頁 736-737。

[25] 李璜，〈敬悼胡適之先生〉，馮愛群編輯，《胡適之先生紀念集》，同註 9，頁 156-158。

　　所以，歸結到底，李璜認為在自由主義與科學主義（即民主與科學——當時亦稱「德先生」與「賽先生」）的理論闡發方面，於《新青年》雜誌作者群中，胡適要算是主帥，而陳獨秀與其他作者只能算是偏將。而以胡適為代表的自由主義與科學思想，後來成為中國的思想主流；其影響所及，李璜以為，在政治上乃直接有功於國民革命之順利發展；在文化上又間接的有功於中國今日能與世界交換知識的科學成績。[26]因此，胡適對新文化運動的貢獻，實功不可沒。

　　除高度推崇胡適對新文化運動與白話文運動的巨大影響外，李璜亦慧眼獨具的肯定胡適在史學上的成績，這點是過去較少人提及的。李璜總結他對當時國內史學流派的觀察，他說：「在民十三，北大的錢玄同、顧頡剛等一味疑古的一派哄動形勢漸歸平靜，而南北各有名學府大都在注重獲取西方治史的科學方法，以求如何去整理國故，真正的去從事於「溫故而知新」中有所創見。在這點上，可以說，梁任公先生於民十一至十二，兩年之中，先後在天津南開，北京的清華與南京東大講授「中國歷史研究法」與「中國近三百年學術史」，其影響特大；故其講稿印行後，銷路甚廣，流傳至速。不過任公的文筆雖鋒銳無比，對於中國歷史也涉獵至廣，且以其穎悟過人，創見不少；但對於歷史研究的科學方法，其謹嚴處，又不及胡適之先生之能尋根究底，一枝一節的都非內證外證的求其水落石出不可。適之在民十二三之間，其整理國故的提倡已入了軌道，大可以補任公之不足。如他的〈淮南鴻烈集解序〉上，首先提出整理國故的三個途徑，是足以啟示學生從事中國經史的新研究著手津梁的。又如他的〈古史討論讀後感〉，將讀經、史、子等書，把所謂「度之以情，斷之以理，決之以證」這三點都分析得很清楚，而結論到歷史演進的必然步驟，要求治古史的人去先研究人類學與社會學。

---

[26] 李璜，《學鈍室回憶錄》上卷，同註3，頁33-35。

這一類有建設性的指導，比之民十之前，對於中國古史徒事破壞，卻已有進步。」[27]

　　李璜上述的回憶，重點在說明，胡適在史學研究方法的見解上，其眼光是超越梁任公的，胡適一再強調以科學方法來整理國故（這當中自然也包含史學在內），在李璜看來，其實也是為未來中國的史學研究，指示出一條明路。同為「北大人」，胡適終生信奉自由主義，李璜畢生篤信國家主義，在政治信仰上，看似南轅北轍，但對民主自由的認同，卻是殊途同歸，也因對民主自由理念的一致，維繫這兩位同為「北大人」一生不變的情誼。

　　本文發表於《傳記文學》第 94 卷第 5 期（民國 98 年 5 月）。

---

[27] 李璜，《學鈍室回憶錄》上卷，同註 3，頁 177。

拾貳、中國青年黨史料研究
——以期刊為研究場域

一、前言——「中青」成立簡介

民國 12 年 12 月 2 日，於法國巴黎成立的中國青年黨（以下簡稱「中青」），在民國政黨及政治史上，無疑有其一定的歷史地位。「中青」的前身，最早可追溯至五四時代的「少年中國學會」之國家主義派，其後由於山東臨城劫案的發生，引起國際共管中國鐵路之議；兼以旅歐中共黨團的興起，為謀與之對抗，乃由曾琦聯合旅歐愛國青年如李璜、何魯之、胡國偉、張子柱等人於巴黎近郊之玫瑰城共和街所發起。其成立宗旨為：「本國家主義之精神，採全民革命的手段，以外抗強權，力爭中華民國之獨立與自由；內除國賊，建設全民福利的國家」。

二、重要經過階段（含主要代表刊物）

「中青」成立於民國 12 年，迄今已屆八十餘年，此八十餘年中經過之歷程，約可分為十個階段，茲略述於下：

（1）海外建黨時期：從建黨日起，到民國 13 年 10 月 10 日，《醒獅週報》在國內出版止。「中青」甫告成立，隨即與中共在歐展開激烈鬥爭，雙方初以言辭唇槍舌劍，後且演成流血衝突之爭，故謂「中青」為中國最早之反共團體實不為過，此時期最具代表性的刊物為《先聲週報》。

（2）擴大宣傳及統一組織時期：從《醒獅週報》創刊起，至民國 14 年 10 月 10 日發表中國國家主義青年團宣言主張及簡約止。隨著國內外環境形勢的遽變，民國 13 年起，「中青」黨務由海外轉移至國內。是年 10 月，「中青」於上海創辦了《醒獅週報》為言論之機關。該刊立論，主要在闡述國家主義之理論，兼亦嚴屬批判國民黨「聯俄容共」政策之非。於此期間，「中青」雖遭國、共兩黨夾擊，但仍能吸收廣大優秀之知識青年，黨務拓展甚速，茁壯亦快。

（3）反對聯俄容共及外人干涉中國政治教育時期：從民國 14 年「五卅運動」起，迄於民國 16 年 7 月第 2 次全國代表大會前止。此期間主要工作為極力糾正國民黨「聯俄容共」之謬誤；及提倡國家主義的教育，最終目標則希望收回外人在中國之教育權。表現刊物除《醒獅週報》外，尚有與「中青」關係頗深的《中華教育界》。

（4）反對一黨專政為民主政治奮鬥時期：從民國 16 年第 2 次全國代表大會起，到民國 20 年「9‧18 事變」前止。北伐統一後，國民黨主張訓政，高唱「黨外無黨，黨內無派」。「中青」深以此舉不符合民主政治原則，故反對國民黨的一黨專政及堅持民主政治之決心，此時期的主要代表刊物為《新路雜誌》。

（5）單獨抗日運動時期：從「9‧18 事變」起，至民國 24 年 7 月苗可秀殉國死難止。為「中青」提倡「野戰抗日」，組織義勇軍單獨抗日時期，主要代表刊物為陳啟天所辦的《民聲週報》。

（6）精誠團結及擁護抗戰時期：從苗可秀死難後起，到民國 27 年 9 月發表第 9 次全國代表宣言止。蘆溝橋事變起，「中青」體會到國難方殷，各黨派宜捐棄成見，共赴國難。故由左舜生主動致函國民黨總裁蔣中正，取得諒解，不分朝野，精誠團結，共同抗日。此時期的主要刊物有《國論月刊》、《國論週刊》、《國防線半月刊》及《國光旬刊》等多種。

（7）促進憲政運動時期：從民國 27 年 7 月第 1 屆「國民參政會」召集起，到民國 35 年 1 月「政治協商會議」召集止。八年抗戰，「中青」始終與政府同甘共苦，一面協助政府抗戰到底；一面在抗戰中推進民主。此時期的主要刊物除《新中國日報》外，重要的有《國論半月刊》、《中青半月刊》和《民憲半月刊》。

（8）調停國共衝突促進全國和平時期：從民國 34 年 6 月左舜生等 6 參政員訪問延安起，到「政治協商會議」開幕以後。時值抗戰甫結束，國、共內戰卻有一觸即發之勢。然全國人心望治，「中青」以第三方面之身分，為調解國、共紛爭而努力，惜功敗垂成。此時期的主要刊物有《青年生活半月刊》及《青年中國週報》。

（9）共同擔負國事時期：從民國 35 年 11 月參加制憲國大起，至民國 38 年大陸淪陷止。此時國、共內戰已起，中共竊國之心已露，政府一來需要戡亂；再來欲推行憲政，還政於民。處此艱困時期，「中青」始終扮演與政府共進退的角色，為反共戡亂貢獻不小。此時期的主要刊物除《中華時報》外，尚有《中國評論月刊》及《風雲半月刊》。

（10）遷臺反共時期：從民國 38 年 12 月政府遷臺迄今，「中青」一則不幸發生黨務分裂；再則仍善盡在野黨職責，監督政府，維護憲法，貫徹反共國策，屬行民主法治制度。此時期的主要刊物，在香港有《自由陣線》、《聯合評論》；在臺灣則有《青年臺灣》、《民主潮》和《新中國評論》等。

三、主要期刊略述

（1）《先聲週報》：於民國 11 年 12 月在巴黎發刊，由廣東胡國偉、梁志尹、黃晃、林秉照四人發起。為「中青」創黨初期在法國的機關報。在法國曾與共產黨的言論喉舌《赤光》半月刊為爭取青

年及宣揚國家主義理論而爆發論戰。該刊於民國 22 年停刊，為中國
有史以來在歐洲創辦最久的刊物。

　　（2）《醒獅週報》：為「中青」最具代表性之刊物，「中青」又
稱為「醒獅派」，其故在此。《醒獅週報》於民國 13 年 10 月 10 日在
上海創刊，共發行 266 期。惟自民國 16 年起，因時局關係，出版情
況並不順利，且常有脫期、被查禁等情形發生。所以後來不得不以
《青年月報》偽裝發行，迄於民國 19 年元月 28 日停刊。該刊立論
主要為闡揚「中青」的國家主義理論，及反對國民黨「聯俄容共」
之謬；此外，批判共產黨與軍閥也是該刊另一論述重點。

　　（3）《新路雜誌》：為李璜與張君勸所合辦，創刊於民國 17 年
2 月 1 日，只發行至第 1 卷第 10 號即因政治因素的干擾而停刊。本
刊立論主要為批判共黨暴動路線之誤及國民黨一黨訓政之非，為一
相當珍貴之史料。

　　（4）《剿共半月刊》：為陳啟天於民國 19 年 9 月 10 日創刊，停
刊於民國 21 年 10 月 10 日，共發行 28 期。該刊立言以剿除共匪，
救濟民眾為唯一宗旨，聲明絕不涉及軍事政治與黨派問題。其中理
論性文章大多由陳啟天執筆，文章篇篇擊中共黨要害，終於引起政
府注意，對啟迪知識青年之反共思想，居功至偉。

　　（5）《民聲週報》：為陳啟天於民國 20 年 10 月，「9‧18」國難
發生後在上海所辦。該刊主要言論立場為鼓吹「野戰抗日」及反對
國民黨「一黨專政」，總共發行 38 期。

　　（6）《國論月刊》：為「中青」繼《醒獅週報》後，最有深度內
涵的刊物，內容包羅萬象，頗為可觀。該刊於民國 24 年 7 月創刊，
至蘆溝橋事變後停刊，總共發行至第 2 卷第 10 期。

　　（7）《國論週刊》：為《國論月刊》停刊後，於民國 27 年 2 月
19 日在成都出版，共 34 期。內容以闡揚抗戰到底為旨趣，而對於

建造國族集團文化思想，也是特別努力宣傳的另一重點。此外，《國論週刊》尚有重慶版本發行。

（8）《國光旬刊》：為左舜生於抗戰初期，民國 27 年 3 月 29 日在長沙所辦，共發行 12 期。內容以激勵民心士氣，報導抗戰消息為主，為「中青」在抗戰初期最有力的言論喉舌之一。

（9）《國防線半月刊》：民國 27 年 4 月 10 日，由「中青」在華南的領導人鄭振文，於廣州所辦的抗日刊物。該刊言論強調國人救亡圖存的責任，努力宣傳抗戰建國工作；尤以專門登載與國防有關及一切有利抗戰的文字為主。

（10）《新中國日報》：該報於民國 27 年 6 月 1 日在漢口創刊，由左舜生任社長。武漢陷日後，於是年 9 月 18 日，遷四川成都復刊，改由宋益清任社長，迄於 38 年 12 月中共進入成都止。整整服務國家、社會、政黨歷 11 年。該報紙代表「中青」言論報國，不論就堅決擁護抗戰國策、鼓吹全民政治、促進舉國團結；甚至對學術文化思想之主張與貢獻均是有目共睹，相當成功的。它同時也是「中青」在大陸時期辦的最久，壽命最長的一份報紙。

（11）《國論半月刊》：為民國 29 年「中青」在成都復刊的一份綜合性刊物，它的前身是《國論週刊》及《國論月刊》。該刊編輯為常燕生，撰稿者均是「中青」優秀的學者教授，故內容包含甚廣，舉凡政治、社會、文化皆有。但基本上，仍以探討思想理論為主軸，為一頗具深度的刊物。

（12）《民憲半月刊》：為民國 33 年 5 月 16 日，「中青」於抗戰末期加入「民盟」後所辦之刊物，故該刊頗具第三方面色彩。主要言論為鼓吹民主憲政，並對國民黨於戰後行憲有所期待及建言，該刊總共發行至第 2 卷第 6 期後停刊。

　　（13）《青年生活半月刊》：係「中青」於戰後，民國 35 年 7 月 7 日在上海重新復刊之刊物。主要內容為報導戰後國內外之消息，兼亦披露江浙一帶之人文動態，為一本綜合性刊物，共發行至第 2 卷第 12 期止。

　　（14）《青年中國週報》：係「中青」於民國 35 年 10 月 12 日在上海所辦。該刊取材多樣活潑，政論、藝文、小說、詩詞均有，總共發行 50 期後停刊。

　　（15）《中國評論月刊》：為徐漢豪於民國 36 年 7 月 10 日在南京所辦。內容以評論國家政治、經濟、法律、史地、哲學、建設為主；兼亦穿插文藝創作或雜感，為一頗有特色的綜合性刊物。

　　（16）《青年臺灣週刊》：創刊於民國 37 年 6 月 12 日，初為週刊，是年 10 月改以半月刊出版。發行人為朱文伯，編輯者是張皋。該刊是「中青」在臺灣所辦的一份小型刊物，主要貢獻是介紹中國內情予臺灣同胞；使臺灣同胞對中國有更進一步的瞭解。該刊共發行 15 期。

　　（17）《風雲半月刊》：創辦於民國 37 年 8 月 1 日，由夏濤聲所負責，共發行 1 卷 12 期。為一份小型有力的政論性刊物，頗能代表「中青」在大陸淪陷前之政治主張與立場。

　　（18）《自由陣線週刊》：該刊在民國 38 年 12 月 3 日創辦於香港九龍，主持人為謝澄平。為五〇年代在美國支持下，最早擎起「第三勢力」之代表性刊物。主要標榜在國、共兩黨之外，另覓一股自由民主第三勢力的動機、理論與行動。所以刊物的立場非常明顯，即反共也反蔣介石的國民黨，職係之故，受到國、共兩黨的圍剿。其實它畢竟代表有別於國、共兩黨外的一股力量，也象徵一部分堅持民主自由人士的政治立場及心聲，在彼時風雨如晦，一片專制獨裁的浪潮中，倒不失為一股有心的清流。

四、主要期刊內容

（一）中國最早的反共報紙《先聲週報》

二〇年代是個風起雲湧的時代，在國際上，民族主義意識高漲，民族自決的口號響徹雲霄；在國內，軍閥專政，內戰連年，空有民國之名，卻無民國之實，辛亥鼎革以來所憧憬的新國家精神，完全幻滅殆盡。兼以五四新文化運動以來，知識份子基於求新求變的心理，政治上：紛紛要求改革；思想上：各種主義瀰漫，西化、俄化、甚至日化之聲不絕於耳；學術上：百家爭鳴，社團林立。這些雜然眾多的思想主張，不僅風靡於國內舞臺，也影響到海外留學界。

其中最具代表性的，莫過於因「少年中國學會」分裂後，該會之核心份子轉向為共產主義與國家主義兩派。此兩派之菁英，不僅在國內展開理論之爭，隨著勤工儉學運動的興起，這場論戰也延伸至歐陸的法國。中國最早的反共團體——中國青年黨；以及中國最早的反共刊物——《先聲週報》，便是在法國和共產黨展開壁壘分明的廝殺，現且讓我們介紹這份反共先覺的報紙——《先聲週報》。

《先聲週報》於民國 11 年 12 月在巴黎發刊，由廣東四邑（開平、臺山、新會、恩平 4 縣稱為四邑）同鄉胡國偉、梁志尹、黃晃、林秉照四人發起，分別募集股金（大股東還包括同為四邑同鄉的商人伍輔及黃燕石等人）成立報社。胡國偉於民國 10 年曾在國內任《開平公報》主筆，民國 11 年秋復到巴黎習新聞學。同年冬梁志尹向胡國偉提及巴黎中國青年會有一架待售油印機，引起胡國偉辦小型報的興趣。經與梁、黃、林等人會商後，認為旅歐華僑不易閱讀到中文報紙，同時為使法人多了解中國，遂決定辦中法文的《先聲週報》。

在獲得法國友人《小巴黎人報》的政治編輯佐治、阿爾基（MR. George Arque）先生為發行人保證人後，《先聲週報》向法國政府登

記發行。初以巴黎無中文鉛字印刷所，改為手寫油印手搖機裝訂成冊，後改石印，採報紙型式，每週出一大張。內容有社論、時評、國際新聞、國內新聞、旅歐新聞等項，中文版佔 3/4，餘為將國內重要新聞譯為法文的法文版。草創初期，百廢待舉，除文章要由社內同仁撰寫外，由於經費短絀，銷售尚且親自沿街叫賣，節衣縮食，備極辛勞。報社內的人事，由胡國偉任社長兼總編輯、黃晃任法文編輯、林秉照任發行、梁志尹任撰述；後又有胡瑞圖、胡瑞燊二人加入撰述工作。

民國 12 年，報社陣容更為堅強，旅德學生周宗烈、張子柱等人回法，先後也加入報社，成為報社新的生力軍。旋即報社亦改組人事，周宗烈任中文編輯，張子柱為總撰述，梁志尹、胡瑞圖分任撰述；林秉照、胡瑞燊則改任發行人。至於曾琦如何與《先聲週報》發生關係，答案是曾琦本為辦報高手，民國 7 年上海《救國日報》之創刊即其傑作，因此他向來深知輿論力量的重要性。他曾說：「予向有意於造就政治人才，以謀政治之刷新，而欲謀政治之刷新，必先求社會之改良，改良社會，其道固多，而先務之急，則為輿論。」職係之故，《先聲週報》的成立，無可諱言對於加速中國青年黨的創建；及作為創黨初期的宣傳機關，實有不可忽視之地位。

民國 12 年 7 月 2 日，曾琦首度投文《先聲週報》，呼籲所有旅法華人反對列強共管中國鐵路。而後旅法各團體聯合會，在籌備及成立期間，《先聲週報》也先後派黃晃、馮葉恭、張子柱、梁志尹等代表出席。同時聯合會文件也由「先聲週報社」義務代印，文稿則由曾琦與周恩來商妥後送「先聲週報社」。所以曾琦與「先聲週報社」於 7 月後開始接觸頻繁，為雙方提供進一步結合的機會。而《先聲週報》之所以和曾琦組黨有關係，恐係是「先聲週報社」的社員多為粵籍，尤以四邑鄉人往海外謀生，旅居美、加者多。如胡國偉之

父為旅美華僑，經商致富，每月供胡國偉 3 百美金在巴黎生活，故可在食宿無憂之餘，進而辦《先聲週報》。又廣東籍的勤工儉學生大多因得著廣東省官費之助，所以留法粵籍學生甚少成為共產黨者，蓋共產黨那套階級革命的理論甚難吸引之。

兼以旅歐共產黨人之攻擊謝東發案（父為上海旅法富商，母為法人，熱心僑務），使為謝鳴不平之華人，同仇敵愾，假《先聲週報》以為還擊。因而《先聲週報》與旅歐中共之形勢對立遂不可免。此外，《先聲週報》同仁本有組黨救國之議，胡國偉曾與譚伯揚、關玉廷、方彥儒等函商組黨事。故中青結黨式之前，曾琦與「先聲週報社」除經理旅法各團體聯合會事宜外，更及於組黨事。尤其民國 12 年 11 月 13 日以後，曾琦會商組黨的對象，幾乎全以「先聲週報社」的社員為主。茲舉曾琦〈旅歐日記〉數則以為佐證：

「十一月十三日……訪張子柱談組黨事，晚偕張君往訪梁志尹、胡國偉交換意見，兩君皆極贊成予之主張……。」、「十一月二十三日……胡國偉、梁志尹、黃晃、周宗烈等齊集張子柱家，相與商量組黨事，眾皆贊成予議，定名為『中國青年黨』，宗旨則定為『以外抗強權，力爭中華民國之獨立與自由，內除國賊，建設全民福利的國家為宗旨』……。」

中國青年黨在民國 12 年 12 月 2 日正式發起組黨後，旋即在巴黎積極活動，秘密吸收黨員，並透過《先聲週報》來宣揚其「內除國賊，外抗強權」之主張。而《先聲週報》也在胡國偉的提議下，由黨務會議通過，成為中青旅歐言論的機關報。進而與旅歐的中共機關刊物《赤光》發生論戰，雙方甚至因為爭取旅歐華人團體的領導權，而發生數次的衝突流血事件。至於思想鬥爭方面，最具體的例子是民國 13 年，《赤光》半月刊基於階級鬥爭的立場，積極提倡工、農、學生青年、商人聯合的國民革命理論。同時以俄為師，鼓

吹聯合世界無產階級和弱小民族的世界革命論，為「反軍閥政府的
國民聯合、反帝國主義的國際聯合」而確立其辦刊宗旨。

此外，旅歐中共除以《赤光》闡明其革命理論外，並早於民國
12 年 11 月，即與國民黨駐歐支部形成統一戰線，周恩來、李富春、
聶榮臻、任卓宣等，曾任國民黨駐歐機關的幹部。中青針對上述《赤
光》的言論及國共合作的政策，本其發起宣言中，對主張階級專政
者，及共產黨加入國民黨政策的批駁。

在《先聲週報》上，除強調基於愛國主義以別於階級鬥爭外；
因中青黨員鄔剛如在巴黎曾經發現關於共產黨加入國民黨的秘密議
案小冊子，故對聯俄容共政策特別加以批評，甚至出刊「反對中國
國民黨收容共產黨與共產黨加入國民黨專號」。《先聲週報》此一反
共、反蘇、反國共合作的言論立場鮮明，惹怒了《赤光》也在第 3
期以後，以相當的篇幅來抨擊《先聲週報》，並曾對曾琦、周道等人
點名批判，雙方你來我往從事激烈筆戰的時間，大約有半載之久。
其後因旅歐中共黨人為加強國內中共活動，紛紛自歐返國，而曾琦
等人亦感建黨初期，急需時間及人力發展黨務，吸收黨員，所以也
有休兵必要。因此自民國 13 年 4 月底起，曾琦與周恩來曾有所接觸，
針對雙方關係進行談判，終於達成協議，暫時中止雙方的對抗。

該年底，曾琦回國在上海成立《醒獅週報》繼續和共產黨周
旋，而中青骨幹份子也陸續返國加入《醒獅》陣營，所以在巴黎
的《先聲週報》頓時寂然了不少。但在胡國偉、張子柱等人的力
撐之下，堅持愛國、民主、反共的信念仍不稍移，聲色也不遜於從
前。民國 22 年，因主客觀情勢的異變，這份長達十年，也是中國
有史以來在歐洲創辦最久的刊物，終於光榮的功成身退。《先聲週
報》雖然結束了它的生命，但在反共鬥爭史上，它卻留下了最輝煌
燦爛的一頁。

（二）喚醒睡獅的《醒獅週報》

民國 13 年 7 月 27 日，中青在巴黎召開黨員大會，送別中青代表團曾琦、李璜、張夢九等三人回國。曾琦等三人於此時返國發展組織的原因大致有三：一是中青的組織，自創黨後，經過半年的宣傳及活動，在歐洲已達極限，難再事擴張；二是旅歐中共黨人周恩來等紛紛離開巴黎回國，中青為與中共黨人對抗，有必要另闢戰場；三是曾琦早已有在國內辦一刊物作為宣傳國家主義的企圖。

基於這三點理由，曾琦決定返國辦報。民國 13 年 7 月 31 日，曾琦偕李璜等人在馬賽登船，同年 9 月 4 日返抵國門，即赴上海左舜生寓所。曾琦初抵國門，對於發展中青黨務的方向，基本上是從主義和政策的宣傳入手，以知識青年為訴求對象。故曾琦便積極創辦《醒獅週報》，期能從言論思想方面發揮全國性的影響力。

曾琦以知識青年為主要的吸收對象，是因為仍抱持「少中」「不請謁當道、不依附官僚、不利用已成勢力、不寄望過去人物」的理想宗旨。欲結合具共同信仰的人，以與國、共做長期的抗爭。

是年 10 月 10 日，曾琦經過一個多月的奔走籌劃下，《醒獅週報》終於在上海問世創刊了。該報原本係以《救國週報》為名，後張夢九以「救國」二字太過悲觀，故建議易名為「醒獅」。關於《醒獅週報》誕生的經緯，最早可追溯至民國 12 年。據曾琦〈旅歐日記〉（民國 12 年 10 月 13 日）記載：「予近日已決定歸國，如辦鼓吹國家主義之雜誌，則取名為『醒獅報』，其義有二：一為喚醒睡獅，一為作獅子吼也」。

至於其成立，據《醒獅週報》在民國 15 年 10 月出版的第一年彙刊上，說明該報緣起：「本報係由絕對信仰國家主義之同志，鑒於內憂外患之交逼而同時國內言論界又無正確之主張，因相約創刊本

報，於民國十三年十月十日出版。執筆者多為留學歐美日本之同志，及南北各大學教授」。據筆者估算，《醒獅週報》社員的組成，由曾琦相約友人中，信仰國家主義者發起。在創刊前，除郭步陶外，基本上以「少中」會友為對象；也有由晤談或函寄《醒獅週報》條例的方式，相約發起。社員包括張夢九、左舜生、陳啟天、涂開輿、李璜、余家菊、方東美、謝循初、蘇甲榮、羅季則、趙壽人、王崇植、黃仲蘇、楊效春等十餘人。

　　《醒獅週報》自民國 13 年 10 月 10 日創刊，到民國 19 年元月 28 日停刊，前後五年多，共出 212 期，後又陸續出若干期，直至 266 期才正式停刊。該報的封面由章炳麟題字「醒獅」二大字，出版及發行，自民國 16 年起，以時局關係，並不順利，且常有脫期、被查禁等情形，所以晚期不得不以《青年月報》偽裝發刊。

　　而週報之發行動機、旨趣，除前述曾琦個人的動機外，在週報出版宣言中，也曾說明其創刊之動機是基於「感於外患之紛乘，內爭之彌烈，民生之益悴，國命之將傾。」故以醒獅之義喚起國人的覺悟與信仰。週報之所以名為「醒獅」，因清季曾紀澤出使歐洲時，曾以「醒獅」二字之說比喻中國。向西方人士告誡，勿過分欺壓中國，否則一旦獅醒則不可復制；所以《醒獅週報》之創刊，期能喚醒睡獅，並如獅吼。

　　週報出版的旨趣則有兩個目的：其一在喚起國人自信自強之念；其二則是努力於宣傳「醒獅」之義，使之成為國人普遍信仰。而該報宗旨則在於：「喚起國民之自覺心，恢復國民之自信心，於此安內攘外，定國興邦，使西人感知『睡獅』之已醒而不可復侮，因此戢其『侵略野心』而共保『國際和平』耳」。

　　《醒獅週報》之內容，在編輯上有時評、論說、專號、讀者論壇、來論、史料、譯述、演講、專件、來件、特載、通信、海外通

訊、紀事、社會調查、青年消息、社會百聞、筆鎗墨劍、書報述評、先烈遺稿、文藝特刊、教育特刊、科學特刊、南國特刊、廣告等項。

其中較具特色的如專號,《醒獅週報》曾出刊〈孫中山先生追悼號〉、〈學校軍事教育問題號〉、〈五九國恥紀念號〉均是見解獨到,力透紙背之作。至於由黃仲蘇、胡雲翼、劉大杰所辦之「文藝特刊」;田漢主編之「南國特刊」;王崇植、惲震、魏時珍編纂之「科學特刊」以及由余家菊所負責之「教育特刊」,這四類特刊的出版,都是針對青年而設,在於滿足青年的求知慾及精神上的需要,裨益甚大。

其中尤以「教育特刊」的內容最具特色,立論除抨擊宗教化教育、階級化教育及黨化教育外,也對「國家教育協會」及各地教育界情況有所記載。此外,並提出國家主義對於教育問題的意見,如國語運動、讀經問題、收回教育權運動、留學問題等之主張。另外值得一提的尚有演講欄,如李璜的〈國家主義的建國方針〉、〈國家主義的經濟政策〉;曾琦的〈國家主義之四大論據〉、〈國家主義三講〉;余家菊的〈國家主義的基礎〉、〈國恥的教育〉等講演。其中對於國家主義的背景、理由、政經教各方面主張均有所闡釋,是研究中青主義的好材料。

而紀事、社會調查、青年消息三欄,報導資料的地方遍及安徽、河南、江浙、廣州、漢口、南京、北京、上海等地。由資料的來源也大約可以了解中青初期勢力的擴張分布情形與宣傳所及之地。史料一欄有謝彬的〈中俄劃界痛史〉、左舜生的〈中英關係年表〉、曾琦的〈土耳其青年黨建國小史〉。總之,週報本於創辦宗旨,對於外國政情及列強在華勢力,均相當留意。時評與論說兩欄,最足以代表《醒獅週報》的言論主張,時評是每期固定的專欄,以對內政、外交、教育方面的時局發展,表達國家主義者的一定看法。旨在發揮全民革命的主張,即外抗強權、內除國賊的口號。論說也是週報

的固定專欄，在篇幅上較時評為長，重點在「國家主義」的闡述及
鼓吹。

上述《醒獅週報》的內容，其言論的方向，以論說及演講兩專
欄建立中青的根本精神──國家主義；以時評一欄就主義的精神，
發揮對時局的意見主張，而終歸於外抗強權、內除國賊的全民革命
口號上。及至該報進入第三年後，因時局移轉，隨國民黨北伐軍所
到之處，中青及該報面臨國共雙方的壓力，而反映在《醒獅週報》
上的，除說明中青被迫的困境外，主要內容則轉向批評國民黨的黨
治及黨化教育上；當然也表明自來反共的堅決態度，同時曾經就反
共這一點，主張與國民黨聯合陣線。

此外，對中青的政治、外交、經濟、教育等各方面的政策綱領，
該報也有進一步的闡述，及主張的形成。至於在編輯及出版方面，
民國 16 年一度北移北京出版，並由陳啟天代編。旋又回滬，由常燕
生主編，並以惠之、平生、萍枝等署名為文。左舜生則完全以黑頭、
阿斗、仲平等筆名或別號署名論政為文。

基本上，《醒獅週報》係以知識青年為訴求對象，鼓舞青年愛國
熱忱。若以出刊後的銷售情形來看，13 年 10 月 10 日創刊後不到兩
個月，已銷售 2 千餘份。發行半年銷售達 8、9 千份，有過再版、三
版紀錄，及至《醒獅週報》發售第一年彙刊預約券廣告時，則宣稱
銷數已達萬份。且有重版至 4、5 次的記錄，故決定從第 1 期起，再
版一次編為彙刊，預售 1 千部。

由上述的銷售情形，比之中國共產主義青年團的機關刊物──
《中國青年》好的太多了。《中國青年》於民國 12 年 10 月 20 日創
刊，到民國 14 年 3 月銷售量還不到 4 千份。所以曾擔任《醒獅週報》
發行的左舜生言及生平所辦過的日報期刊，以《醒獅週報》的營業
最為成功。

　　而各地青年成立的國家主義團體，也大多受到《醒獅週報》言論的影響及號召。到底《醒獅週報》有何影響及號召呢？吾人可歸納其重要建樹有三：（1）建立較有系統的國家主義理論；（2）收回教育權運動的鼓吹與實現；（3）反俄及反共方面的成效。上述三點，可說是《醒獅週報》出版以來，最具體的影響與貢獻，也是所有的中青黨人，畢生全力以赴努力奮鬥的目標。

（三）一黨專政下的清流《新路》雜誌

　　民國 16 年，正是國內政局擾攘不寧之秋，國民黨由「聯俄容共」而清共絕俄，引發共黨南昌、廣州的武裝暴動。在眾方要求下，寧、漢兩個國民政府由分立而合作，且成立特別委員會，包容寧、漢、滬三方黨人。然以汪精衛、陳公博之流的所謂「左派」，出爾反爾，復持異議，嗾使張發奎、黃琪翔稱兵作亂於廣州；同時桂系李宗仁、白崇禧也西征討伐唐生智，擬擴張勢力於兩湖。

　　黃河以北，則猶未納入國民黨統治範圍，而長江、珠江一帶，黨內糾紛疊起，中樞幾於群龍無首。於是寧漢合作後下野赴日的國民革命軍總司令蔣中正，遂為各方所屬望，不得不遄歸復職視事，召開國民黨 2 屆 4 中全會於南京，重建黨的領導中心。修訂〈國民政府組織法〉，調整人事，結束紛爭，準備二期北伐，謀求武力統一。《新路》雜誌即在上述的政治形勢下創刊，以在野及「黨外」的立場，發抒國民對國事的言責。

　　《新路》雜誌之問世，據李璜在《學鈍室回憶錄》中提到，是他與張君勱在上海創辦的。李璜說：「我於十六年的十月到達上海後，那時青年黨總部是在英租界西摩路靜安寺路口一所弄堂房子，只餘兩個秘書守著。醒獅週報既已被查禁，而寄不出租界去，寫稿的人也已星散而只得停頓。⋯⋯在這獨力撐持黨務中，除與兩秘書

辦理日常公事外，我無可與談者⋯⋯正悶得發慌，恰巧在金井羊處看他收藏的德國繪畫，無意中遇見張君勱先生。君勱與慕韓先認識，且在醒獅週報、東方雜誌、及中華教育界讀過我的文章。一見如故，因約我赴其家長談。我始知君勱在上海所辛苦創辦的政治大學為政府接收以去。國民黨中央認為他是進步黨『餘孽』，而不許其辦學。因為我們兩人精神上都無出路，君勱便約我在上海創辦『新路雜誌』，由君勱籌款印刷發行，我只供給稿子。我每月寫一篇長文，有時加上一篇短文，長文多係批評國際共產主義及中國共產黨，記得有一篇『論中共的流寇策略』，說明其能擾亂貧苦的中國農村，引致全國糜爛而不可收拾。此文曾予國民黨右派以甚大的刺激。」換言之，君勱與幼老時均俱罹「黨錮」，亡命於上海，但為了堅持民主憲政的理念，也就無懼於國民黨的壓力，而相約創辦《新路》了。

《新路》係一半月刊，創刊於民國 17 年 2 月 1 日，發行處位於上海英界安南路泰威坊 101 號。為 24 開本，每期約 80 頁左右，發行僅 3 期，即遭查禁，但仍繼續出版至 10 期，始告停刊。該刊作者多用筆名，所能考知的有「立齋」、「君房」為張君勱、「春木」為李璜、「叔耘」為鄧孝情、「秋水」為梁秋水、「常子高」可能是常燕生，不敢確定。其他若「蝸居客」、「柳遺」、「鐵豆」、「純士」、「誅心」、「攻盾」等，則不可考。

據筆者現存 1 至 8 期《新路》看來，該刊重要的文章有下：春木：〈論共產黨之流寇策略〉（第 1 卷第 1 號）、柳遺：〈共產黨在廣東利用農民運動摧殘民團的小史〉（第 1 卷第 1 號）、叔耘：〈民主政治與階級政治〉（第 1 卷第 1 號）、鐵豆：〈國民黨的新提案〉（第 1 卷第 2 號）、立齋：〈一黨專政與吾國〉（第 1 卷第 2 號）、純士：〈為國民黨計論一黨專政之利害〉（第 1 卷第 2 號）、君房：〈甚麼是應該

清除的共產黨理論和由此理論下產生的實際行為〉(第 1 卷第 2 號)、春木:〈從思想自由到政治自由〉(第 1 卷第 2 號)。

　　叔耘:〈民主政治與階級政治〉(續)(第 1 卷第 2 號)、立齋:〈現時政潮中國民之努力方向〉(第 1 卷第 3 號)、誅心:〈黨國內容分析〉(第 1 卷第 3 號)、老農:〈甚麼是思想落後?〉(第 1 卷第 3 號)、攻盾:〈紅牌買辦階級與新式封建思想〉(第 1 卷第 3 號)、立齋:〈吾民族之返老還童〉(第 1 卷第 4 號)、重呆:〈民主政治是乎!一黨專政是乎!〉(第 1 卷第 4 號)、立齋:〈濟南事件與今後救國大計〉(第 1 卷第 5 號)、冗悶:〈建國大綱質疑〉(第 1 卷第 5 號)。

　　觀棋:〈今後與革命〉(第 1 卷第 6 號)、秋水:〈讀陳公博「今後的國民黨」〉(第 1 卷第 6 號)、定庵:〈為主張聯俄容共之汪派活動事告忠實國民黨員及愛國民眾〉(第 1 卷第 6 號)、一士:〈重都北京完成統一議〉(第 1 卷第 6 號)、立齋:〈俄國無產專政制之解剖〉(第 1 卷第 6 號)、南公:〈評委員會制〉(第 1 卷第 6 號)、常了高:〈評戴季陶的「青年之路」〉(第 1 卷第 6 號)、立齋:〈闢訓政說〉(第 1 卷第 7 號)、冗悶:〈建國大綱質疑〉(續)(第 1 卷第 7 號)、純士:〈青運平議〉(第 1 卷第 7 號)、達人:〈自法制上批評國民政府組織法〉(第 1 卷第 8 號)、力人:〈百孔千瘡的國民政府組織法〉(第 1 卷第 8 號)、秋水:〈評陳公博的革命論〉(第 1 卷第 8 號)。

　　上述諸文,均是見解精闢,擲地有聲的精選之作,尤以李璜的文章,多係正告政府當局反共之策,要將共產黨專橫跋扈的主張與作法反掉,而不是專反其人而用其言行其策的治標方法。要反共就要澈底治本,不可割瘡而不消毒,否則其毒仍將禍害於人。而張君勱的文章,則針對國民黨胡漢民等人高唱「黨外無黨,黨內無派」之論調加以批駁。君勱以為黨外無黨,則黨內必有派,黨內有派之

暗鬥，最為惡劣，尚不如黨外有黨之明爭，恰足以互相競賽，彼此監督而收向上之效。

　　此外，君勱亦藉《新路》，大肆發揮其民主社會主義的理論與實際，闡明得相當詳盡，對於民生國計，逐條解答，提出方案，結論到非真正實行民主憲政，不足以救國利民。李、張二氏之宏篇鉅論，可以說是《新路》雜誌的兩大柱石。

　　基本上，民國 16 年，國民黨雖已清黨，將共產黨或殺或逐出黨外，但胡漢民等仍高唱「黨外無黨，黨內無派」。國內的政治空氣異常的緊張沉悶，不僅提倡反共的國民黨「西山會議派」遭到排擠，連最早反共的青年黨也因「宣傳與三民主義不能相容」的政黨，而遭到取締。處此惡劣環境中，《新路》彷似一股清流，在污濁的政治氣候中，作暮鼓晨鐘之獅子吼。由其〈發刊詞〉所標舉的政治主張 12 項，便可見其一斑：（1）主張民主政治，反對帝制及一階級專政、一黨專政。（2）主張國家在國際間之獨立與平等，反對外力侵略及一切賣國與誤國之舉動。（3）主張言論結社等自由，反對以黨治或軍治之名義，剝奪人權。（4）主張以自治精神謀統一，反對一切征服式之武力統一。（5）主張開發生產，改進農工生活，反對階級鬥爭及其他妨礙經濟發達之運動。（6）主張昌明本國文化，發揮科學精神，反對漫無擇別之守舊與生吞活剝之騖新。（7）主張實施預算與財政統一，反對無預算之浪費及橫征暴斂。（8）主張教育在養成健全國民，反對教會教育及黨化教育。（9）主張確立文官保障制度，反對事務人員之任意進退及黨化。（10）主張司法完全獨立，反對司法之黨化及軍法裁判之濫用。（11）主張軍隊應用於國防，反對軍隊供私人或黨派內訌之用。（12）主張國家進步應注重和平建設，反對只圖破壞之革命。

　　上述十二項主張，大多為一般民主憲政國家立國的通則，亦為對當時紛亂政局痛下針砭之良方，稍具有政治常識者，應知並非驚

世駭俗標新立異之高調。然與當時醉心因襲蘇俄政制主張「一黨專政」、「以黨治國」、「黨權高於一切」的論調相悖謬，最後終遭停刊的命運，悲哉！

《新路》雜誌盛行時，銷路曾達 3 千多份，皆以特種郵寄方法，寄出了租界，甚得一時傳誦。其後國民黨以〈反革命條例〉認其犯了「言論反動、主張乖謬、危害黨國、破壞革命」等四大「莫須有」罪名，下令停刊。

自是而後，「訓政」達二十年之久，內憂外患，幾無寧日。念及禍亂之源，則《新路》諸文，固早已言之矣！由《新路》發刊詞末段之鄭重聲明：「同人等不忍國家之危亂，將竭其言論之力，以為挽救萬一之計，其以為莠言亂政耶？其以為干犯以黨治國之原則耶？雖冒萬死，所不辭焉。蓋秉良心之主張，評國政之得失，不獨國民之權利，亦國民之義務也，知而不言，言而不盡，對同胞為不誠，對國家為不忠，非同人所以自盡天職也。同人等區區之愚，其為國人所共諒也，幸何如之。如其否也，亦各國自由奮鬥史中之常事，非同人所敢避焉！」此種光明磊落不惑不懼的言論方針，苟當政者具有民主風度，應有容納之雅量的。

（四）首揭反共大纛的《剷共》半月刊

民國 16 年 7 月寧漢分裂再度復合後，8 月 1 日「南昌暴動」發生，開始了中共採取武裝叛亂的暴動路線。其後「兩湖秋收暴動」、「海陸豐暴動」及「廣州暴動」接踵而至，燒殺擄掠，無所不為。而彼時國內「中原大戰」方酣，閻、馮叛軍正與中央鏖戰沙場，匪禍正熾，政府卻無暇遑顧。

時中共勢力已擴及贛、湘、閩、鄂、皖諸省，在江西南部建立「中央蘇區」。民國 18 年 7 月，還一度攻陷岳州和長沙，國人為之

震驚。在此亂世危局之際，中國青年黨領袖之一的陳啟天，秉持一
貫愛國、民主、反共的立場，憂心忡忡，深感非辦雜誌以張鼓吹，
宣傳反共思想主張，不足以喚醒國人及政府的注意。乃於民國 19 年
9 月創辦《剿共》半月刊。

　　關於《剿共》半月刊的成立，當事人陳啟天在《寄園回憶錄》
說到：「民國十九年夏，此時中原大戰尚未結束，湘鄂贛三省勦匪總
司令亦尚未設立，共黨果然又由鄉村暴動進到城市暴動，而有長沙
暴動發生。因此，我對共黨問題更為憂心，乃親赴湘鄂贛等省調查
匪況，組織反共救民會，創辦剿共半月刊，以求早日解決共黨問題。」
陳氏之言，已為《剿共》半月刊誕生作了一個最好的見證。

　　《剿共》半月刊創刊於民國 19 年 9 月 10 日，停刊於民國 21 年
10 月 10 日，共發行了 28 期。編輯及出版者為「反共救民會」，通
信處則為上海郵局信箱第 879 號。該刊立言以「剿除共匪救濟民眾
為唯一宗旨，絕對不涉及軍事政治與黨派問題。」

　　體例上則設（1）言論：以宣布共匪之罪惡，商榷剿共之方法。
（2）調查：以刊載共匪之實況與共禍之實情。（3）通信：以與會內
外人士討論剿共之方法。（4）專載：以披露本會之文件與消息。據
筆者所存十餘期之《剿共》半月刊看來，該刊理論性文章多由陳啟天
執筆，其餘大部文藝、通訊、隨筆之類，則以該刊江西特派員君欽（即
祝實明、一曰祝世明、拾名）所寫居多。其他作者尚有明志、致遠（均
為陳啟天）、謝逸、希先、宣之、戴岳、羅定、亞蘇、夏留仁、顛公、
曉曉、孤鴻、闊斧、煙犀、伯陽、在田、秋水、難民、華山、白民、
微完、闌夫、風平、旭初、義開、新民、盧鳳藻、湯火、默默、鼎
元、世煉等人，由於所用多係化名，故真實身分不易查證。

　　該刊主要文章有：〈本刊的態度與希望〉（第 1 期）、〈最近共匪
的形勢與中國前途的危機〉（第 1 期）、〈國慶紀念與剿共運動〉（第

2 期)、〈俄國侵略中國的先鋒——共匪〉(第 2 期)、〈陳獨秀們口中共匪的現況與危機〉(第 3 期)、〈反共救民會總會宣言〉(第 4 期)、〈江西共匪的內幕一斑〉(第 5 期)、〈現有軍隊勦共問題〉(第 5、6 期)、〈湖南共禍調查報告〉(第 7、8 期)、〈湖北共禍調查報告〉(第 7、8 期)、〈江西共禍調查報告〉(第 10、11 期)、〈共匪的殺人放火政策與文化運動〉(第 14 期)、〈軍事及政治的勦匪方案〉(第 14 期)、〈四川的共禍與兵變〉(第 14 期)、〈勸汪精衛不要再為共黨所乘〉(第 17 期)。

〈共匪的必然猖獗與其必然崩潰〉(第 22、23 期)、〈兩重國難夾攻下的中國〉(第 22、23 期)、〈抗日聲中的對俄復交問題〉(第 22、23 期)、〈安徽之赤禍〉(第 22、23 期)、〈鄂贛兩省共禍概觀〉(第 26、27 期)、〈怎樣才能澈底肅清共匪〉(第 26、27 期)、〈由赤白的夾攻說到中國的前途〉(第 28 期)、〈共匪圍攻南昌之一幕〉(第 28 期)、〈最近赤匪內容一斑〉(第 28 期)、〈勦共芻議〉(第 28 期)。

上述文章,特別值得一提的是「反共救民會」這個組織,其緣起誠如其宣言所示:「共匪為禍,由來已久。往昔假值名義,肆虐國中,莫敢誰何,且不論矣。自反共之後,兵匪猶復倒行逆施,變本加厲,以擁護蘇聯為目的,而自外於中國,以破壞一切為手段,而無恤於同胞,殺人放火,無所不為,民受其毒,蔑以復加。十六年南昌之慘劇,廣州之慘劇,十九年長沙之慘劇,吉安之慘劇,均去今未遠,餘痛猶存。近者復乘暴日進犯之時,妄建偽中央政府於贛南,圖以鄂贛為根據,分兵四擾閩南、粵北、湘南、皖西及豫南,為患心腹,舉國震驚,亡國滅種,迫在目前,政府竭力勦辦,尚未立奏大效。本會同人深為此懼,爰本自救救人之旨,以謀群策群力之計。」

進行工作,約有數端:其一為調查:分遣專人親赴有匪省分調查匪況,編成系統報告,以為切實勦共之依據,計已出版者有湖南、湖北、

江西、華北四大調查報告，其他有匪省分正在繼續調查中。其二為出版：發行《勦共》半月刊，以宣布共匪罪惡，商榷勦共方法，以供各方之參考。此外尚擬編印有關勦共之專書，以擴大勦共之宣傳。其三為救濟：樂善好施，本我民族之所長，以故遭天災者有救，遭兵災者亦有救，獨對於遭匪災者多望而不救，是非為德不卒乎？據最近湖北省政府調查，全省遭匪災之難民已達二百萬之多，合計贛皖閩豫湘等省匪災難民殆逾千萬矣。故本會呼籲政府民間，慷慨解囊，以救匪災之難民。

「反共救民會」之宣言，實際亦是《勦共》半月刊之立場，其中尤以對各省之實地調查，有憑有據，配以理論之闡揚，其反共文字鏗鏘有力，擲地有聲，於當時之雜誌言，可謂獨領風騷，特具一格了。

《勦共》半月刊問世期間，中國正面臨雙重國難，內有匪禍蔓延，外有俄日兩國之侵略，真可謂國難方殷。也因如此，圍繞於《勦共》半月刊之言論主旨，可以說即針對此國難而發抒。在對外方面，呼籲國人注意中國的最大難關，在於日俄兩國夾攻，千萬不可因抗日而忽略放鬆勦匪問題，亦不可與俄復交。

在內政方面，以勦匪為第一，如何勦匪，陳啟天立論尤為精闢，他希望政府仿前清時代曾國藩、左宗棠、胡林翼等圍剿太平軍之作法。穩紮穩打，步步為營，政治與軍事雙管齊下，尤其宜爭取民心，在匪區宜清鄉整頓。陳氏在《勦共》半月刊這一連串的勦匪方法，後輯為《胡曾左平亂要旨》一書。此書曾引起湘鄂贛川康等省勦匪部隊的重視，川康團務幹部學校還翻印該書做教本。

國民黨中央黨部及南昌行營也為之側目，每期必加索閱。陳啟天之從事思想文化宣傳及啟迪中國知識青年之反共思想，居功至偉。而其篇篇擊中共匪要害，文筆犀利的反共之作，終於引起政府注意，此點誠如啟天自言，對於勦匪反共作戰，貢獻裨益不少。

（五）國難時期的《民聲週報》

《民聲週報》，創刊於民國 20 年 10 月，是「中青」領導人之一陳啟天在上海所辦的一份週報，社址位於上海赫德路福德坊 1596 號。它發起之宗旨係因「9·18 事變」起，張學良以不抵抗故，坐失瀋陽；旋又於不抵抗聲中，失去錦州，退入關內。彼時「不抵抗」三字，直令全國熱血人士，一聽便覺痛心疾首。因此南北各地學生，紛紛發起請願運動。上海方面，陳啟天即為領導者之一，由於忽逢國難瞬臨，深感非停止黨爭，一致對外，不能圖存。因此陳啟天乃與友人創辦《民聲週報》，力主對日作戰，發揮斯旨。

當然，如何對日作戰？作戰之理由及意義為何？陳啟天曾作過縝密的思慮，蓋日本自明治維新以來，即抱定大陸政策，繼續不斷侵略中國，早已引起中國人民的仇恨。現在日本軍閥又發動「9·18 事變」，強佔東三省，自非中國人所能忍受。陳啟天強調，他是國家主義者，素來主張外抗強權，當然應該起來抗日，停止內爭，一致對外，以挽救當時的國難，成為他最主要的政治訴求。我們可由該報創刊號陳氏的〈我們主張對日作戰的理由〉一文看出端倪：

「自日本以武力佔領我東北以來，中國已進入危急存亡的時候。惟一可靠的辦法，只有自救。惟一自救的辦法，只有實行抵抗主義，積極對日作戰。……我們主戰的理由是第一：可以保全國家領土，抵制日本侵略；第二：可以改造民族精神，培養國民意識；第三：可以消弭國內戰爭，完成國內統一；第四：可以防止賣國，保持中國榮譽；第五：可以矯正青年趨向，集中愛國；第六：可以貫徹經濟絕交，促起日本覺悟；第七：可以造成國際問題，懲罰日本橫暴。主戰的理由十分充足，我們應該趕快實行對外作戰！」

上述陳啟天所談的七點理由，確實理充詞沛，義正辭嚴，不僅是陳啟天個人的見解，在某種程度上也多少反應彼時青年黨的主張。而且證諸於後來的八年抗戰，所言也大體正確，唯因政府顧及匪禍方張，不能決定立即抗戰。「中青」一方面只得號召義勇軍自力抗戰；再方面辦《民聲週報》以為抗日言論之鼓吹，《民聲週報》就在這樣的背景下誕生的。

由筆者現存 23 期的《民聲週報》看來，當時主要撰述人，大都為中青黨人。較有名的如陳啟天、左舜生、常乃德、謝承平、劉天予、王造時、袁浩風、江聲、張恪惟、劉仲平、龔德柏、諸青來、張子敬、楊正宇、王慎盧、侯曜、王恩懋、楊偉、夏雨時、袁青華、朱世龍、余家菊、唐劍平、王德崇、彭雲生、夏葵如、胡哲敷、逸民、周天沖、何永佶、袁道豐、姜蘊剛、張希為、江山、葉時修、李璜、徐漢豪、丁作韶、鄧龍光等人，皆一時俊彥，文采斐然之人。

其中最重要且具代表性的文章有：陳啟天：〈怎樣才能實現全國和平統一？〉（第 4 期）、左舜生：〈且看今後的國民黨〉（第 4 期）、張恪惟：〈東北問題之癥結〉（第 4 期）、常乃德：〈野戰抗日〉（第 4 期）、陳啟天：〈抗日聲中的中俄復交問題〉（第 5 期）、陳啟天：〈國難與黨爭〉（第 6 期）、陳啟天：〈兩重國難夾攻下的中國〉（第 7 期）、左舜生：〈我們理想中的「國難會議」〉（第 9 期）、陳啟天：〈為國難告國民〉（第 10 期）。

左舜生：〈主戰〉（第 10 期）、陳啟天：〈國民救亡運動〉（第 11 期）、謝承平：〈戰與死是青年的出路〉（第 11 期）、陳啟天：〈國民救亡運動的三大目標〉（第 12 期）、常乃德：〈中國的解放與對日根本方針〉（第 12 期）、朱世龍：〈我們怎樣實行對日作戰〉（第 12 期）、左舜生：〈國民自動抗日〉（第 13 期）、陳啟天：〈對外與對內〉（第 13 期）、余家菊：〈打倒待亡主義〉（第 13 期）、仲平：〈壯烈的東北

義勇軍〉（第 16 期）、陳啟天：〈議和之聲與賣國之聲〉（第 19 期）、陳啟天：〈對外妥協與對內革命〉（第 20 期）、陳啟天：〈國難與黨治〉（第 21 期）。

貫串整個《民聲週報》的立論宗旨，要而言之：大抵有三項，一為力主對日抗戰；再則反對中俄復交；最後則是對國民黨召開「國難會議」的意見。關於對日抗戰方面，由於彼時國民黨正值寧、粵分裂，還沒有統一起來，雙方人馬，心目中好像只有看到中央的政權，而沒有看見全國的敵人。這是國民黨最大的恥辱，也是我全民族最大的恥辱！

職係之故，常乃德在《民聲週報》上大聲疾呼，要求國民黨政府放棄不切實際的訴諸國際聯盟、聯俄抗日、不抵抗主義、聯合弱小民族、共同打倒帝國主義等方法。而應該行之以對日澈底經濟絕交，以制日本經濟的死命，擾亂他的佔領地，務使其不能安穩佔領。其次，東北同胞，也要自動地結合起來，在日人佔領區域內，向橫暴的日本駐軍施行個別的攻擊。只有關內使用經濟絕交，關外實行野戰抗日，雙管齊下，才是一切弱小國民抵抗強暴最有力的方法。

至於中俄復交問題，《民聲週報》對此也有相當明確的主張，陳啟天從四種角度去分析中俄復交之不可行性。陳氏說：第一、從日俄的關係上看，中國不可與俄復交。第二、從俄國在國際上的地位看，中國不可與俄復交。第三、從中國與俄絕交的歷史上看，中國不可與俄復交。第四、從國內的形勢看，中國不可與俄復交。

蓋中國要抗日，而日俄關係卻正在一種妥協狀態之下，決無法聯俄以抗日。即令俄國願與我聯，但俄國在國際的地位完全孤立，決無力來為中國抵抗日本以及一切白色帝國主義國家。從前中國與俄國絕交的原因既在蘇俄利用使領館指揮，供給並藏匿共黨，故決不可再行復交使共黨更形猖獗起來。如果將來中國有了統一政

府並肅清共黨之後，與俄復交倒也無妨，但現階段無論如何決不可聯俄，也決不可對俄復交。中青愛國、反共、反俄的立場至此可謂表露無遺。

　　而國民黨為了要收拾民心，精誠團結，共赴國難。民國21年4月在洛陽召開「國難會議」，邀請朝野人士，共聚一堂，會商國是。《民聲週報》對此一會議的舉行，態度相當的持平公正，既不貶抑，亦不吹捧，只希望它不是一個虛應故事的東西，也不是一個敷衍殘局的工具，它應該是在這個國難期中，能夠徹頭徹尾去完成救國工作的惟一機關。而救國工作最急迫的目標就是對外一戰，因為非有對外一戰，不能培養真正的人才，不能產生舉國愛戴的最高領袖。也唯有堅決抗日、繼續剿共、反對黨治，才是我們國家雪積恥、爭國格、全生存的不二法門。

　　平情言，《民聲週報》從民國20年10月創刊到民國21年冬，因經費短絀而停刊。雖然只維持短短一年半的壽命，但它確已盡到言論報國的最大責任。而該報所一貫堅持的力主對日作戰、反對中俄復交、以及批評黨治，主張保障言論、集會、結社、信仰、住居、通信等自由。召集國民大會，實行憲政，把政權完全交還給國民，使人民的真力量能夠發揮出來等要旨，雖未能即時實現，但證諸歷史，其高瞻遠矚及真知灼見，對當時輿論界之貢獻，實已不容置疑矣！

（六）抗戰初期的《國論週刊》

　　《國論週刊》創刊於民國27年2月19日，它的緣起原是繼承《國論月刊》而來。《國論月刊》創辦於民國24年7月，發行至26年蘆溝橋事變起才截止，共出刊2卷11期，中間還出版了叢書四種，以及一些選本如《國難文選》之類；《國論月刊》是青年黨繼《醒獅

週報》後所辦最出色的一份刊物。整體而言：「國論」系列包含有《國論月刊》、《國論週刊》、《國論半月刊》、國論叢書四個方面。本文的《國論週刊》即為其中之一。

據曾參與其事的左舜生說到：《國論月刊》在國內思想文化界上曾經貢獻過一些新的意見，也發生過一些有力的影響。不幸自滬戰起後，《國論月刊》印刷所適在火線以內，在郵遞極度困難的情況下，不得不忍痛停刊。弟以國難嚴重日甚一日，長期抗戰的結果，意志薄弱的分子更不免因一時小小的挫敗而致頹喪悲觀。但「中青」同人，間關西來，共赴國難，在負思想文化推進的責任心下，這時候更應當積極地站出來，給國族前途確定下一個光榮勝利的偉大使命。基於這種信心，《國論週刊》在民國 27 年春於成都復刊了，嗣以重慶為後方政治經濟中心，地位較成都尤要，復於同年秋季由蓉遷渝出版。

《國論週刊》除繼續《國論月刊》的原來精神，對於建造國族集團文化思想特別努力，以期從實證科學的立場，恢復國族的自信力，鍛鍊國族的鬥爭精神，促進國族社會的有機組織化，以完成中華國族在今後世界上所應負的偉大使命以外。《國論週刊》的性質，主要以現實政治社會的問題及實際的抗戰問題為主。關於這些問題，《國論週刊》的原則是：

第一、力求說真話，不可表面上是一套話，骨子裡又是一套話，如此互相猜忌、勾心鬥角，如何能談到真正聯合一致對外。第二、力戒門戶之見，門戶之見本為任何民族中所不能免的，但不可有晚明般「國可亡，門戶之見不可破」之下場，因此我們總希望把這種精神推廣開來，使今日中華民國不要再蹈晚明亡國的覆轍。第三、要說真正老百姓的話，要求大家說真話不說假話，要求大家把門戶私見化除，切切實實為整個國家民族打算，只有一個方法，就是大

家跳出自身的小圈子，老實站在真正中國百姓的地位，來思想，來說話。

最後該刊強調，《國論週刊》不是我們一部分同志的喉舌，而是全國真正老百姓大家說真話討論真實問題的一個園地，我們願將這個園地公之於全國同胞。如果全國的老百姓都肯來說話的時候，中國就得救了。所以說，只有大家一齊來說自己要說的話，這才是真正的「國論」。以上即是《國論週刊》復刊後的發行宗旨和原則。

《國論週刊》的作者，大體以「中青」黨人為多，如平子、天沖、惠之、常燕生、李璜、姜蘊剛、左宏宇、宋益清、魏時珍、孤鴻、松樵、涓涓、周佛民、顧季康、曾琦、方人、左舜生、友柏、陳啟天、陶元珍、宛若、亦明、余文豪、去疾、朱汝壽、吳其昌、陳咸森、俞康、逸民、祝少萍、嵩翹、穌生、鶴君、趙瓊、魏三直、魚頭、陳秋萍、顧葆常、子健、正道、謝承平、黃欣周、汪震、左幹臣、何高億、吳明、毓松、歆周、新平、微言、陳文葆、梅齋、新中、潛農、佑權、鐘社等人。其中不少是用化名，編輯人為常燕生，發行人為蔣炳，社址及總發行所位於成都東御街 146 號，以後遷至 147 號。

內容分短評、專論、雜誌、小說、通信、詩詞、散文、國際評論、戰況介紹及一週大事記。小說有姜蘊剛的〈懷舊京及其他〉、左幹臣的〈溺〉及祝實明的〈戰馬〉；另外尚有特載，如中國青年黨代表左舜生致蔣汪函及蔣汪覆函；專號則有「五月紀念專號」、「國內外輿論界對於青年黨與國民黨往來合作書信之評論」、「抗戰一週年紀念」、「中國青年黨為抗戰週年紀念宣言」、「『九一八』七週年紀念」；長篇連載則有柳下編的「十五年來之中國青年黨」一歷史介紹。

其中最值得一提的是，為楊效春申冤事，按楊效春，浙江義烏人，青年黨籍。為一著名鄉村教育家，曾任安徽黃麓師範校長，抗

戰初期為奸人所害，於民國 27 年元月 15 日遇害。《國論週刊》特為
其辯誣，刊載了〈楊效春遺囑〉及〈在獄中上當地軍事當局書〉等
書信文章。尤其刊登了李璜、左舜生、梁漱溟、黃炎培等老友為其
申訴的經過。可充分看出「中青」照顧同志及楊效春愛國志節與含
冤受屈於一般。

　　據筆者現存 34 期的《國論週刊》看來，《國論週刊》文章以短
小精悍為長，主要以紀錄戰地生活和描寫社會情形的寫實文字為重
點。較具代表性的文章有：國論社同人：〈我們對於抗戰的認識和信
念〉（創刊號）、李璜：〈戰爭的教訓與今後的努力〉（第 2 期）、常燕
生：〈抗戰中的革命〉（第 2 期）、魏時珍：〈統一思想與思想統一〉
（第 3 期）、曾琦：〈最近外交軍事新形勢〉（第 5 期）、平子：〈全國
各黨派真正聯合起來〉（第 6 期）、舜生：〈抗戰以來的積感種種〉（第
8 期）、祝實明：〈我們應有的建國運動〉（第 9 期）、陳啟天：〈請重
定國家教育宗旨案〉（第 9 期）、平子：〈抗戰建國運動的曙光〉（第
10 期）。

　　陳啟天：〈明恥教戰〉（第 11 期）、常燕生：〈悲劇五月之哲學的
反省〉（第 12 期）、周謙沖：〈紀念抗戰中的五月〉（第 12 期）、李璜：
〈後方的兩件基本工作〉（第 17 期）、李璜：〈民權與抗戰建國綱領〉
（第 21 期）、姜蘊剛：〈抗戰一年〉（第 21 期）、常乃德：〈我對於國
民參政會的認識和期待〉（第 22 期）、李璜：〈現代經驗與現代國家〉
（第 24 期）、姜蘊剛：〈紀念八一三〉（第 26 期）、實明：〈現代中國
應有的倫理思想〉（第 27 期）、李璜：〈抗戰時期的政治軌道〉（第
28 期）、姜蘊剛：〈中國的自生之路〉（第 28 期）、姜蘊剛：〈紀念「九
一八」〉（第 31 期）、黃欣周：〈九一八的感想〉（第 31 期）、祝實明：
〈化家為國與化國為家〉（第 32 期）、曾琦：〈長期抗戰之心理建設〉
（第 33 期）、姜蘊剛：〈國難中來紀念國慶〉（第 34 期）。

　　《國論週刊》最主要的議題，當然是抗戰問題的探討，對於抗戰的認識和信念，該刊以為這一次的對日抗戰，是我們中華民族生死存亡的一個重大關鍵時刻。因為它一方面連繫著我們卑屈的過去；再方面橫亙著我們光榮的未來。時代需要我們以鮮血去洗滌我們的污穢，創造我們的光明。上天把我們現代中國人以這樣一個重擔子，是很夠我們擔負的。我們是自來主戰的，而且是堅決主戰，我們相信最後勝利一定在我。

　　綜此，《國論週刊》對於抗戰前途的信念為：（1）我們認此次抗戰是中華民國建國運動中，必然經過的一個階段。抗戰的意義不僅在消極地求民族的解放，而更在積極地求國族的建設。而求國族的建設，必須以外抗強權為手段。歷史上任何民族的建國運動沒有不是以從對外血戰得來的，世界上沒有不流血的勝利，也沒有不冒險的成功。中華民族要想列於現代國家之林，不能不先忍痛受此鮮血的試鍊。（2）我們相信在長期抗戰的發展過程上，一切反國家本位的思想和勢力必受事實的淘汰而消滅，國族利益高於一切的原則，必確立起來，中華民族始有真正建設現代國家的可能。（3）我們相信長期抗戰的結果，最後勝利一定在我，何以故？只要我們一日不放棄抗戰的態度，敵人即無從收穫其戰爭所得之利益而終必歸於崩潰故。（4）我們認為要求抗戰勝利必須從軍隊的戰爭轉變為全民的戰爭，因此澈底開放民眾運動，完成民主的政治社會機構，實為目前主要之圖。（5）我們認為此次抗戰不僅為中日兩國間勝敗存亡的問題，對於遠東及全世界的大局上也有其劃時代的新意義。因此中日戰爭的勝敗實為今後和平勢力與侵略勢力勝敗關鍵。我們不但應為本國的生存獨立而戰，並且更應為世界永久的和平福利而戰。

　　除此信念外，《國論週刊》對國民政府所頒的〈抗戰建國綱領〉也提出他們的意見，此意見甚至可說是「中青」的立場。該刊以為：

（1）所謂抗戰期中政治綱領，必須由各黨各派共同商定，以免事後爭執。（2）綱領內容只須規定幾條重要的原則，不必涉及瑣細，因為各黨派的主張原未必全然相同，只要大體一致便夠了，過於瑣細，反生枝節。（3）在野各黨此時並無參加政府之要求，但必須有一代表民意之機關，使各黨派及全國民眾能有監督政府之權。（4）憲法草案內容過於偏執，此時不宜提出，應該另行由民意機關議定一抗戰時期約法，以確定民治基礎。（5）對於人民在抗戰期間的生命、財產、言論、集會結社各自由權必須明白加以保障。（6）在抗戰期間人民對國家應盡的義務，如負擔捐稅、徵集壯丁等，必須經過民意機關之同意，以防流弊。（7）除全國的民意機關外，各省亦應成立各級地方民意機關，使人民權利，得有保障。

此外抗戰是全民的抗戰，不是一黨一派，或純由軍隊作戰的抗戰。欲求抗戰的全面成功，只有發動全民武裝，將單純軍隊的戰爭轉變為一個革命的全民的戰爭。而要全民動員，則必須組織民眾，欲使民眾組織有成效，政府宜糾正已往之錯誤，重新規定方針，切實去做。如澈底打破官辦民眾運動的錯誤觀念，讓民眾自動自發組織、扶植領導分子、訓練堅實的民眾幹部、改革行政組織、淘汰官僚分子、政治革命化、改造病民的措施，以保障民眾的權利。如此種種，組織民眾抗日方有成功之機，這一點創見，亦是《國論週刊》對抗戰意見的特別獻替。

對日抗戰，是中華民族關係國家危亡，攸關死生的一件大事。在聖戰中，中華兒女，地不分東西南北，人不分男女老少，各黨各派，捐棄成見，忘記一黨一派之私，共赴國難，其中尤以倡導國家主義的青年黨為最。「中青」以為抗戰本身即是革命過程中的一個必然經過的階段；要求抗戰成功，必須將過去老大疲癃的舊中國用革命的勢力根本洗刷一遍，換成一個青年朝氣的新中國。

也只有革命工作完成以後，抗戰才有奪取最後勝利的可能。換言之，抗戰的意義，不只是要救國，還要建國，而欲畢其功於一役，只有在抗戰中求民主。此即「中青」要求「國民參政會」的成立及「中青」諸領袖在抗戰中仍提出省縣市各級民意機構思想主張的由來。而這些具體寶貴的創見，都藉由《國論週刊》的披露，表達了一個在野黨在抗戰初期的意見。所以說，就以青年黨的機關刊物而言，《國論週刊》在其短短的歲月，已盡了相當大的責任，這點是頗值得吾人嘉許及肯定的。

（七）抗日聲中的《國光旬刊》

民國 27 年 3 月 29 日，正值黃花崗 72 烈士殉國 27 周年時，堅決反共抗日的中國青年黨（以下簡稱「中青」），選擇了這歷史上最具意義的一天，在湖南長沙創辦了《國光旬刊》（後遷武昌出版）。該刊發行的主要目的，乃在鼓勵國人敵愾同仇，為國犧牲之決心。社址位於長沙西園九儀里 8 號，編輯人為左舜生，發行人為劉俊，每逢每個月的 9、19、29 日發刊。

據筆者現存的十一期《國光旬刊》看來，該刊主要的內容分時評、政論、短評、專載、特載（如柳下編：《十五年來的中國青年黨》）、通信、隨感錄等欄；另有文藝、戲劇（如張葆恩：《春滿樓頭》四幕劇）、詩歌、小說（如左幹臣：《父與子》、《幼小者》、《回鄉之夢》等短篇小說）、抗戰雜話等項。篇幅中且不時穿插有「聞勝勿驕、聞敗勿餒、抗戰到底、殲滅倭寇」十六字醒目標語。作者群則幾乎清一色均為「中青」黨人，如左舜生、李璜、曾琦、陳啟天、余家菊、常燕生、謝承平、魏嗣鑾、張希為、左幹臣、黃欣周、張葆恩、冷少泉、趙毓松、易君左等人。

　　《國光旬刊》是「中青」抗戰初期的主要刊物之一，時國難方殷，對日戰爭正處於最艱困時期。「中青」黨人本著愛國不落人後的精神，以筆為劍，以舌為刀，對敵人展開毫不留情的口誅筆伐；此外也以極為虔誠懇切的態度，寄望執政的國民政府當局，在國難時期仍須不忘民主政治的改革，基於這兩大信念，「中青」在《國光旬刊》表明了基本立場。

　　主要闡述的文章有：左舜生：〈抗戰以來的積感種種〉（第1期）、黃欣周：〈澈底抗戰與建國運動〉（第1期）、左幹臣：〈如何根治第一期抗戰所表現的弱點〉（第1期）、張希為：〈堅定我們的自信力〉（第1期）、魏嗣鑾：〈統一思想問題〉（第2期）、黃欣周：〈應從速樹立新國族政策〉（第2期）、左幹臣：〈把握住我們的民眾〉（第2期）、左舜生：〈抗戰建國與青年訓練〉（第3期）、陳啟天：〈明恥教戰〉（第3期）、余家菊：〈讀國民黨臨代會宣言雜感〉（第3期）、黃欣周：〈從民族到國家〉（第3期）、陳啟天：〈中國需要政治家〉（第4期）、余家菊：〈論國民參政會之機能〉（第4期）、謝承平：〈唯軍事主義下的青年訓練〉（第4期）、黃欣周：〈今後的經濟建設運動〉（第4期）、常燕生：〈五月悲劇之哲學的反省〉（第5期）、黃欣周：〈從青年苦悶說到今後的青年訓練〉（第5期）。

　　陳啟天：〈革新政治的八大要訣〉（第6期）、常燕生：〈紀念五月與中日關係的根本認識〉（第6期）、黃欣周：〈我們需要戰鬥的文化運動〉（第6期）、陳啟天：〈抗戰與人生觀改造問題〉（第6期）、左舜生：〈抗戰與國民道德的最高表現〉（第7期）、余家菊：〈抗戰哲學〉（第7期）、李璜：〈後方的兩件基本工作〉（第7期）、黃欣周：〈所望於第三期抗戰者〉（第7期）、陳啟天：〈抗戰與民族性改造問題〉（第8期）、常燕生：〈保衛民主政治的堡壘〉（第8期）、陳啟天：〈現代政治的最後試驗〉（第10期）、余家菊：〈關於國民參政會〉

（第 10 期）、李璜：〈民權與抗戰建國綱領〉（第 10 期）、曾琦：〈對於國民參政會之共同認識及應取態度〉（第 12 期）、余家菊：〈國民參政會與中國政治的前途〉（第 12 期）、李璜：〈現代經驗與現代國家〉（第 12 期）、常燕生：〈戰時下層行政機構的民主化問題〉（第 12 期）。

在延續國家生命，貫徹抗戰勝利的前提下，《國光旬刊》的言論主要圍繞在軍事勝利與如何鼓舞全民抗戰士氣上，間亦有主張落實戰時民主之議及青年訓練之方法。然大抵仍以團結禦侮為辦刊之宗旨，此由左舜生之〈發刊詞〉，可略見端倪。左舜生在談及該刊之言論態度有七點，分別是：（1）吾人決心維護團結統一，凡違反團結統一的言論與行動，吾人將竭全力予以矯正。（2）吾人決心擁護政府，但政府的措置如有失當，吾人亦不惜以正誼加以督責。（3）抗戰九月，尚無一足以代表人民說話的機關，我們認為是不對的，吾人將竭力促成一正式的民意機關之實現。（4）吾人將指出青年在抗戰中應走的正當途徑，但吾人有決心，斷不做單獨有利一黨一派的任何宣傳與煽動。（5）對敵人的一切陰謀，吾人將根據可靠的資料，審慎的考量，隨時予以揭穿！（6）對一切出賣祖國的漢奸國賊，我們將以嚴肅的精神大事聲討，決不姑息：不過因挾嫌誣陷或別有用心，隨意以漢奸頭銜加在別人頭上的一班小人，我們也深惡痛絕，認為有為淵驅魚為叢驅爵的危險，必加以相當的制止。（7）對於國際的變幻，吾人將以國家主義者的常態，根據客觀事實，分別友敵，說明真象，決不先挾成見。

上述七點，不僅是《國光旬刊》言論的指標，也是整個「中青」在抗戰八年的立場。如第 6 點，左舜生曾在《國光旬刊》抨擊章士釗，由於當時傳說他要受日本人的利用，左憤怒的指斥他（按：指章士釗）多年來早已墮落得不成樣子，如竟甘心受敵利用，「就是站

在湖南人的立場，也是應該大張撻伐的」。義正辭嚴，可見一般。另外如第 3 點，在國民參政會第 1 屆第 1 次及第 3 次大會中，「中青」出席黨人，曾提議〈剋期設立省縣市參政會案〉及〈剋期成立縣參議會案〉便是此點之具體落實；此外像第 4 點也是如此。

另外，《國光旬刊》也積極主張青年訓練的目標，不僅在補充學校教育之不足，而且是要培植一批建設現代化新中國的新細胞。而訓練青年的最高原則當然是「國家利益高於一切」，在這個最高原則下，吾人應該使每個青年受到現代組織化、民主化、科學化、軍事化的訓練，庶能逐漸養成一種新的國民性。對於領導抗戰的國民政府當局，「中青」透過《國光旬刊》，也表達了最深切的期盼。

陳啟天則向政府提出確立信條、屬行法治、溝通民意、調整體系、妥訂計劃、慎選人才、嚴格考核、肅清貪污等八大要訣來革新政治。李璜也要求政府對清查戶口及統制糧食兩件基本工作要特別注意。左舜生則鼓勵國人要以愛國、真誠、報恩、仁恕四德目將國民道德發揮至極至。曾琦呼籲國人要共體時艱，對國民參政會宜有該會乃為全國團結之具體表現、民主政治之斷而復續，及超黨派議政機關之共同認識。並期勉朝野雙方，在朝者應以開誠布公集思廣益；在野者應以知無不言言為不盡為原則，共謀抗戰勝利而努力。由「中青」諸領袖在《國光旬刊》的老成謀國之文章看來，該刊之言論內容已闡述無遺了。

民國 27 年 8 月初，「中青」在漢口召開第 9 屆「全代會」，會畢發表宣言要點如下：（1）擁護政府抗戰，以求最後勝利。（2）促進民主政治，完成各級民意機構。（3）屬行全民總動員，加強抗戰力量。（4）在不妨害國家之獨立及統一原則之下，聯合各黨共同奮鬥。（5）肅清貪污，解除人民疾苦。（6）策動友邦，實行制裁暴日。由這舉舉六點看來，可說是延續「中青」在《國光旬刊》的基本內容，

並且將此內容以黨的立場標示出來，而此一立場也一直賡續至抗戰結束。「中青」為何無一絲一毫顧及黨派之私，乃因「中青」自創黨以來，即認定國家高於一切，不論個人或黨派，均只是一個「小我」，在國家這個「大我」遭遇危難時，只有犧牲「小我」，才能完成「大我」。

　　因此「中青」在全面抗戰以前，是主張抗戰的，並為實現全面抗戰，而建議停止內爭，一致對外。所以在蘆溝橋事變前後，政府召開的「廬山談話會」及「國防參議會」，「中青」都有同志應邀參加，以表示共赴國難的誠意。由此具體行動，更可表明「中青」政綱中所言的：「國家不是任何個人、黨派、或階級的工具，而是全民所共同託命的一個總體。國家必須是全體民眾的國家，由全體人民所共治、共有、共享的民主國家，而不是任何少數私人或集團的國家，這樣的國家才能盡了國家所應盡的責任，而獲得全民的擁護。」基本上，《國光旬刊》就在這樣的政治理念下，與那時在成都的《國論週刊》和廣州的《國防線半月刊》，形成一條鼓吹「國家至上、勝利第一」的三角防線，而此三份刊物也是青年黨在抗戰初期最有力的言論喉舌。

（八）固守金湯的抗日國防《國防線半月刊》

　　蘆溝橋的槍聲，震撼了中國人心志，沉睡的民族，自此不再是睡獅，百年的恥辱待雪，入侵的日寇待除，從「7‧7」以後，地不分東西南北，人不別男女老少，一切目標支持抗戰，一切努力擁護國家，一切犧牲對付敵人。聖戰既起，除卻軍事第一、勝利第一外，個人、黨派之私利恩怨，在抗戰前提下，均微不足道矣！民國27年4月10日，由中國青年黨在華南所辦的《國防線半月刊》，就是秉持著這樣的信念於廣州成立的。關於其宗旨，發行人鄭振文曾有如下的表示：

「國防線半月刊的發行，說到它的宗旨，就是想建設一個『思想國防』，進一步建設『物質國防』的意思。分析言之約有四點：一、我們認定此次抗戰是中華民國建國運動過程中必經的階段，它的意義，不僅在消極地求民族的解放，而更在積極求國族的建設。二、在長期抗戰發展的過程中，一切反國家本位的思想和勢力，必使之淘汰而消滅；國家民族利益高於一切的原則，必使之確立鞏固，以完成現代國家的建設。三、為求抗戰必勝，建國必成，必須軍民合作，打成一片，徹底開放民眾運動，完成民主的政治社會機構。四、此次抗戰，人人必須抱定『最後勝利必屬於我』的信念，堅決意志，整齊陣容，自信自強，抗戰到底，以促敵人的崩潰」。

誠然如是，《國防線半月刊》就是在此環境下應運而生，為著救亡的責任，為努力宣傳抗戰建國工作，自神聖的全面自衛戰展開以來，「中青」黨人要在這個大時代做一點有效的宣傳工作。

由筆者現存 4 期的《國防線半月刊》看來，該刊出版於民國 27 年 4 月 10 日，發行人為鄭振文，主要作者群大抵以「中青」黨人居多，間亦有黨外友好。如曾琦、鄭振文、鄭壽麟、王世昭、張皋、劉尚一、朱伯康、常燕生、陳幹之、朱汝壽、黃範一、丘斌存、余維恭、黃鳳美、石雁三、黃驊、胡國偉、饒靖中、凌士芬、李新元、盧應濤、陳燮勛、吳康、黃逢美、黃河清、尤浩然、呂偉東、池正、胡體乾、黃昌毅、任啟珊等人。社址位於廣州市東山江嶺南 6 號 3 樓；後遷廣州市文德南路 99 號 2 樓。

內容有短評、時論、通訊、通信、演講、詩詞等項，徵文標準以基於國防第一主義，登載與國防有關及一切有利抗戰的文字。主要文章，現簡介於下：鄭壽麟：〈抗戰中國民應有之軍事常識〉（第 1 期）、鄭鐸宣：〈國防與礦產〉（上）（第 1 期）、鐵髯：〈抗戰下廣西的新姿態〉（廣西通訊）（第 1 期）、曾慕韓：〈最近外交軍事新形

勢〉（演講）（第 1 期）、政聞：〈如何使國民有參政機會〉（第 1 期）、
朱伯康：〈解放戰爭之性質與任務〉（第 1 期）、陳幹之：〈抗戰與民
眾健康〉（第 1 期）、尤浩然：〈民主國家於現時代應負的責任〉（第
1 期）、劉尚一：〈長期抗戰與消費緊縮〉（第 1 期）。

　　鄭壽麟：〈抗戰中國民應有之軍事常識〉（續完）（第 2 期）、張
閔生：〈抗戰前途的展望〉（第 2 期）、鄭鐸宣：〈國防與礦產〉（下）
（第 2 期）、劉尚一：〈抗戰中民主政治的建設〉（第 2 期）、黃鳳美：
〈持久抗戰應具的種種條件〉（第 2 期）、余維恭：〈防軍對民眾應有
的政治工作〉（第 2 期）、胡國偉：〈知恥與雪恥明恥與抗戰〉（第 3、
4 期合刊）、鄭振文：〈紀念今年的五月應完成雪恥抗戰建國之任務〉
（第 3、4 期合刊）、饒靖中：〈明恥教戰〉（第 3、4 期合刊）、王世
昭：〈抗日必勝的面面觀〉（第 3、4 期合刊）、凌士芬：〈抗戰中我們
寶貴的收穫〉（第 3、4 期合刊）、吳康：〈國防輿論之使命〉（第 3、
4 期合刊）、李新元：〈國防與戰爭精神〉（第 3、4 期合刊）、盧應濤：
〈國聯所給予我們的是什麼〉（第 3、4 期合刊）、陳燮勛：〈我國當
前經濟建設應該怎樣〉（第 3、4 期合刊）、黃逢美：〈中華民族解放
戰爭中的婦女問題〉（第 3、4 期合刊）、黃河清：〈談漢奸〉（第 3、
4 期合刊）。

　　貫串《國防線半月刊》的內容，可以說是以雪恥、抗戰、建國
六個大字，三大訴求為重點。雪恥：該刊強調在對日抗戰的偉大時
代當中，我們一面聯繫著恥辱的過去，橫亙著光榮的未來，時代需
要我們以鮮血去洗滌以往的污辱，創造光明的前途。凡我中華兒女，
必須鼓起知恥的勇氣，增強雪恥的決心，負起時代的使命，努力雪
恥工作，以發揚我中華民族偉大的國格。至於抗戰，這一次對日抗
戰是我中華民族的神聖解放戰爭，為要達到「抗戰必勝」的目的，
必須動員全國人力、物力、財力、智力和武力，把四萬萬五千萬人

之力成一總和，築成不可摧毀的國防線，從民族團結與抗戰精神兩方面去加強勝利的把握。若是中途屈服休戰，勢必淪國家民族於萬劫不復的境地。

因此，我們很堅決地主張抗戰到底，務期獲得最後的勝利。這便是我們所擁護而必期實現的抗戰方策。說到建國，《國防線半月刊》主張我們應該認定此次抗戰，是我中華民族建國運動過程中必經的階段。抗戰的意義，不僅在消極地求民族的生存，且更在積極地求全民福利民主國家的建立。為要達到抗戰勝利的要求，必須徹底開放民眾運動，集中全國各黨各派的力量，造成一個全民救國運動的堅實幹部，以發展民眾的智能，加強抗戰的力量。而其最基本的前提，厥為確認「民主政治」的原則，切切實實，以此原則定為今後中華民族建國的主要方針，然後才能避免各黨各派的摩擦，完成民主的政治社會機構，建設「合理化」的現代中國。

而欲完成雪恥抗戰建國的任務，鄭振文以為只有在堅定抗戰必勝的信念下，全民有錢出錢、有力出力、人盡其才，將整體國力作最大之發揮。日寇雖然逞強於一時，但就適者生存實例、世界歷史、中國歷史、中國地理、民族歌曲、民族思想及日本內在矛盾等層面觀察，王世昭以為抗日必勝，建國必成，國人不必因一時之失利，而懷憂喪志。

《國防線半月刊》自創刊以來，銷路日盛，口碑甚佳，儼然成為抗戰期間華南的言論重鎮，文章常和長沙的《國光旬刊》及成都的《國論週刊》相互連載；作者則和同在廣州的《黃花崗旬刊》交換。內容篇幅中間亦穿插孫中山、克勞塞維茲、魯登道夫、曾國藩等人語錄，用來鼓舞抗戰士氣。該刊的兩大特點：第一是科學理論和實際問題的統一；第二是研究和宣傳的統一。可能是發行人鄭振文係留德學理工關係，該刊內容強調，我們現在的抗戰，並非專靠

勇氣和熱情，乃是根據客觀事實，應用科學理論，盡最大的努力，以求最後勝利。

　　《國防線》的文章內容及特色，即本其科學素養，一方用科學方法，把每一問題，都作精到徹底的分析；一方把科學知識和實際問題聯絡起來，而得到充實周密的計劃。所以是科學理論和實際問題的統一。研究和宣傳都是增加力量的因素，但研究以瀋發理智為主，宣傳以激動感情為要，所以冷靜的研究和熱烈的宣傳，常成為不同態度的不同工作。《國防線半月刊》內的文字，對國防問題的各方面，作系統的探討，已盡研究之能事。另一方面，把研究所得的具體事實傳播給民眾，使他們加強自信，增進愛國熱誠，更是最好的宣傳，所以說這是研究和宣傳的統一。

（九）華西言論界驕子《新中國日報》

　　抗戰期間的大後方，位於抗日堡壘中心的天府華西——成都，有一份口碑甚佳、銷路甚廣、立論鮮明、精闢有力的報紙，它就是《新中國日報》。這份報紙無庸諱言是屬於青年黨的機關報，但因它的色彩中庸，社論絕佳，故能與國民黨的《中央日報》、共產黨的《新華日報》鼎足而三。關於《新中國日報》的創立，宋益清在《十年報人》一書中曾說到：「民國二十七年四月二十一日中國青年黨左舜生先生與國民黨蔣總裁交換函件，相許『共患難』、『濟艱危』。並在此共同了解的基礎上，青年黨須發行一個報紙，經短短四十天的籌備，新中國日報於六月一日在漢口創刊與讀者相見，就由左舜生任社長。」

　　而左舜生在《近三十年見聞雜記》也說到：「我們因為得著一位湖北同志穆子斌的贊助，慨然把他的一套印報機件借了出來，因而我們在漢口有『新中國日報』的創刊。這個報是我經手籌備的，出

版後我還任了二十七天的經理，然後交給一位四川同志宋漣波（益清）接辦，後來這個報遷往成都，一直支持到退出大陸才告結束。」

隨後民國 27 年 6 月，中國青年黨召開第 9 次全國代表大會於漢口，會中常燕生提議由宋益清繼左舜生擔任「新中國日報社」社長。該報於 7 月 15 日休刊，旋即遷川，於當年 9 月 18 日在成都復刊。至於說何以捨棄陪都重慶而將《新中國日報》遷到成都，一個最積極的理由是成都自來是我國西南的文化中心，抗戰以後，它在這方面益形重要，取代了北平的地位。光說大學就有十幾個遷到成都或三臺和嘉定等成都的衛星文化城市，就因為這樣，所以青年黨內能舞文弄墨的大手筆們，幾乎都集中在這個區域。職係之故，要辦新聞文化事業，成都實在是一個十分理想的地方；兼以青年黨人，就全國而論，又以川籍為多，有此一背景考量，《新中國日報》遷蓉出版，乃成了獨一無二的最佳選擇。

所謂報紙言論，通常不外乎是社論、專論及星期論文。當年的《新中國日報》編輯部門，陣容堅強。主要的臺柱有張希為、左幹忱、和黃欣周三人。張希為留學日本，習經濟，對國家經濟，了解透闢；左幹忱年輕時已大有文名，是青年文藝刊物《長夜》的創刊人；黃欣周則專研社會學，長於思想理論。他們 3 位又因同有國家政治趣向，對政治時事著眼和分析皆有獨到之處，因此他們除開分期總攬報紙全部編政之外，還親手主編國際和要聞版，並輪番撰寫社評。此外尚有數人，周冶芳主編地方新聞；搞新聞又搞廣告的是徐仲林；韓笑鵬則跑外勤；當地記者有王興國、鄧澤華、楊澤三等人。

其後又有陳善新、田景風、林德榮、陳曉初等人加入編輯陣營，駐渝特派員則為尹集儒。《新中國日報》當年社論文稿的如椽之筆，以常燕生最佳，因他所談問題的方面多，且每有獨到之見。此外，

周謙沖的社論則側重國際問題的分析，此乃因其擅長此道也。另外，社論的撰稿人尚有姜蘊剛、胡自翔、劉鵬九、張希為、宋益清、黃欣周、謝澄平等亦皆一時之選。至於星期論文方面，也是《新中國日報》的一大特色，所謂星期論文，即是說每逢星期日將其社論園地公開，刊登來自報社以外，不拘性質、不拘長短的論文。可是文章要由作者署名，表示文責由作者自負，與報社立場和言論政策無關。

《新中國日報》的星期論文版的文章由張希為、黃欣周、左幹忱和宋益清共同負責。邀請當時在蓉的各大學教授、專家、學人及社會人士執筆，承賜大稿的有蕭公權、趙人俊、董時進、龍冠海、朱自清、錢穆、李璜、魏時珍、鄭壽麟、張君勱、陳啟天、余家菊、潘朝英、鄧勵豪等人；另外報社同仁則有常燕生、周謙沖、何魯之、朱延豐、姜蘊剛、謝澄平、余文豪、程廣祿、胡自翔諸人。

至於專論，顧名思義，乃專門論之謂。這類文章作者，必然署名刊出，因之亦可稱為「專人論著」。《新中國日報》之專論文章，除了報社同仁外，最主要是社外青年黨領袖所提供的文章更彌足珍貴，引人重視。如左舜生的〈重讀蔣議長關於憲政問題書後〉、余家菊的〈推行憲政的前提〉、陳啟天的〈民主憲政漫談〉、李璜的〈中國的民主運動〉、〈民主、憲政、憲法〉等一系列文章，可說是篇篇精彩、力透紙背之作。

此外像「相對論」研究權威之魏時珍也為《新中國日報》寫了不少文字洗鍊、條理謹嚴的好文章，如〈人生之意義與價值〉、〈論道德律〉、〈論自然律〉、〈談仁說義〉、〈知行難易論〉等擲地有聲之作。而《新中國日報》另一園地副刊，名之為「動力」，由左幹忱主編，園地公開，作者大抵以大學青年為主。除了副刊外，《新中國日報》尚出了好幾種週刊或雙週刊，如常燕生主編的「讀書周刊」、祝

實明主編的「詩歌周刊」，此外還有「農村社會」、「靈感」、「激流」等周刊。

《新中國日報》自 27 年遷川復刊起，到民國 38 年 12 月中共攻進成都止，整整服務國家、社會、政黨歷十一個年頭。這十一年中，以「言論報國」的尺度來看是相當成功的，而成功的因素則奠基於該刊的言論立場及態度。關於《新中國日報》的言論態度，我們可由民國 34 年 4 月 2 日該報的社論〈我們的言論態度〉知之甚詳。該社論說：

「自創刊於漢口以來，七年之中，我們一貫的言論方針，是一方面本言論自由的精神，發表我們所認以為是的主張，以規勸政府，喚醒國民；一方面本舉國一致、團結禦侮的精神，對於抗戰，對於外交，甚至對於內政，我們都願意本國家至上的原則，切切實實為國家的整個利益貢獻一點有用的意見，以協助政府解除困難……我們是國家主義者，我們相信國家的利益超過於黨派的利益，我們本政黨的立場，雖然遇事不免有所批評不肯苟同，然而一切的批評和建議，卻從沒有離開整個國家的立場，忘記了整個國家的需要。……在舉國一致，精誠團結大目標下，朝野各政黨停止相互的攻訐，求取相互的認識，這也是抗戰以來的共同精神。我們過去的言論，自信絲毫沒有違反這一認識。……今天中國的各政黨，無論朝野，在國家的立場上都是同胞，在黨的關係上都是朋友，是同胞就有推誠為國之心，是朋友就有勸善規過之誼。為國家，為朋友，我們對政府施政都應該本良心的認識，直言不諱，有過必諍，自問是出於善意，決沒有故意搗亂的意思。」光明磊落，客觀公正，為國家盡規勸之責，為國民黨盡諍友之義，可以說是《新中國日報》的言論態度了。

宋益清在《十年報人》曾總結《新中國日報》的四項成就，分別是：（1）堅決擁護抗戰國策，反對中途妥協之謬說，昭示抗戰必

勝之真理，以轉移視聽，澄清國論。(2)鼓吹全民政治，促進舉國
團結，為人民基本自由權利而奮鬥，以期永奠國基，消弭禍亂。(3)
衛護世界和平，鼓吹國際合作，介紹國際之正確知識於國人，尤特
別致力於弱小民族權利之保障，與夫國際正義之伸張。(4)對學術
文化思想之主張與貢獻。

　　宋氏所言不虛，姑舉一例為證，民國28年以汪精衛為首的「低
調俱樂部」正大肆鼓吹「和平運動」時，《新中國日報》刊出了常燕
生義正辭嚴的社論〈此時還有徘徊瞻顧的餘地嗎？〉強烈主張政府
要「正人心，息流言，拒邪說，惟有請政府立即正式宣佈既定國策
不變」。此社論一出，還引起當時尚任國民黨中央宣傳部長周佛海的
驚詫。也因如此，《新中國日報》在當時新聞文化界，地位崇高，頗
獲好評。

　　如成都老報人舒君實在燕京大學新聞系講演「近三十年之成都
新聞事業」說到：「其報（按：指新中國日報）之優點，在於評論國
際問題，頗多卓見，每以許多新聞珍料，滲入論文，尤為讀者所注
意」。寫《戰時中國報業》一書作者程其保也說到：「新中國日報，
據點是中國青年黨的機關報，在二十七年冬季由漢口移來，每日也
出一大張，社評相當犀利，副刊『動力』，多小品文，間或也有些新
詩和舊詩，日銷約二千份。」

　　其實誠如宋益清所說的：「過去某個時代的報刊，等到數十年後
的今天看來，其一片一紙，一條消息，一段文章，一篇報導，都是
有價值的。因為它們可能代表當時一個觀念，一個理論；一點共同
的認定，一件矛盾的事實；一樁民間禮俗，一種官定制度；社會動
態，經濟榮枯，政治理亂……都可從上面揭露出來。似此情形，後
之視今，猶今之視昔，相距的時間愈長，其價值可能愈大，而且這
價值有的是與時俱增的。」《新中國日報》的價值顯然即係如此。

（十）萬方多難下的《國論半月刊》

　　《國論半月刊》是民國 29 年，青年黨在成都復刊的一份綜合性刊物，它的前身是《國論週刊》及《國論月刊》。其中演變經緯可以說是萬方多難、一波三折。據左舜生在《國論半月刊》的〈發刊詞〉上說到：「國論月刊於民國二十四年七月在上海出版，出至二卷第十一期，至八一三敵軍侵滬，戰事發生，本刊印刷所適在火線以內，最後已印就之一期，幾費周折，始搶救出險，但已無法由郵局寄出，故各省讀者，多未見到。嗣後本刊一部分同人，間關西來，謀為復刊之舉，遂於二十七年春季在成都復刊，因便於報告並批評戰局情形起見，改為週刊。嗣以重慶為後方政治經濟中心，地位較成都尤要，復於同年秋季遷渝出版。不意二十八年『五四』，敵機大舉襲渝，本刊印刷所又遭焚燬，以致停刊數月。但同人為再接再厲，不因敵寇之屢次摧殘而停止奮鬥起見，決於二十九年元旦在成都復刊，同時希望多容納較有系統的長篇文字，以便對抗戰建國大業有所貢獻，復由週刊改為半月刊，這是本刊過去六年來的經過大概。」由此可見《國論》的演變，彷彿一幅抗日的流離圖；但它停刊、復刊的勇氣，又好似中華兒女屢挫屢起的抗戰決心，這一點是令人相當感佩的。

　　《國論月刊》創刊於民國 24 年 7 月 20 日，編輯者為陳啟天；社址位於上海赫德路趙家橋合泰坊 11 號，每月 20 日出版。遷到大後方改為《國論週刊》，社址位於重慶來龍巷 7 號，每逢星期一出版。《國論半月刊》則於 29 年在成都復刊，編輯者為常燕生；發行人則為左舜生；社址位於成都祠堂街 121 號國魂書店，每月 5 日、20 日出刊。據筆者現所存《國論半月刊》的內容看來，該刊主要作者均是青年黨人及優秀的學者教授。如曾琦、左舜生、陳啟天、何魯之、李璜、姜蘊剛、吳天墀、祝實明、余家菊、常燕生、劉泗英、張希

為、劉尚一、陶元珍、黃欣周、余文豪、鄧勵豪、謝澄平、李思純、
王韶生、楚源、鄧啟、魏時珍、顧葆常、朱清華、宋樹人、嚴青萍、
蒙文通、彭舉、羅隆基、黃炎培、周謙沖等人。

　　至於內容，因該刊係一綜合性的定期刊物，以表現真正國民輿
論為目的，故舉凡政治、經濟、教育、社會、軍事、文化、歷史、
哲學之文章一概歡迎；此外另有社評、時論選粹、時代文獻、政論、
時評、藝文錄、文藝、詩詞、翻譯等單元；遇到特殊大事則出專號
（如：「憲政運動專號」、「歐戰評論特輯」）。而重要或具代表性文章，
據筆者歸類可分如下三項：

　　（1）憲政方面：左舜生：〈重讀蔣議長關於憲政問題演辭書後〉
（復刊第 1 卷第 1 期）、李璜：〈統一建國與憲政運動〉（第 1 卷第 2
期）、左舜生：〈我們主張提早實行憲政的理由〉（第 1 卷第 2 期）、余
家菊：〈推行憲政之前提〉（第 1 卷第 2 期）、常燕生：〈憲政運動在中
國〉（第 1 卷第 2 期）、陳啟天：〈法治人治與憲政〉（第 1 卷第 2 期）、
何魯之：〈歷史上的憲政運動〉（第 1 卷第 2 期）、張希為：〈對於國民
大會之意見〉（第 1 卷第 2 期）、劉尚一：〈憲政問題〉（第 1 卷第 2 期）、
曾琦：〈實行憲政之時期與國民大會之性質〉（第 1 卷第 3 期）、常燕
生：〈非常時期下中國政黨的使命〉（第 1 卷第 6 期）、常燕生：〈第
五屆國民參政會所遺留下的三大問題〉（第 1 卷第 8 期）、曾琦：〈抗
戰三年來之回顧與前瞻〉（第 1 卷第 12 期）、曾琦：〈祝三十而立之
中華民國〉（第 2 卷第 2 期）、常燕生：〈今日中國所需要的政黨和政
治家〉（第 2 卷第 3 期）、羅隆基：〈中國目前的政黨問題〉（第 2 卷
第 3 期）、常燕生：〈今天中國政黨應採的立場和應負的使命〉（第 4
卷第 4 期）、謝澄平：〈國家主義與青年運動〉（第 4 卷第 4 期）。

　　（2）社會哲學方面：何魯之：〈智慧之路〉（第 1 卷第 1 期）、
陳啟天：〈三種哲學體系的配合〉（第 1 卷第 1 期）、姜蘊剛：〈社會

的進步由於錯誤〉（第 1 卷第 1 期）、常燕生：〈一個現代中國青年應有的宇宙觀和人生觀〉（第 1 卷第 3 期）、常燕生：〈關於新戰國時代〉（第 1 卷第 4 期）、陳啟天：〈韓非及其政治學〉（第 1 卷第 5 期）、姜蘊剛：〈生物現象與文化現象〉（第 1 卷第 6 期）、余家菊：〈論中庸主義〉（第 1 卷第 16、17 期）、姜蘊剛：〈民族的狂飆運動〉（第 1 卷第 20 期）、李璜：〈認識人類進化與人生價值〉（第 2 卷第 2 期）。

（3）歷史方面：吳天墀：〈王安石的性格及其變法的是非〉（第 1 卷第 1 期）、陶元珍：〈東漢末中國北部漢族之南遷及東徙（第 1 卷第 3 期）、吳天墀：〈宋儒之風操與理性主義〉（第 1 卷第 5 期）、蒙文通：〈魏晉南北朝之史學〉（第 1 卷第 16、17 期）、吳天墀：〈史的聯想與教訓〉（第 1 卷第 18 期）、陶元珍：〈東漢末中國之大旱及大疫〉（第 1 卷第 18 期）、宋樹人：〈學術與政治關係之歷史觀〉（第 1 卷第 18 期）、姜蘊剛：〈歷史藝術論〉（第 2 卷第 3 期）、常燕生：〈歷史與歷史學觀念的改造〉（第 2 卷第 5、6 期）、常燕生：〈歷史的重演問題〉（第 2 卷第 7 期）、姜蘊剛：〈究竟甚麼是歷史的本質？〉（第 2 卷第 8 期）。

抗戰中的中國正處於一個英勇抗戰的偉大時代，在軍事第一、勝利第一的大前提下，所有的國民精神心力都已集中到抗日行動上去，再沒有餘裕來顧及思想，但這並不是說可以完全不必顧及思想。偉大的行動是從偉大思想的根柢上發育出來的。中國今天的抗戰要絞盡許多人的腦汁，將來抗戰完成後的一切建設尤其要絞盡許多人的腦汁，特別是在這一個國際空前大變化的時代，中國的前途難關正多，更需要我們以腦來報國。雖然最後的勝利一定在我不成問題，但抗戰勝利之後，怎樣收拾這已殘破不堪的中國，怎樣復興社會的經濟、怎樣對付其他國際事變，這一切人物和作為，盡都是從小算

盤上去打。氣量之狹隘、見解之卑淺、行動之浮薄，可以概括這一時代中國社會特徵，這不是什麼可以樂觀的興國氣象。

我們沒有力量來大規模地轉移一時的風氣，但站在自己的崗位上，用自己所能的工具，努力替國家民族培養一點新生的元氣，也於事不無小補。換言之：刊名為《國論》，顧名思義是很期望做到一個名副其實的「國民公論」，希望全體國人，不要妄自菲薄，大家發揮以腦報國的決心意志，既使是棉薄之力，在抗戰的大時代中，也算是盡到國民一己的責任了。總結《國論半月刊》的主要內容，在文字的獻替上，可以說在這四點最具彰顯，分別是關於憲政問題的討論、關於國際問題的研究、關於抗戰及敵我形勢的檢討、關於建國問題的貢獻四項。其中尤以憲政問題的討論最為重要。雖然國家正處於抗日的國難當中，但如何在抗戰中推進民主憲政，實行憲政與從速召集國民大會，成為全國一致的要求，也是朝野上下努力的目標，但如何去落實民主憲政呢？

《國論半月刊》的立場以為宜從治標、治本兩方面著手，治標方面則籲請政府明令宣布全國人民，除漢奸外，在法律上其政治地位一律平等；且為適應戰時需要，政府行政機構應加充實並改進，藉以集中全國各方人才，從事抗戰建國工作，爭取最後勝利。治本之道則請政府明令定期召集國民大會，制定憲法；另外由議長指定參政員若干人，組織國民參政會「憲政期成會」。這些有建設性的意見，在當時頗獲朝野推重，某些主張也局部落實。

此外《國論半月刊》另一重大特色，是積極闡揚常燕生的「生物史觀」及「新戰國時代」的觀念。常燕生本其生物史觀的見地，建立國家至上的中心思想，以替代個人主義和階級主義的時潮；而新戰國時代（又稱大戰國時代）的理論，是要國人為求救亡圖存，必須建立「國家至上」的新道德標準，提高國家民族觀念，堅凝國

民意志，積極準備對外作國族生存鬥爭。常燕生又提倡集團主義的思想，但這種集團主義有別於獨裁或專制思想，它是強調忠勇、義務、責任、服務、犧牲、秩序、社會連帶等等美德，它無非是想要國人有節制小我，去為國家民族的大我而犧牲奮鬥的精神與美德。

《國論半月刊》繼承過去《國論月刊》的光榮傳統，在抗戰期間的大後方，口碑甚佳。誠如黃欣周所說的：「先生（按：指常燕生）辦事很認真，對稿件的甄審甚嚴，重要的稿件有時還得自己校勘一遍，所以國論在當時出版界的地位是很高的」確係如是。《國論半月刊》雖說是青年黨人所辦的刊物，但它卻是超越黨派之私的一份綜合刊物。它的內容包含甚廣，舉凡政治、社會、文化均甚歡迎；而其編輯方針，不侷限於文章的刊佈而已，更著重於深度思想的探討，以期養成作者與讀者的批評精神。《國論半月刊》並不諱言黨派，但並不純然站在一黨一派的立場，因為中國的問題是關係著整個國家民族的生死存亡，應該讓全國人民都有自由公開討論的機會，以徹底貫澈言論報國的職責。在知識份子言論報國的績效上，《國論》在這一點是頗有貢獻的。

（十一）抗戰中推進民主的《民憲半月刊》

《民憲半月刊》，創刊於民國 33 年 5 月 16 日，發行人為時任「民盟」秘書長的「中青」領袖左舜生。後因左舜生公私兩忙，推辭發行人職務，而由鄭振文接任；編輯人則一直由左舜生擔任。後且因雜誌銷路日盛，稿源不絕而組成一編輯委員會，主要委員有張瀾、張君勱、沈鈞儒、李璜、羅隆基、章伯鈞、張申府、梁漱溟、左舜生等人，皆一時俊彥及各黨各派要角。

該刊社址位於重慶信義街 39 號，另外戰時後方各大城市如重慶、成都、桂林、昆明、貴陽、長沙、衡陽等處均有代售，銷路

頗佳，為抗戰末期一份相當具有分量的政論性刊物。《民憲半月刊》雖與「民盟」有若干關係（一度有人誤以為是「民盟」的機關刊物），其實基本上，它是一份屬於青年黨在抗戰末期的言論喉舌。

　　該刊內容主要有國內現勢分析、國際問題探討、民主憲政文章、新書評介、時事短評、外國政情翻譯外；尚有連載左舜生的《萬竹樓隨筆》及余家菊的《理學漫談》。另外穿插有曾琦、左舜生、常燕生、陳登恪、劉泗英、張瀾、左幹忱、陶元珍等人的詩，內容豐富詳實，頗具可看性。

　　而撰述者大抵也多為青年黨人，如左舜生、陳啟天、李璜、余家菊、鄭振文、陳一清；另有張君勱、張申府、龔德柏、孫寶毅、周鯨文、梁漱溟、費鞏、張禮千、劉清揚等人也是彼時政治理念相契合者。所以說《民憲半月刊》是戰時末期，青年黨主張在抗戰中推進民主憲政的代表性刊物並不為過。至於說為何在國難當頭，敵寇未除之際，要求主張民主憲政的動機為何？意義何在？吾人不得不從青年黨的政治宗旨去探討，現略述於下：

　　民國 27 年，國民政府為結合全國力量，集中全國之思慮與識見，以利國策之決定與推行，乃決議組織國民參政會。國民參政會的成立，儘管其不具備國會的充分權力，但對政府的施政仍發生些許的監督作用。這在抗戰初期，是相當難能可貴的。所以左舜生在代表中國青年黨致國民黨蔣、汪兩領袖書中曾言：

　　「中山先生畢生奮鬥之目的，其一在爭取中華民國之自由平等，此次國民黨領導全民抗戰，即此遺教精神之具體發揮。其一在建國中心以憲政為指歸，此次國民黨臨時代表大會在此非常時期不忘國民參政機關之建立，國民言論出版集會結社自由之保障，亦即異日憲政實施之端緒。」

但是好景不常,誠如陳啟天所說的:「但在參政會第一屆時期,曾設憲政期成會,卻不幸中途撤銷,自令嚮往民主憲政的人們失望。到第二屆改組,既有不少非國民黨人士落選,而共產黨又以新四軍問題不肯出席,自難免引起國共兩黨以外參政員的憂慮。」職係之故,由於抗戰中期國民黨緊縮其原先民主、包容的尺度,頗令青年黨領袖不滿與憤怒,曾琦拒絕參加第二屆第二次參政會,且在香港公開發表談話,抨擊國民黨此項違反民主之措施。曾氏說:

「如認為僅憑一黨之力,可挣持以渡此千古未來之難關,則不妨重申一黨專政之旨,并現有之國民參政會而解散之,以免畫策盈庭,徒滋多口,且使各黨各派仍居於在野地位,保留是否功過之自由批評權。」換言之,國民黨的壟斷國民參政會,不肯真正落實民主憲政,和青年黨一貫的主張大相逕庭,所以至此青年黨也只能以言論來闡明自己的大政方針了,這就是辦《民憲半月刊》的真正背景。

民國 27 年 7 月,〈中國青年黨為抗戰週年紀念宣言〉曾提及:「在這個抗戰建國的艱鉅工作上,我們認為非發動民眾共同一致努力,不能收到圓滿的成功。而發動民眾,則非實現民主政治不可。」換言之:就是我們為什麼要憲政,因為要民主,為什麼要民主,因為要民主才能團結全國力量;為什麼要團結全國力量,因為要抗戰建國。全民及各黨各派要抗戰建國,所以全民及各黨一致主張民主要求憲政。就在這樣的共識認知下,《民憲半月刊》創刊後,一直朝此方向作有系統的理論發揮,較具體的文章有:

陳啟天:〈民主憲政的原則問題〉(第 1 卷第 1 期)、梁漱溟:〈談中國憲政問題〉(第 1 卷第 1 期)、余家菊:〈憲政與三民主義共和國〉(第 1 卷第 2 期)、梁漱溟:〈中國到憲政之路〉(第 1 卷第 3 期)、陳啟天:〈民主憲政的實施問題〉(第 1 卷第 4 期)、費鞏:〈實施憲

政應有之政治準備〉（第 1 卷第 5 期）、鄭振文：〈實施憲政應先革除反民主習慣〉（第 1 卷第 5 期）、陳啟天：〈民主政治的哲學問題〉（第 1 卷第 7 期）、陳啟天：〈民主憲政的規模問題〉（第 1 卷第 8 期）、陳啟天：〈民主政治與非民主政治〉（第 1 卷第 9 期）。

　　總結這些精彩文章的內容看來，《民憲半月刊》的主張誠如其刊名一樣，如何在戰時落實民主憲政。關於這一點，陳啟天的意見頗具代表性，陳氏說：「各種史例，可以證明各國的憲政，往往產生於戰時。原來沒有憲政的國家，固多在戰時新建憲政；原先已行憲政的國家，也多在戰時改進憲政。其所以如此的原因：一由於戰時需要人民出錢出力，而使人民樂於出錢出力的方法，則莫如實施民主憲政；二由於戰時需要人民精誠團結，而使人民易於精誠團結的方法，亦莫如實施民主憲政；三由於戰時需要予人民以政治上的新希望，而使人民感覺政治有新希望的方法，更莫如實施民主憲政。戰時對外求勝，只有實行民主憲政；對內求活，也只有實行民主憲政。所以我們說戰時需要民主憲政。」陳氏之言，雖乏深刻的理論基礎，但平實之言，不僅代表《民憲半月刊》之主張，也象徵「中青」彼時之政治訴求。

　　如同左舜生在〈努力與思索〉代《民憲半月刊》發刊詞裡頭說的：「我們在本刊底言論，大抵是由於一種不安的心情和責任感所流露出來的一些樸實的說法。」《民憲半月刊》自創刊以來，其言論態度一向是就事論事，從事實去推敲，而不作空談原則的探討；一向是相忍為國，共體時艱，而不作意氣之爭；一向是責勉政府，而不攻擊國家。在鼓吹倡導民主憲政之餘，從不盲目樂觀，也不粉飾太平，掩蓋事實。由其公平客觀的論政立場，這個半月刊，可以說是青年黨在戰時樹立民主憲政運動的一面旗幟，其對於民主理論的發揮，也作了相當大的貢獻。

（十二）雜談《青年生活半月刊》

抗戰前，在上海灘上有一份口碑不錯的刊物，它就是由青年黨所辦的《青年生活》。《青年生活》的初生是在民國 24 年的雙十節，不久因抗戰軍興，《青年生活》換成了《青年中國》，以《青年中國》的姿態出現於世人之前。不幸「8・13」的砲火，日寇的凌虐，又使《青年中國》僅勉強完成了 1 卷，即結束其短暫的生命。民國 35 年 7 月 7 日，照創辦人謝澄平之意，以《青年生活》停刊於「7・7」，亦應復刊於「7・7」，以示紀念不忘國難之意，故原本定於 7 月 1 日出版，特改期於「7・7」發行，每月以 1 日及 16 日出版。35 年 7 月 7 日，復刊後的《青年生活》，改以半月刊的形式問世。內容文章各方面，均較戰前之《青年生活》進步不少。

該刊發行人為常燕生，主編人為陳柳浪，社址位於上海虹口山陰路千愛里 28 號。內容多元化，活潑生動，主要有時人語摘、洋場漫步、半月閒話、青年苗圃、文化公園、青年通訊、上海灘上、時論文摘、昔人言林、詩詞聯語、新詩小說、翻譯文章、地方通訊、語錄、他山之石、戲劇、旅滬須知、青年新聞等多項；另外曾出了國民大會及常燕生逝世兩個專號特輯。

《青年生活》的作者群，可以說清一色均為青年黨人，如曾琦、李璜、常燕生、余家菊、謝澄平、黃欣周、程光復、周寶三、陶元甘、陳善新、施真、辛郭、陳一清、沈雲龍、王維明、余文豪、宋樹人、徐天從、張希為、辛植柏、姜蘊剛、陳一萍、張葆恩、鄭振文、左幹臣、何仲愚、胡自翔、陶元珍、彭雲生、鄭壽麟、李滿康、周謙沖、胡國偉、夏爾康、崔萬秋、劉雲程、邱椿、俞康、魏嗣鑾、朱漢新、宋漣波、郭榮生、徐漢豪、嚴青萍、顧葆常、何魯之、楊叔明、劉東巖、張伯倫、陳啟天、蘇梅、田景風、劉子鵬、吳天墀、陸鵬雄、丘竣、王興國、汪克永、黃仲蘇、竹慧文、吳蠻、周蜀雲等。

　　內容則喜歡趣味雋永、短小精悍，能反映現象的作品，如「上海灘上」專欄，專門介紹彼時黃埔灘上的人文百態；「文化公園」則蒐羅眾多文人動態言行，其中有幽默、有報導、有軼事、有趣談，頗合茶餘飯後閒談之資料。此外在《青年生活》上，憶舊懷友之作，亦堪稱一絕。如：萍枝：〈記鄧孝情〉、施真：〈紀念聞一多先生〉、雲深：〈我所知道的費鞏〉、常燕生：〈父親節追述先父鑑堂公數事〉、黑士：〈悼楊效春先生〉、雲孫：〈憶華聲社〉、謝澄平：〈憶史迪威將軍〉、黃仲蘇：〈王光祈與少年中國學會〉、常燕生：〈追記延安之行——並懷呂平章同志〉、余家菊：〈青年黨創黨會談記〉、郭榮生：〈張伯苓先生和南開〉、沈澤清：〈懷穆師濟波〉、紀彭年：〈憶知行〉、賀驥程：〈回想知行〉、吳仲申：〈記知行三事〉、雲漢樓主：〈憶盧隱〉、天行：〈記胡雲翼〉。

　　這些人物、史事的追述，對於吾人研究某些特定人物及青年黨諸多歷史相當有裨益，如青年黨才子鄧孝情，一般人大概不知有此人，其實此人法文之好、才華之高，幼椿先生曾向筆者讚譽再三，惜體弱多病，天不假年，即英才早逝。另外曾遭政府誤殺的楊效春先生，亦是我國不可多得的鄉村教育專家，可惜生平事蹟卻大多付之闕如，語焉不詳。

　　至於「華聲社」，為「中青」前身「國家主義青年團」費明揚、何國俊、楊正森等人在四川所成立的一個社團；「知行學院」則是青年黨為發展黨團組織，訓練黨務人材，建立黨務基礎，於民國 18 年，在上海威海衛路所成立的一所學校。關於這些零星史料，外界多所不知，透過《青年生活》，倒可略知一、二。而余家菊在《青年生活》連載的〈回憶錄〉及〈五十回顧錄〉，更是「中青」領袖人物的第一手原始資料。

　　關於《青年生活》的內容，據柳浪在〈為母一年〉文章中說到：「據本刊發行人，中青文運會主席常燕生先生生前原意，中青文運

會擬辦刊物三種：一為建立青年黨理論體系及對時局發表青年黨主
張之純政論性刊物，定名為《全民論壇》，擬請黃欣周同志主編。二
為建立以生物史觀為觀點之集團主義國家主義文學的純文藝性刊
物，名稱未定，主編人亦未定。後因中青經濟困難及其他種種原因，
一時無法實現，最後乃將上述兩種刊物之性質一同包涵於青年生
活，以資兼顧。」

　　職係之故，《青年生活》原為青年黨文化運動委員會主辦刊物之
一，它是以大中學生、小市民、小商人、工農大眾為對象。普遍鼓
吹提倡愛國救國運動、世界和平運動、民主主義運動、社會改良運
動、新合理化運動之大眾化通俗化的刊物。由柳浪主編，13 期以後，
逐漸加多其純文藝之作品；15 期以後且按期發表常燕生之「有機哲
學」及「生物史觀」，由於欲集中三種刊物之特性於一處，薄薄的
一本半月刊，在容量上及時間上均不許可，故於 13 期後，改以月刊
問世。

　　重要的文章有常燕生的〈時間的架構〉、〈時間的性質〉、〈有機
論的宇宙觀與人生觀漫談〉、〈空間的結構〉及黃欣周的〈生命中心
論〉等精彩力作。另外如何魯之的〈國家主義概論〉、謝澄平的〈國
家主義與青年運動〉、左華宇的〈國家之本質〉也是不可多得的精
闢言論。

　　至於整個刊物的立論旨趣，謝澄平說：「今後的『青年生活』，
必然順應著原子時代，奔向民主世界的前途。科學化、組織化、民
主化的青年生活更要加速地展開。充滿矛盾的國際局勢，非常惡劣
的中國現狀，都是我們青年絕對否認的現實。我們更加要發揮理想、
熱情、鬥爭，來創造一個新的青年園地。在這青年園地中，沒有窄
狹的政黨偏見，沒有近視的唯利主義，沒有自命領導而不工作的人
物，沒有空叫口號而失去自信的頹廢份子，更沒有不夠朋友的夥伴。

真誠親愛的青年朋友，讓我們攜手並肩同心協力，以民主的理想來粉碎專制虛偽的醜類，以救國愛人的熱情來洗盡欺世盜名的污垢，以踐實有力的鬥爭來創造現代的青年中國。」換言之：熱情、純真、理想、勇敢、踏實就是《青年生活》創辦的主要旨趣。

當民國 35 年《青年生活》復刊時，《青年生活》曾為自己立下七大信條，即：（1）堅信中華國族不弱一切；（2）堅信我國家能助益世界；（3）堅信我是前進有為青年；（4）抱定快樂奮鬥的人生觀；（5）隨時隨地發揮義俠精神；（6）日常生活力求其合理化；（7）努力促進人類民主思想。爾後歲月，在秉此宗旨下，《青年生活》之內容，兼具了海派刊物的風趣輕佻；又有了京派雜誌的平實蘊藉。既無強烈黨性之猙獰面目盛氣凌人，復得和藹可親之民主作風。深入民間，愛國利黨，有己有人，在勝利後的黃埔灘上，也算是一份別具風味的刊物。

（十三）抗戰勝利後之《青年中國週報》

民國 35 年 10 月 12 日，由劉東巖任發行人、費明揚任總經理、王興國任主編的《青年中國週報》在上海市南京東路 241 號創刊了。彼時正值抗戰勝利，上海又為中國第 1 大城市，基於輿論報國與政黨立場的考量下，在上海發行一份屬於青年黨的機關報是有其必要的。兼以時值共禍日張，國共內戰有一觸即發之勢，戰後經濟崩潰，通貨膨脹，青年人正感徬徨苦悶之時，有一份為青年抒發心聲之喉舌，更覺迫切需要，《青年中國週報》就在這樣的情況下誕生。關於這背景，劉東巖在〈理想與現實〉（代發刊詞）中也說到：

「我們抗戰勝利，已踰一年。惟因軍隊不能統一於國家而正常整編復員，致造成形同封建割據與通貨異常膨脹的現象。因全國交通不能完全恢復到抗戰前的正常狀態而反隨時被大規模的破壞，遂

造成全國各地貨物有無不通，物價發生畸形高漲的現象。因全國政令不統一，制度不統一，經濟不景氣，遂發生分疆而治，工廠凋敝，農村荒蕪，民不聊生，公教人員，幾難自保的現象。因全國的民主政府和理想憲法未能適時產生制定，故民眾的監督不嚴，法律的效力不大，馴致政治難望清明，行政效率日低，怠工腐化，已成通病。又因國內政局紊亂，未能恢復和平，所以竟召來外侮，國際地位，日漸低落。」

職係之故，「凡此一切，都足以促使中國的一般青年，心理失常和情緒惡劣，目前中國的青年朋友，類多由失望而苦悶，由煩惱而消沉；或則由嫉妒而憤恨，因淺薄而躁急。他們滿腔熱血和無限勇氣，竟為現實所苦而無所用之。他們都深刻地感覺得：四顧茫茫，再也尋不著希望的路徑：世態炎涼，再也得不到溫情的安慰：飄泊流浪，再也探不見人海的燈塔。他們所隨時看見的，只是：國際風雲的緊急，列強矛盾的增加，國內秩序的紛擾，民生疾苦的滋長，嫉妒傾軋的殘酷，權利攘奪的瘋狂，和政治前途的黑暗，自身未來的渺茫。他們雖然隨時鼓著勇氣，向前直衝！很想改善這一切人世間的污穢渣滓，以求實現他們崇高偉大純潔無疵的理想。但又每苦事與願違，力不從心，徒嘆奈何！這是當前中國青年的最大痛苦！他們已面臨到上進或墮落的十字街頭！他們正在徘徊！他們正在呼籲！他們正體驗到理想與現實不相適應的生活！我們不能熟視無睹！我們應該同情他們！我們應該與他們攜手聯合起來！因為惟有以我們這一般活活潑潑蓬蓬勃勃的中國新青年作骨幹，才可望在此建國聲中，建設成功一個現代化的光明燦爛的新青年中國！我們刊行『青年中國』週報，這個公開的坦白的誠懇的目的，便是為此！」由劉東巖這番愷切的剖陳，《青年中國週報》的內容、立場已可以很明晰的瞭解了。

　　由筆者現存 50 期的《青年中國週報》看來，由該報的徵稿簡約可知其內容大致可分如下二十項，分別是時事評論、時代思潮、自由論壇、理想世界、社會寫真、學生園地、世界語林、科學叢譚、史事獵奇、青年修養、生活藝術、回憶實錄、心事一得、時人語錄、古今雜記、民眾呼聲、文藝天地、讀者來鴻、東西南北、書報述評等。

　　內容取材多樣活潑，頗獲青年好評，這當中有曾琦的詩、辛郭的連載小說〈黑寡婦〉及常燕生的〈老生常談〉專欄。值得一提的是，有不少追悼憶念已故青年黨同志的文章，這對於研究青年黨人物、史事頗有裨益。如陳銳、游桂榮、劉金華、盧七劍、張大明、陳諒叔、王建陌、郭漢烈、陳隆政、勞人俊、江樹鋆、常燕生、梁建章、周文中等人。至於作者群有劉東巖、常燕生、曾琦、張伯倫、柳浪、辛郭、周寶三、魏嗣鑾、余家菊、吳天墀、胡國偉、王維明、王興國、沈雲龍、史亦江、陶元珍、陶元甘、姜蘊剛、祝實明、竹慧文、陸雄鵬、何魯之、劉子鵬、田景風、丘竣、左幹臣、王世昭、雲孫、周蜀雲等。重要文章則有：

　　劉東巖：〈理想與現實〉（代發刊詞）（第 1 期）、常燕生：〈國家主義與國際主義〉（第 1 期）、魏嗣鑾：〈知行難易論〉（第 2 期）、胡國偉：〈責任內閣制與憲草五院制〉（第 5 期）、常燕生：〈民主政治需要獨立的人格〉（第 6 期）、王興國：〈誰阻礙中國民主政治的實現〉（第 7 期）、劉東巖：〈國大新憲草的特點〉（第 8 期）、曾琦：〈實行憲政之時期與國民大會之性質〉（第 11 期）、謝賡新：〈官僚資本與國家經濟之危機〉（第 18 期）、何魯之：〈政治與學術〉（第 20 期）、王興國：〈政府改組後的國家前途〉（第 29 期）、舒甫：〈斥所謂「南朝」與「北朝」〉（第 30 期）。

　　鄧興：〈我看和平運動〉（第 31 期）、嘯公：〈和平的關鍵〉（第 33 期）、鄧孝情：〈宗教的定義問題〉（第 35 期）、余家菊：〈民有民

治及民享〉（第 36 期）、黎成德譯：〈近代國家主義的演進〉（第 40
期）、劉東巖：〈論改革幣制〉（第 42 期）、王興國：〈魏德邁來華調
查後〉（第 43 期）、左華宇：〈世界局勢與中國前途〉（第 46 期）、霽
明：〈中國政治的觀察〉（第 47 期）、李曉舫：〈中國科學化的社會條
件〉（第 48 期）。

抗戰勝利後，國人經過八年浴血，望治心切，普遍渴望和平的
到來。但是不幸的是，戰後國共內戰又再度爆發，箇中原因，國共
兩黨均難辭其咎。國民政府雖有還政於民的誠意，力行民主憲政的
決心，奈何政治腐敗，派系鬥爭，搞得大失民心；而共產黨則恃有
俄援，到處攻城掠地，不肯服從中央。因此雖有美國調停，惜宿怨
已深，收效甚微。

彼時青年黨尚為「民盟」一員，且係「民盟」三黨三派中之最
大組織，負有調解國共兩黨之責，故希望國共兩黨相忍為國，互讓
一步。「政治民主化」與「軍隊國家化」是當時青年黨的兩大政治訴
求，所謂「政治民主化」是希望國民黨能遵守諾言，貫徹〈政治協
商綱領〉，儘速還政於民，成立多黨合作的國民政府。至於〈軍隊國
家化〉，則係強調軍隊直屬國家，非屬個人或黨派，更不是將軍隊視
為政爭之工具。

凡此要求，可以說是切中時弊，值得國共雙方反省，惜國共兩
黨各為一黨之私著想，棄黎民百姓於不顧，烽火愈演愈熾，內戰越
演越烈。最後且因「民盟」的變質，青年黨憤而退出「民盟」，又為
顧全大局，最後同「民社黨」一起參與制憲，參加國大，且加入政
府。此種苦心孤詣及政治理念，均藉《青年中國週報》與在成都的
《新中國日報》，作了明顯的宣示與表達。

無庸置疑，青年黨辦得最久及最好的報紙，除了《醒獅週報》
外，就屬抗戰期間的《新中國日報》了。但是《新中國日報》因地

屬西陲，所以影響僅侷限於川滇西南，此種現象在抗戰大後方尚可，但就勝利後的全中國，恐怕力有未逮。所以勝利後，在上海首善之區成立另一份刊物，互相呼應，形式犄角之勢，宣傳青年黨的主張政見，就更形刻不容緩。

《青年中國週報》就在如此需求下成立，成立以後終也不負所望，善盡言論報國之職責，為黨為國忠誠諫言。雖有忠言逆耳，得罪當道之處，但在彼時天下滔滔一片赤白聲中，尚不失為一股清流。其中尤以敢為青年請命，敢替黎民訴苦，不卑不亢，更令吾人欽佩。反觀目前臺灣，新聞道德頹喪，挖人隱私，不顧是非，一昧以迎合讀者為尚，沒有立場，沒有原則，相較之下，實令人浩歎矣！

（十四）關懷國是的《中國評論月刊》

民國 36 年 7 月 10 日，青年黨籍立法委員徐漢豪，在首都南京創辦了一份刊物，名為《中國評論月刊》。該刊為一綜合性刊物，內容以評論國家政治、經濟、法律、史地、哲學、建設為主；兼亦穿插文藝創作或雜感，唯此類文字較少。《中國評論月刊》，發刊於 36 年 7 月 10 日，後因時局關係，出刊日期迭有所誤。發行人為顧葆常，社長為徐漢豪，主編為陳止一，社址位於南京市上海路 40 號。

作者方面，由於《中國評論》是份園地充分公開的雜誌，撰稿人，除了青年黨同志外，也不乏外界的學者專家。較常投稿的有：徐漢豪、齊植璐、吳裕後、陳止一、景昌極、周蜀雲、黃欣周、王之、余文豪、丁作韶、符澤初、聞鐘、蘇生、金祖同、許啟徵、方景仁、嚴青萍、劉漢宗、陳政均、朱廣福、楊鎔緯、成錫祥、林禮用、錢煥文、劉明兮、范秉臣、唐啟宇、李公權、胡啟東、朱右白等人。且其特色是每期篇幅後面均有作者經歷、學歷簡介，如余文豪（前國立東北大學教授現任經濟部專門委員）、徐漢豪（國立政治

大學教授）、齊植璐（經濟部簡任秘書）。至於刊物的編排方式則有社評、專論、特約通訊、時論選輯、譯述、雜談、選舉集錦、蕉園閒事、六一軒隨筆等，方式雖嫌簡略，但透紙背之作卻不少。

據筆者現僅存 10 期之《中國評論月刊》內容看來，該刊之評論重點以有關於政治、政黨、經濟、軍事、外交為主。代表性的作品有：齊植璐：〈當前經濟政策之歧途〉（創刊號）、徐漢豪：〈當前之選舉問題〉（創刊號）、周蜀雲：〈政黨與政爭〉（第 2 期）、黃欣周：〈中國問題的中心〉（第 2 期）、徐漢豪：〈民主的基本認識〉（第 2 期）、余文豪：〈我們需要哲人政治〉（第 3 期）、齊植璐：〈急切需要的幾項政治經濟改革〉（第 3 期）、符澤初：〈論中國經濟病態之癥結〉（第 3 期）、徐漢豪：〈刷新地方政治與開放地方政權〉（第 4 期）、方景仁：〈政治改革芻議〉（第 5 期）。

劉漢宗：〈看大選，論民主〉（第 6 期）、陳政均：〈改革幣制的研究〉（第 6 期）、景昌極：〈民主質疑〉（第 7 期）、楊鎔緯：〈從貪污說到官僚資本的罪惡〉（第 7 期）、劉漢宗：〈擊破行憲的絆腳石〉（第 7 期）、陳止一：〈論調整待遇〉（第 8 期）、景昌極：〈道德與社會革命〉（第 8 期）、徐漢豪：〈論軍事援華告美國人士〉（第 9 期）、陳政均：〈從援華法案說到幣制改革〉（第 9 期）、陳止一：〈勤儉運動須從上層做起〉（第 10 期）、李公權：〈談財政經濟緊急處分〉（第 10 期）、齊植璐：〈幣制改革後的經濟課題〉（第 10 期）、徐漢豪：〈為民主呼冤〉（第 10 期）。

上述文章，基本上以政經、軍事及外交為主，內容亦大同小異，歸納起來倒可以勾勒出當時《中國評論月刊》對國是的意見。比方說以改革政治而言，該刊以為彼時國民心理幾乎變成絕對自私，一般人都以國事無可為而灰心失望，但求個人的安樂與享受，為個人的利益打算。而握有政權的人，也忘記了自身為人民公僕，貪贓枉

法，窮奢極慾，人民的生活，在他們是漠然無睹，更絲毫沒有一點
國家觀念和民族意識。

　　國民道德墮落到如此地步，不能不使人憂心。而這種現象的產
生，該刊以為是政治腐敗，紀律蕩然所造成的結果。故欲挽救人心，
宜從政治改革下手。而言改造政治，首先是共產黨必須放棄以武力
推翻政府的企圖，因為我們國家，經過八年抗戰實已至民窮財盡的
地步，再也經不起再一次的內戰及蹂躪，故戰後首要急務，莫過於
與民休養生息，而非自相殘殺。是以國家需要安定，只有安定才能
使社會繁榮，只有安定才能求國家的進步。而要達到安定的目的，
必須全國各黨派泯除私見，不以武力奪取政權，而從事爭取民眾的
同情著手。民意的向背，是政治成敗的試金石，違反民意的政治，
必歸失敗，為人民所唾棄。所以國家要安定，不是鬥爭事，人民要
安定，不是清算。

　　現實政治果真令人失望，儘可由政治民主化的原則來求其完
善。民主政治，一切取決於民意，政府由民意機關產生，而民意機
關又是人民用投票方法選出來的代表所組成的，任何黨派都可以其
政策公諸大眾，爭取選民，只要在民意機關中能佔多數席位，就可以
取得政權，達到政治改造的目的。此外就中共問題而言：該刊認為中
共既然拒絕參政會和平建議，關閉談判之門，並到處發動攻擊。是其
所爭，已非民主政治，而在割據疆土，奪取政權；完全喪失其政黨
之身分與立場。凡以促進民主政治為主張者，自難寄予同情。該刊指
出如中共在東北勾結韓共，驅使日俘，憑恃外援，進攻國軍；對予
外蒙軍侵入新疆，竟開會慶祝。此種行徑實已證明其毫無國家觀念，
而其意圖破壞領土完整，使親者痛仇者快之行為，尤為國人所共棄。

　　至於對民主的看法：該刊云：彼時民主聲浪，雖高澈雲霄，然
究之實際，主張民主的人，大都是假藉其名，或作曲解，以圖保持

一黨專政之實，或托詞民主，實行其階級獨裁之計，這種人對於民主，可說根本缺乏認識。一個黨有無實現民主的誠意，它本身能否與各黨平等相處，讓少數有變成多數的機會及確保人權給人民以應有的自由，這是一個重要的法則。故要談民主，至少要有兩個基本認識：第一、政治要由多數人來管理，少數人固然要服從多數，但同時要使少數有權利變成多數；第二、要確實保障人權，執法當局倘無此認識，則遑論民主矣！

抗戰勝利後，經濟問題的惡化較政治問題更嚴重，對經濟興革的意見，該刊的具體意見如下：（1）嚴厲整肅綱紀，如修正懲治貪污條例、獎勵人民檢舉，採行上下級連帶負責，發揮大義滅親的精神。（2）切實裁併機關，機關性質相同者，應予合併；臨時機構任務已大致完成者，如善後救濟總署，應立即結束。（3）改進人事，實行人才主義，厲行分層負責嚴密人事考核，逐漸淘汰無能及不力人員。（4）開徵建國特捐，彼時國內經濟危機之基因，在於財富之不均及負擔之失衡，故財產稅之徵收，實為當務之急，提高起徵點，先徵豪戶，再徵富戶，以逐期推廣。（5）厲行節約消費。（6）減緩通貨膨脹，加緊出售國營事業，緊縮不必要之工商貸款。

至於影響政治風氣之腐敗，社會秩序之紊亂、財政金融之枯竭、國際地位之低落，以及士氣之頹喪，民心之渙散的「貪污」問題，「刑亂國用重典」，除了除惡務盡，從重懲處外，別無他法。而國民黨人亦必須有穿著草鞋的吃苦精神，拋開虛矯身段，使自己真正降到普通政黨的地位，聯合在野力量，一致對付共產黨，如此國家或有可救之機。最後該刊對美國對華政策之失誤及馬歇爾對中國之偏見，做了最精闢的批判，該刊認為美國對華政策所犯的錯誤有二：

　　（1）對於中國共產黨的認識不足，歐美一部分人士因習於民主
政治的關係，以為中國的共產黨和歐美的共產黨一樣，只不過是要
求實現政治上經濟上的改革，並不是「洪水猛獸」般不可合作，只
要國民黨能開誠佈公，容納共產黨的一部分主張，就可以「化干戈
為玉帛」，馬歇爾及其同僚，就有這樣的錯覺。殊不知中國的共產黨，
它不是一個獨立的政黨，它是有國際性的，一舉一動都奉行莫斯科
的指示，他們不是要求土地改革，而是要推翻國民政府，以暴力奪
取政權，赤化整個中國。國共內戰以來，共產黨的軍事力量，因獲
俄援而有長足的發展，赤化中國，迷夢日深，今日再要他們「放下
屠刀」，無異「緣木求魚」！一部分美國人猶以國共之爭為內戰，只
要國民黨讓步，中國仍可由和談的途徑獲取和平，實在是不明瞭中
國共產黨的特質。

　　（2）將戡亂與中國內政混為一談，我們承認中國內政的腐敗，
如政府的無能，官吏的貪污、足以影響戡亂軍事，無論友邦好意的
規勸，或是惡意的批評，對於這些事實，我們並不欲加以否認。但
是美國不能因中國內政的未盡完善，而遂謂中國無援助的價值，這
是一極大錯誤。因為中國共產黨的叛亂，以成為國際問題，與中國
內政的改革，完全是兩回事，不可混為一談，只可惜馬歇爾及美國
為這一偏見所蔽塞了！

　　民主政治時代，人民是國家的主人，國家的事，我們不能不問，
也不容推諉。國事的好壞，應該是國民全體的責任，抗戰是勝利了，
但當時社會的不安、經濟的紛亂、與夫民生的疾苦，較之戰時為甚。
在這樣的背景下，《中國評論月刊》的創刊，對國事提出建言，對政
治提出針砭，對國民黨提出期許，對經濟提出興革，對外交提出批判，
對軍事反共提出決心，對社會貪污提出嚴懲。立論公正，言詞中肯，
不僅表明青年黨對國是的立場，也代表了那時大多數中國人的心聲。

（十五）光復後的《青年臺灣週刊》

　　《青年臺灣》是青年黨在臺灣所辦的一個小型刊物，青年黨人在臺灣所辦的刊物，最早可以追溯到光復初期沈雲龍所辦的《臺灣月刊》及後來李萬居所辦的《公論報》。這兩份報章雜誌雖然都是由青年黨人任發行人或編輯人，但內容或言論立場則是超然與綜合性的，它並不屬於任何一個政黨或派系的。

　　職是之故，純粹由中青黨人在臺灣所辦的刊物，內容及言論也代表中青的意見之刊物，大概就屬《青年臺灣》了。而且時值臺灣「2‧28」事件發生不久，大陸國共內戰方酣之際，該刊之發行實有介紹祖國內情予臺灣同胞及臺灣同胞向祖國表達心聲的雙重目的與意義。兼以發行年餘後，戡亂形勢逆轉，政府播遷來臺，青年黨追隨政府至臺，再度以毛錐當寶刀，以言論來報國，《民主潮》的創辦即繼承《青年臺灣》而來。所以說這份小型刊物，雖然不是光華四射，但為轉型的大時代留下見證，也算功不可沒了。

　　《青年臺灣週刊》，創辦於民國 37 年 6 月 12 日，最初以週刊的形式發行，37 年 10 月改以半月刊的形式出版。發行人為朱文伯，編輯人為張皋，社址位於臺北市青島西路 5 號。主要作者群有曾琦、李璜、余家菊、王師曾、劉鵬九、黃欣周、張皋、朱文伯、劉東巖、徐剛中、張子敬、施真、劉歷榮、陸仁、雄鵬、順天、立誠、陸明、王公望、漢民、中時、拾蔗、陳培愷、靜觀、雲程、葉飛、海堂、陳養吾等人。至於較有分量的文章，除了轉載上海《中華時報》之社論及《風雲半月刊》文章外，尚有：

　　閔生：〈憲法、憲政、民主〉（創刊號）、海堂：〈淪陷的經驗和光復的感想〉（創刊號）、文伯：〈翁院長的悲哀〉（第 2 期）、曾琦：〈行憲定國論〉（第 2 期）、雄鵬：〈國家主義與今日中國〉（第 2 期）、閔生：〈政府總得有點辦法〉（第 3 期）、雄鵬：〈國家主義與今日中

國〉（續）（第 3 期）、閔生：〈共產國際真面目〉（第 4 期）、文伯：〈遠
慮與近憂〉（第 4 期）、黃欣周：〈加強對新極權主義者的抗爭〉（第
4 期）、立誠：〈青年黨為什麼參加政府？〉（第 5 期）、李璜：〈戰後
的世界與中華民族的生存〉（第 5 期）、閔生：〈從中蘇條約說起〉（第
6 期）、陸明：〈論主動召開對日和會〉（第 6 期）、王公望：〈國家經
濟與個人生活〉（第 6 期）、漢民：〈本省青年與祖國〉（第 7 期）、養
吾：〈東北與蘇聯〉（第 7 期）。

　　朱文伯：〈青年黨參加政府之動機〉（第 8 期）、曾琦：〈與段之
桓論組訓民眾書〉（第 8 期）、文伯：〈反對召開臨時國大〉（第 9 期）、
曾琦：〈與某同志論政治理想書〉（第 9 期）、雄鵬：〈民族生命力與
國家〉（第 9 期）、張皋：〈日本投降三週年〉（第 10 期）、王師曾：〈推
行民主憲政的基本條件〉（第 10 期）、陸明：〈對日問題的種種看法〉
（第 10 期）、陳培愷：〈青年黨的土地政策〉（第 10 期）、朱文伯：〈臺
灣地方自治何時實施〉（第 11 期）、中時：〈國家、民主、政黨〉（第
11 期）、徐剛中：〈國家與國家主義〉（第 11 期）、雄鵬：〈抗戰勝利
三週年〉（第 13 期）、劉歷榮：〈國家主義與國際主義〉（第 13 期）、
養吾：〈政黨與政黨政治〉（第 13 期）、朱文伯：〈對於省縣自治通則
草案初稿的幾點意見〉（第 14 期）、張子敬：〈評新貨幣政策〉（第
14 期）、施真：〈清查學校共黨間諜〉（第 14 期）、余家菊：〈國家主
義一釋〉（第 15 期）、陸仁：〈中國的出路問題〉（第 15 期）、葉飛：
〈建立國家經濟的幾個基本原則〉（第 15 期）。

　　民國 35 年，政府結束訓政，民主憲政開始，中國正式由一黨專
政走上多黨政治。但是民主政治的運用，有賴於健全的政黨。且行
憲的成敗，又關係著政治的良窳與國家的治亂，而這一些全繫於所
有政黨的好壞。青年黨雖然已為民主政治奮鬥了二十餘年，曾經參
加憲法的制定，促成憲政的實施，也總算已初步達成民主政治的目

標。但我們認為中國的民主政治和政黨政治，都還在學習的階段，正需要虛心誠懇的學習，需要猛勇精進的學習。

民主制度的優點，就是在自由平等兩大原則下，讓從事政治活動的個人或集團能提出他們的意見，同時也讓國民有批評和選擇的權利。青年黨信仰國家主義，擁護民主政治，今後無論是參加政府工作、與友黨合作，來推動政治的革新，抑或是退為純粹的在野黨，對在朝執政政黨盡其監督和批評的責任。我們總願意把我們對國事的意見盡量公開提出來，讓民眾來認識、批評和抉擇，使我們的主張能夠符合大多數人民的要求，同時希望有共同政治意見的人來共同奮鬥，爭取人民的利益，推動國家的進步。

其次，就臺灣來說，臺灣是中華民國的一省，唯自〈馬關條約〉後，割讓予日本，淪陷長達五十年。光復後，臺灣仍將如內地各省一樣，實行地方自治。臺灣是中國的一部分，它對整個國家有其應有的責任。臺灣地方有充分的自治條件，臺灣同胞有強烈的國家意識。他們不但渴望早日實行地方自治，同時也願意為國家效力，對國家有貢獻，一般的政治興趣是相當高的。不過，政治興趣並不就等於政治認識，雖然兩者可以互相影響，有濃厚的政治興趣，便會去追求政治認識；有深切的政治認識，也自然會提高政治興趣。臺灣同胞過去經過五十年的長期隔離，對於五十年來祖國政治社會各方面的演變情形已相當隔閡。光復以後，放眼大陸，看到國事蜩螗，一片戰亂，更不免感到迷惑。

如果對於國家的演變及其前因後果，不能了然於胸，要過問國事也必定苦於不知從何處下手。因此，我們願意就我們的所知所見，提出討論，以期有助於臺胞，特別是臺灣青年，對國家內外情勢和今後世界的瞭解。換言之：堅持民主憲政及教育臺灣青年，成了《青年臺灣》創刊的最大宗旨。

　　就筆者現存的 15 期《青年臺灣週刊》之內容看來，該刊最精彩
的言論文字，莫過於「反臺獨」及倡導民主風度之兩大訴求。關於
反臺獨方面，該刊曾說：「一個國家，如果承認她的構成份子可以自
由宣佈獨立——像我們的外蒙一樣——其結果必定造成中央政府無
法控制和維繫地方或對地方不負責任的危機。以臺灣為例，地處東
海之外，如果不幸有國際的或當地的野心分子策動什麼『托治』、『獨
立』或『較高自治』運動，我們的中央政府能根據民族主義的原則
承認它嗎？臺灣本來是中國的領土，臺灣人民也是中國漢族的子
孫，根本沒有民族差別的痕跡，而年前的託管論和兩月前的較高自
治論，似乎都忘了我們是什麼人了！我們絕對擁護政府，深愛祖國，
不過政府如果沒有一個嚴正的表示，聲明：『絕不讓領土內的任何人
民有脫離祖國的醞釀』、『絕不容許任何外力侵擾我們的領土主權』、
『更不許任何執政當局以任何理由放棄寸土』。否則我們必將誓死唾
棄反對這個政府的。」

　　至於對民主風度的闡揚，該刊以為：所謂民主風度，是指從
事民主運動者應有的態度而言。談民主如果忽視了這點，那對民
主的任務，是不容易達成的。所以一個民主運動者，為達成其任務，
必須切實培養出必具的風度，以下這五點，便是民主風度最基本的
素養：（1）要有適應國情的主張；（2）要能代表人民的利益；（3）
要爭取人民的同情；（4）要尊重異己的意見；（5）要有反躬自省的
風格。

　　民主不是一句時髦的口號，而是一個實際的生活態度，人民「聽
其言而信其行」的時代已經過去，今日人民是要「聽其言而觀其行」。
所以徒然高唱民主，並不能取得人民的信仰，事實上民主也不會就
此而實現。必須培植民主修養，具備民主風度，以躬行實踐的精神，
為民主奮鬥，庶幾乎才可以把國家引入民主的大道，達到長治久安

的光明境界。由這些力透紙背的文字看來,在對照今日臺灣的臺獨
聲浪及民主亂象,豈不令人更懷抱其金玉良言嗎?

(十六) 投入風雲變幻中之《風雲半月刊》

民國 37 年,正值白山黑水危在旦夕,華北風雲日炙之時,國
共內戰方酣,民主前途黯淡,人心惶惶,時局苦悶至極點。一向擁
護政府,與政府採取合作路線的青年黨,在十里洋場的上海,創辦
了一份頗符合當時環境的刊物,名為《風雲半月刊》,為國府撤離
大陸前;也為動盪紛擾的山河歲月,留下了時代的見證。該刊創於
民國 37 年 8 月 1 日,社址位於上海市南京東路 241 號,該地亦兼發
行所。通訊處則為上海東寶興路 B 字 138;總經銷為上海五洲書報
社。該刊逢每月第 1、3 週星期日出版,後因發行技術上的困難,改
為每月 1 日、16 日出刊。發行人兼主編為夏濤聲,從第 1 卷第 9 期
起,改為沈雲龍主編。

作者清一色大部分均為青年黨人,如王師曾、張夢九、劉鵬九、
王嵐僧、陳公道、趙斌、沈雲龍、胡哲敷、張子敬、駱文蕙、柳明、
陸大年、張皋、葉飛、趙建明、馬榮、余文豪、文超武、伍曉月、
雋冬、劉大風、朱紅、錢鈞、王佐之、方圓、梁鈞、陳士謙、蘇珊、
王天德、倖生、劍鳴、養廉等,其中以夏濤聲、王師曾、王嵐僧為
該刊的三位主要臺柱。《風雲半月刊》可以說是一份典型的小型政論
性刊物,該刊言論短而有力,如一把匕首,一針見血,立論清楚,
毫不含糊。主要內容有短評、專論、國內外通訊、譯述、文藝、讀
者來書、資料(半月風雲)等項。據筆者現存的《風雲半月刊》看
來,較重要或具代表性的文章有:

王師曾:〈推行民主憲政的基本條件〉(第 1 卷第 1 期)、張潤蒼:
〈物價的前途〉(第 1 卷第 1 期)、王嵐僧:〈論中間小兩頭大〉(第

1 卷第 1 期）、張子敬：〈物價問題與幣制問題〉（第 1 卷第 2 期）、胡哲敷：〈豈今日竟無一曾國藩〉（第 1 卷第 2 期）、張皋：〈期待國民黨的革新〉（第 1 卷第 3 期）、張子敬：〈評新貨幣政策〉（第 1 卷第 3 期）、葉飛：〈建設國家經濟的幾個基本原則〉（第 1 卷第 3 期）、王師曾：〈論所謂開放地方政權〉（第 1 卷第 4 期）、王嵐僧：〈苦惱的戰略問題〉（第 1 卷第 4 期）、王師曾：〈論責任內閣制兼勗翁院長〉（第 1 卷第 5 期）、王嵐僧：〈秋風吹戰雲〉（第 1 卷第 6 期）、雋冬：〈金圓券往那裏跑〉（第 1 卷第 6 期）、夏濤聲：〈中國民主政治的前途〉（第 1 卷第 7 期）、雋冬：〈敬向蔣經國先生進一言〉（第 1 卷第 7 期）、王嵐僧：〈一切需要再檢討〉（第 1 卷第 7 期）。

夏濤聲：〈漫談天下事〉（第 1 卷第 8 期）、王師曾：〈時局的檢討與對策〉（第 1 卷第 8 期）、夏濤聲：〈從馬歇爾談話說起〉（第 1 卷第 9 期）、趙建明：〈論當前智識份子的處境〉（第 1 卷第 9 期）、蘇珊：〈安定生活的先決條件〉（第 1 卷第 9 期）、夏濤聲：〈大局不可自亂〉（第 1 卷第 10 期）、王師曾：〈中國可否走匈捷南波的舊路〉（第 1 卷第 10 期）、王天德：〈論失去均勢的文化界〉（第 1 卷第 10 期）、王嵐僧：〈論榮譽的和平〉（第 1 卷第 11 期）、雋冬：〈從黃金政策看金圓券〉（第 1 卷第 11 期）、趙建明：〈自由主義者不必苦惱〉（第 1 卷第 11 期）、劍鳴：〈美國對華政策的透視〉（第 1 卷第 11 期）、夏濤聲：〈大局在和戰中盪漾〉（第 1 卷第 12 期）、王嵐僧：〈就軍事看和平〉（第 1 卷第 12 期）、趙建明：〈智識份子往何處去〉（第 1 卷第 12 期）。

《風雲半月刊》是份相當平實的刊物，樸實無華，不作驚人之語，更不譁眾取寵。其辦刊態度，誠如其自己所稱：「一個刊物的出版，自然有它的原因和經過，而且在它的創辦人的意識中，也常抱著若干希望與理想；為了說明這些，多數刊物在發刊時，往往有一

篇堂皇富麗的發刊詞。但我們卻不想也不敢那樣做。我們認為在這個刊物如林的社會裏，一個刊物的產生，是一件極其平常的事；而它能否發榮滋長，要看未來許許多多不可知的因素。詳敘原因和經過，既無必要；高談希望與理想，在這個年頭，尤為困難。因此，我們在本刊發刊之初，決不敢舖張敷衍說得天花亂墜……。」

就是這種對讀者誠實的態度，不好高騖遠；不誇大其詞，《風雲半月刊》發行後，頗獲好評。其園地公開，包容各種不同異議，唯一限制，就是違反國家民族立場的文章，絕對謝絕，這點倒頗能代表該刊經營之特色。由於時局的關係，該刊內容亦不例外的主要環繞在國、共內戰這個大主題上，其中包括了對憲政的意見、對政治的看法、對經濟、物價的方案、對軍事失利的憂心、對國民黨革新之期許等等，現分別簡述如下：

（1）憲政之意見：政府行憲時，一方面以共產黨之戡亂未平，鬧得有許多地方不能行憲，有許多人民無暇注意行憲；一方面又以從國民大會代表立法院立法委員之選舉以至於集會，與夫首屆行政院之組成及其表現，給與人民以或多或深或淺的不良印象，使一般人當初渴望行憲的人們，皆有徒見行憲的紛擾而不見行憲的安寧，徒見行憲的黑暗而不見行憲的光明之共同的感慨。形成這種不幸的現象因素很複雜，但用不著因此而對民主憲政前途感到悲觀，因為這些複雜因素是可以解除的。

解除之道，該刊以為：基本上是民主憲政究竟要如何切實推行的問題，關於這個問題該刊以為其基本條件有三：首先是我們要實行民主政治，必先切實履行民主的生活條件，養成民主的生活態度，而此態度即必須各個人先從根本上洗滌任何專制思想的毒素，養成民主的生活態度開始。其次是舉國上下皆要有守法的精神和習慣，最後是必須上層人物能夠以身作則，尤其是各政黨之能夠改變作風

以領導民眾推進政治。倘能落實此三點先決條件，我國民主憲政的前途仍是相當樂觀的。

（2）經濟上、平抑物價之政策：由於政局不安，烽火連天，造成經濟動盪，物價飛騰，通貨膨脹，百姓民不聊生。對此惡化之經濟、昇揚之物價，平抑之辦法，該刊以為：第一、儘量平衡收支，具體的方法為先恢復並增發美金庫券，以庫券收縮通貨；其次完成救濟特捐；最後清算豪門資本。第二、準備改革幣制，基於經濟原則及環境需要，均須改革幣制。此外擴大出口，爭取外匯，尤其是僑匯，亦是一種簡單有效的方法，另外則需從嚴格管制物價看手，整理金融機構，改善外匯政策，妥善運用美援及處理敵偽產業，維持財政上的開支差額以平衡國際收支。只有這樣治標與治本雙管齊下，或許能對沉痾已深的經濟，有些許的裨益。

（3）國民黨革新之期許：時國、共之爭，國民黨已由優勢轉趨劣勢，軍事上的失利，政治上的腐敗，使政府威信日落。尤有甚者，國民黨且成眾矢之的。因此改造國民黨呼聲甚囂塵上。對於此事，該刊以為國民黨之病，一是腐化，二是複雜。因黨的腐化而造成政治上的貪污無能，影響整個社會的風氣；由黨的複雜而造成政治上軍事上乃至社會上的種種紛亂與矛盾，且進而成為當前國家的病態。

而致病的原因，即在國民黨不僅執政時期太久，尤其是專政的時期太長。所以對於國民黨革新黨務，站在一愛好民主憲政的青年黨立場，仍然樂觀其成的，因為不管國民黨過去的功罪如何，它在近代中國所處的地位，它的行動對於整個國家的影響，仍是不容否認的。唯有幾點期許於國民黨當局者：（1）國民黨澈底改變傳統的制度與作風，一乾二淨的放棄過去所享有的種種特權。（2）國民黨從極權主義的政黨轉變為民主主義的政黨後，黨內的民主精神才能發揚。有了黨內的民主，黨才不致為少數人所把持操縱，因而可以

發揮新陳代謝的作用，促進黨的生機，防止黨的腐化。（3）國民黨
宜拋棄過去那種「黨外無黨，黨內無派」的狹隘心理。（4）國民黨
既不復是一個特殊階級，黨內沒有特權可享，黨也不靠官位爵祿來
羈縻黨員，維繫組織，腐化投機份子無可留戀的必失望而去，另尋
出路，渣滓即不難澄清，面目也可以一新。（5）在憲政之下，國民
黨今後政權的獲得和保持，靠選民而不靠武力，故宜真正落實「軍
隊國家化」。

　　上述五點，即該刊對國民黨的期望，最後該刊更語重心長的說：
如果國民黨只是貪戀過去一黨專政的權勢，沒有容許其他政黨自由
發展的雅量，反從而加以排斥與壓制，欲使中國永遠沒有足以與國
民黨抗衡之民主和平的政黨出現，如果青民兩黨不能多從事爭取廣
大群眾的同情方面去努力工作，而惟以國民黨為合作或反對的對象，
則中國的政黨政治之健全的發展，將不知要待至何年何月才能實現，
而所謂的民主憲政也者，不過徒成為專制的偽裝及造亂的題材而已。

　　（4）軍事失利的憂心：徐蚌會戰結束後，共軍氣燄高漲，國軍
則士氣日損，全國普遍瀰漫一片失敗氣息中，該刊則能洞若觀火，
向政府提出諍言，該刊以為軍事的失利，並非共軍的厲害，而是國
軍士氣的不振，而提振士氣之方，舉其要者，約有數端：首先為加
強軍隊的政治教育，使上自長官下至士兵，都能明瞭作戰的意義並
保持必勝的信心。其次關於裝備、給養、及補充等項，對於作戰部
隊，不分畛域，一律平等。而且要提高士兵的待遇，嚴禁剋扣軍餉
及吞吃空額。最後則為嚴明賞罰，整飭軍紀。這些論點，雖然是卑
之無甚高論，但也頗能切中時弊。

　　（5）民主政治之信心：中國實行民主政治，必須培養民主政治
的基礎，而民主政治的基礎，則在於有強大中間階級的存在。民主
政治的基本條件在於人民應有從事政治活動的完全自由；且應有完

全立於平等地位的兩個或兩個以上的政黨；而政權的維持與取得，不取決於武力，而取決於選票。況且中國的豪門財閥，畢竟是極少數，這種統治，力量是很脆弱的，中國工業未發達，勞工階級為數也不多，決不能構成無產階級專政的基礎。中國有廣大的中間階級，無論在量的方面或質的方面，都佔有絕對的優勢，這是民主政治的良好基礎。換言之，該刊對民主政治仍深具信心，只是將民主政治寄望於中間階級，這點不無立場關係的設限。

在時勢艱難的時代，也是一個最偉大的時代，滿天風雲，詭譎多變，變幻難測。但是儘管陰霾蔽空，我們仍希望風雲之後，有一個清明的蔚藍天出現。這是《風雲半月刊》發刊中的一段話。其中雖然承認了現狀的困頓，但對未來仍充滿了信心，此信心即基於對民主政治的理念。該刊說：

現在世界兩大壁壘，是民治主義與共產主義的鬥爭，也就是民主政治與極權政治的鬥爭，中國今後亦如此。共產主義極權政治縱使能猖獗一時，但最後必歸失敗。因為它違反了人性，違反了歷史進化的法則。一部人類的歷史，就是一部爭取自由的鬥爭史。文藝復興，宗教改革，美法革命這一連串的大運動，形式儘管不同，而其內容，都是爭取人的自由，爭取人性的解放。人總希望作自己的主人，而不願意做別人的奴隸，這是人性，這也是歷史進化的法則。民主政治不是別的，就是重視人，把人當人；而極權政治則把人當工具。就人類進化史上看，共產主義是一種反動思潮，極權政治是一種反動勢力。納粹主義、法西斯主義既相繼覆亡，其他異名同實的東西，也必定終歸失敗。

人性與歷史進化法則，是爭取自由的民主政治必獲勝利的最大保證，揆諸近年來，共產主義的沒落，共產陣營的瓦解，撫今追昔，對半世紀前《風雲半月刊》的讜論，豈不令人更加省思玩味嗎？

（十七）宣揚第三勢力的《自由陣線》

民國 38 年，正值國府在大陸挫敗，國命在風雨飄搖，國運在危如纍卵之際，有一部分堅持民主自由的人士，亡命香港，首揭反國、共兩黨大旗，標榜中間力量，不做左右袒的一股勢力正在醞釀中，這一股勢力就是一般人通稱的「第三勢力」。關於第三勢力一詞的由來，說法有如下幾種；一則第三勢力是基於民主自由的共同要求而漸漸凝成，並不藉國際背景的提攜，或者實力分子的拉攏雜湊——拉是拉不來，湊是湊不攏的。

對國共而言，它是第三勢力（以前國是第一勢力，共是第二勢力。後來共是第一勢力，國是第二勢力）猶之國共談判時候之有第三方面。這是第三勢力名詞的由來。再則，國代表右的勢力，共代表左的勢力，其代表中間不左不右的勢力就是第三勢力。所以第三勢力也可以叫做中間勢力，這是第三勢力名詞的又一由來。

最後尚有一說是在當時極右的政治法西斯作風之下，人民沒有民主自由；在極左的布爾希維克政治之下，人民更沒有民主自由。然而爭取民主自由是人類的共同要求，因此爭民主爭自由的勢力便是第三勢力。上述三種界定，都言之成理，也都或多或少反應當時的另外一股潮流，而鼓吹最力的有《中國之聲》、《再生》、《獨立論壇》、《中聲晚報》、《人言報》、《自由陣線》等刊物雜誌，其中尤以《自由陣線》為整個第三勢力運動的喉舌先鋒。

《自由陣線》創刊於民國 38 年 12 月 3 日，社址位於香港九龍鑽石山上元嶺石磴村 456 號 A，主持人為謝澄平，督印人為柳林。創刊時初為一 16 開的週刊，每逢星期五出版，中間一度改為半月刊，後又恢復週刊的形式。

作家主要有于平凡、胡雪情、黃思騁、侯海域、江聲濤、季子、史農父、冷生、盛超、姜蘊剛、程彬如、夏邁生、阿遲、陳振軍、

古月明、島士、德謨、雲驤、趙震鵬、胡越、怡園、張元狄、魏沐塵、夏觀雲、辛念渠、張拔都、何自求、艾群（余英時）、謝澄平、張葆恩、王厚生、鍾國仁、司馬璐、岳中石、張君勱、易重光、余斯、陳再思、胡三元、陳寒波、秦牧、殷海光、董時進、燕然、張炬人、左舜生、徐亮之、王世昭、宋臺客、何聲、南溟、趙盾、宋益清、徐速、葉時中、涂公遂、張國燾、甘友蘭、鄭竹園、易非、易君左、史澤之、丁廷標、汪樹聲、李維林、虞初行、伍憲子、李微塵、陳權、金達凱、陳中行、勞思光、樊仲雲等人。

　　其中有諸多作者係用化名，不過基本上仍以青年黨人為主體。至於編輯設計，除了封面有「沒有自由絕無生路；聯合起來才有力量」的標語外，尚有漫畫、讀者投書、短評、鐵幕萬象、自由青年、專論、第三勢力運動、中共批評、天下縱橫談、通訊、文藝、人物、國際問題、土地問題、雜文、哲學、政治、經濟、歷史、文化、軍事、社會、宗教等單元。

　　《自由陣線》在第 2 卷第 1 期曾言及該刊之企圖，為在鼓吹正確的思想，推動第三勢力的力量，抱著戰鬥的人生觀，努力復國運動，摧毀專暴的、反動的、黑暗的、賣國的統治，以建立國家獨立、政治民主、經濟平等、生活自由的新中國，進一步，促進實現和平繁榮康樂的新世界。而這一新中國的營建；新世界的未來，依《自由陣線》而言，只有積極鼓吹第三勢力運動，才是唯一的希望及力量。因此胡雪情在〈現階段第三勢力運動的檢討〉一文中曾說：「觀察國際形勢，中國需要一個真正能夠代表四億七千萬老百姓的第三勢力，以應付國際局面。再考察中國民眾的心向，他們既厭棄二十年來的一黨專政，更痛恨殘賊和迫害人民的極權專制，需要一個第三勢力，來摧毀極權專政，拯救人民出於水火，建立一個實行民主政治、公平經濟、自由文化的和平康樂新中國。無疑地這是中國民

眾普遍而迫切的要求。的確，基於客觀環境和現實的要求，第三勢力好像浪潮淘湧澎湃地高漲起來，沛然莫之能禦。」

　　基於順應時代潮流，負起歷史使命，推動第三勢力運動，《自由陣線》義無反顧提供了闡述、討論的空間。在第 3 卷第 1 期〈本刊的動向〉一文中，《自由陣線》自己說：「檢討過去言論，第一卷提出『第三勢力』這一名辭，肯定中國第三勢力的存在，而展望其前途的發展，這一階段可以說是醞釀時期。第二卷，各方人士響應第三勢力運動，熱烈討論第三勢力的使命、任務乃至組織與領導等等問題，這一階段可以說是廣泛討論時期。今後，第三勢力運動必然進展到理論建立時期和組織表現時期。」

　　因此作為一份綜合性的刊物，《自由陣線》並沒有使它成為純學術性刊物的企圖，反倒是揭穿鐵幕黑暗的措施，糾正馬列主義的錯誤，從事實報導和理論批判，給極權統治以無情的打擊。這種戰鬥性的文字，在《自由陣線》中屢見不鮮，且形成其內容之一大特色。

　　（1）第三勢力成長的基本因素：第三勢力它的確是由於對原有在大陸的第一勢力的國民黨的失望，繼之於對發展第二勢力的共產黨之絕望而來，因此才出現第三勢力。由於大陸上的極權統治，使一般人民失去自立自主的生活條件；而臺灣的國民黨當局並未記取大陸失敗的教訓，仍繼續玩弄其「一黨專政」的把戲，所以也不對其抱持希望，兼以國際情勢的急劇轉變，已使反侵略、反極權的民主自由陣線日益顯明而堅強。這些有利的背景，在在給與第三勢力一個崛起的機會。換言之：第三勢力是一股反專制、反極權、反侵略，爭自由、爭民主、爭生存，諸種新生人民力量匯合的主流。

　　（2）第三勢力的陣容、地盤與組織：第三勢力的陣容，雖然尚沒有一定組織的形式，可是它的潛在力確乎存在於多方面的。如民社黨、青年黨、國民黨中進步的份子，共產黨中的民族主義者，不

得已而投入「新政協」的自由主義者，不易說服的有力的知識青年和教師，反貪污也反殘暴的青年軍人，破產失業的工商界及自由職業者，要當兵又要納糧的飢餓的農民，這無量數的群眾都是民主自由的追求者。

第三勢力既有如此廣大的潛在力，必須要有組織有領導地幹起來，而這個責任當然要落在知識份子的肩上，而知識份子的條件，應該要有無幫閒意識、無投機思想、無英雄傾向、無超人偏好的氣質。第三勢力運動著重於聯合自由中國乃至自由世界的一切反專制獨裁、反赤帝侵略、反奴役迫害、反飢餓殺人的鬥爭力量，結成自由陣線，努力復國運動。從社會階層說，聯合國內和僑居海外的知識份子、青年學生、工農大眾、進步商人、各界婦女，組成「自由中國人大團結」。而這運動的地區遍及在國民黨控制下的臺瓊地區、共產黨控制下的中國大陸，在六大洲各國的華僑社會當中，凡是爭民主自由的中國人所在的地方，便都是中國第三勢力所在的地方。

（3）第三勢力的主張、宗旨：代表自由民主之旗的中國第三勢力，認定兩頭小，中間大的社會結構是第三勢力先天的優越基礎。因此基於農工大眾的純樸勤勉的習性，基於小資產階級的安居樂業的要求，基於百年來革新運動的進步，只要負領導責任的知識份子，進一步向下列積極的工作推進，中國的第三勢力，民主自由的鬥爭，必然得到最後的勝利。而這些工作，也就是第三勢力的主張，它們分別是：

1.從通俗切用的目標上灌輸近代民主自由思想。2.從集團組織生活中生長培養民主風度。3.從實際國情上提出民眾需要的建國方案。4.從領導幹部中樹立民主公僕忠誠守法的政治道德。5.從舊有黨派中解放出來創造民主聯合的自由陣線。換言之：中國問題的歸趨，不在國共兩黨勢力之消長與其政權的存續，而在國共以外大多數同

胞的警覺與努力。所以第三勢力運動應該是一個全中國被奴役被壓榨的同胞的自覺運動，它不僅是一個政治運動，也是一個社會運動、文化運動。它的宗旨簡單的說，即為政治民主、公平經濟、自由文化是其三大原則。具體的說，則為摧毀中共政權，恢復祖國獨立；確立民主制度，還我人民自由；打倒極權主義，永建世界和平。

（4）第三勢力的沒落、失敗：第三勢力是基於民主自由的信念而凝成的，所以說凡是民主信徒、自由鬥士，都是同一陣線的成員，而且第三勢力既為國內時勢演變之必然，所以它的醞釀是從內在所爆發，而非外來因素所激動。但是不管怎麼樣，這樣一個轟轟烈烈，規模宏遠的運動，其要成功必須要有相當多主客觀環境來配合，如要有足以號召群倫的領導人物、要有堅強刻苦的幹部、要有廣大支持的群眾、要有切合此時需要的綱領主張、要有嚴密的組織、要有深入廣泛的行動、要有國際的同情與援助。但究其實際，第三勢力本身卻缺乏中心意念、立場不夠明確、缺少工作綱領與目標、缺乏民間基層群眾的支持、沒有現實基礎、且失意官僚、投機政客滲入，魚目混珠者也不少，徒拖理論忽視實際，失去有利實現環境，最後終趨沒落而消聲匿跡。

作為一個新政治運動的起點，《自由陣線》不僅反對共產黨的專政，反對國民黨的包而不辦的獨裁，甚至它也反對青年、民社兩黨助桀為虐的民主罪人。易言之：《自由陣線》是堅決反對國共兩黨及其各該集團的附庸黨派的誤國害民的獨裁與專政；它是走著超然國共圈外的第三勢力的路徑，擔當著推進民主自由的文化運動的工作。平情而論，以《自由陣線》當時的立場，當然為國、共兩黨所厭棄，甚至成為國、共兩黨所圍剿的對象。但它畢竟代表有別於國、共兩黨外的一股力量，也象徵一部分堅持民主自由人士的政治立場及心

聲，在彼時風雨如晦，一片專制獨裁的浪潮中，倒不失為一股有心的清流。

五、結論

　　總之，八十餘年的「中青」，為宣揚自己國家主義的理論，當然不止僅發行上述刊物而已。其他還有如《中青半月刊》、《國魂週刊》、《時代文學半月刊》、《探海燈週報》、《東方公論》、《申江日報》、《中華時報》及來臺後之《民主潮半月刊》、《新中國評論月刊》、《聯合評論週刊》、《現代國家月刊》、《民主國家半月刊》、《全民半月刊》等等不一而足。但除若干較難尋覓無法評論外，大體上，以上這17種主要原始期刊、報紙，已足夠吾人述評及瞭解其代表「中青」於各個不同政治時期的政治立場、言論與主張。故上述諸刊物，就研究「中青」之史料價值言，可謂得來不易且彌足珍貴。

國家圖書館出版品預行編目

敝帚自珍：陳正茂教授論文自選集 / 陳正茂著.
-- 一版.--臺北市：秀威資訊科技, 2009.08
　面；　公分.--(史地傳記類；AC0010)
BOD 版
ISBN 978-986-221-260-8(平裝)

1.中國史　2.近代史　3.現代史　4.臺灣史　5.文集

627.07　　　　　　　　　　98011664

 史地傳記類　AC0010

敝帚自珍──陳正茂教授論文自選集

作　　者 / 陳正茂
主　　編 / 蔡登山
發 行 人 / 宋政坤
執行編輯 / 詹靚秋
圖文排版 / 姚宜婷
封面設計 / 陳佩蓉
數位轉譯 / 徐真玉　沈裕閔
圖書銷售 / 林怡君
法律顧問 / 毛國樑　律師
出版印製 / 秀威資訊科技股份有限公司
　　　　　　台北市內湖區瑞光路 583 巷 25 號 1 樓
　　　　　　電話：02-2657-9211　　　傳真：02-2657-9106
　　　　　　E-mail：service@showwe.com.tw
經 銷 商 / 紅螞蟻圖書有限公司
　　　　　　台北市內湖區舊宗路二段 121 巷 28、32 號 4 樓
　　　　　　電話：02-2795-3656　　　傳真：02-2795-4100
　　　　　　http://www.e-redant.com

2009 年 8 月 BOD 一版
定價：400 元

·請尊重著作權·

Copyright©2009 by Showwe Information Co.,Ltd.

讀 者 回 函 卡

感謝您購買本書，為提升服務品質，煩請填寫以下問卷，收到您的寶貴意見後，我們會仔細收藏記錄並回贈紀念品，謝謝！

1. 您購買的書名：＿＿＿＿＿＿＿＿＿＿＿＿＿＿＿＿

2. 您從何得知本書的消息？

　　□網路書店　□部落格　□資料庫搜尋　□書訊　□電子報　□書店

　　□平面媒體　□ 朋友推薦　□網站推薦 □其他＿＿＿＿＿＿

3. 您對本書的評價：(請填代號　1.非常滿意 2.滿意 3.尚可 4.再改進)

　　封面設計＿＿＿　版面編排＿＿＿　內容＿＿＿　文/譯筆＿＿＿　價格＿＿＿

4. 讀完書後您覺得：

　　□很有收獲　□有收獲　□收獲不多　□沒收獲

5. 您會推薦本書給朋友嗎？

　　□會　□不會，為什麼？＿＿＿＿＿＿＿＿＿＿＿＿＿＿＿＿＿＿＿

6. 其他寶貴的意見：＿＿＿＿＿＿＿＿＿＿＿＿＿＿＿＿＿＿＿

＿＿＿＿＿＿＿＿＿＿＿＿＿＿＿＿＿＿＿＿＿＿＿＿＿＿＿

＿＿＿＿＿＿＿＿＿＿＿＿＿＿＿＿＿＿＿＿＿＿＿＿＿＿＿

＿＿＿＿＿＿＿＿＿＿＿＿＿＿＿＿＿＿＿＿＿＿＿＿＿＿＿

讀者基本資料

姓名：＿＿＿＿＿＿＿＿＿　年齡：＿＿＿＿　性別：□女 □男

聯絡電話：＿＿＿＿＿＿＿　E-mail：＿＿＿＿＿＿＿＿＿

地址：＿＿＿＿＿＿＿＿＿＿＿＿＿＿＿＿＿＿＿＿＿＿＿

學歷：□高中(含)以下　　□高中　　□專科學校　　□大學

　　　□研究所(含)以上 □其他＿＿＿＿＿＿＿＿

職業：□製造業 □金融業 □資訊業 □軍警 □傳播業 □自由業

　　　□服務業 □公務員 □教職　 □學生 □其他＿＿＿＿＿

請 貼
郵 票

To：114

台北市內湖區瑞光路 583 巷 25 號 1 樓

秀威資訊科技股份有限公司　　　收

寄件人姓名：

寄件人地址：□□□

(請沿線對摺寄回,謝謝!)

秀威與 BOD

BOD（Books On Demand）是數位出版的大趨勢，秀威資訊率先運用 POD 數位印刷設備來生產書籍，並提供作者全程數位出版服務，致使書籍產銷零庫存，知識傳承不絕版，目前已開闢以下書系：

一、BOD 學術著作—專業論述的閱讀延伸
二、BOD 個人著作—分享生命的心路歷程
三、BOD 旅遊著作—個人深度旅遊文學創作
四、BOD 大陸學者—大陸專業學者學術出版
五、POD 獨家經銷—數位產製的代發行書籍

BOD 秀威網路書店：www.showwe.com.tw
政府出版品網路書店：www.govbooks.com.tw

永不絕版的故事・自己寫・永不休止的音符・自己唱